Bye-bye, USA?
Scott Galloway

BYE BYE BYE USA?

SCOTT GALLOWAY
NEW YORK TIMES-BESTSELLERAUTOR

PLASSEN
VERLAG

Die Originalausgabe erschien unter dem Titel
Adrift: America in 100 Charts
ISBN 978-0-593-54240-8

Copyright der Originalausgabe 2022:
Copyright © 2022 by Scott Galloway

Copyright der deutschen Ausgabe 2023:
© Börsenmedien AG, Kulmbach

Übersetzung: Rotkel e. K., Berlin
Gestaltung Cover: Maja Hempfling
Gestaltung: Luba Lukova
Satz und Herstellung: Timo Boethelt
Lektorat: Christoph Landgraf
Druck: Florjančič Tisk d.o.o., Slowenien

ISBN 978-3-86470-903-6

Bibliografische Information der Deutschen Nationalbibliothek:
Die Deutsche Nationalbibliothek verzeichnet diese Publikation in der
Deutschen Nationalbibliografie; detaillierte bibliografische Daten
sind im Internet über <http://dnb.d-nb.de> abrufbar.

BÖRSEN MEDIEN
AKTIENGESELLSCHAFT

Postfach 1449 • 95305 Kulmbach
Tel: +49 9221 9051-0 • Fax: +49 9221 9051-4444
E-Mail: info@plassen-buchverlage.de
www.plassen.de
www.facebook.com/plassenverlag
www.instagram.com/plassen_buchverlage

Für meinen Cousin Andrew Levene,
der im Alter von 52 Jahren an den
Komplikationen einer Corona-Infektion starb.

INHALT

VORWORT: Ballast   **13**

1 - Aufstieg der Shareholder-Klasse   **21**

Der Trickle-Down-Steuerplan   24

Wechselnde Gefühle   26

Schrumpfende Infrastruktur   28

Kürzungen im Gesundheitswesen   30

Die Arbeiterschaft verliert ihre Stimme   32

Der LBO-Boom   34

Die Produktivität steigt, die Löhne stagnieren   36

Einkommensungleichheit   38

Eine überforderte Steuerbehörde   40

Die Offshoring-Explosion   42

Beteiligung am Aktienmarkt   44

2 - Die Welt, die wir geschaffen haben   **47**

Produktivitätsrevolution   50

Milliarden von Menschen arbeiten sich aus der Armut heraus   52

Gesundheit ist Reichtum   54

Eine neue Weltordnung   56

Freizügigkeit   58

Die roten Blutkörperchen der Konsumwirtschaft   60

Das digitale Zeitalter   62

Beschleunigung des technologischen Fortschritts 64

US-Institutionen = Genie-Fabriken 66

Hilfe für die Menschheit 68

3 – Vergötterung von Innovatoren 71

Abkehr von den Gemeinschaftsorganisationen 74

Wasserqualität im reichsten Land der Welt 76

Privatisierte Forschung und Entwicklung =
privatisierter Fortschritt 78

Hochschulbildung ist zur Zugangsvoraussetzung
für die Mittelschicht geworden 80

Die groteske Vergötterung der Innovatoren ... durch Innovatoren 82

Power Games 84

Die Konzentration des Reichtums 86

Es war noch nie so einfach,
ein Billionen-Dollar-Unternehmen zu sein 88

Der Ecstasy-Dealer des Kapitalismus ist der
Kommunikationsverantwortliche eines Unternehmens 90

D.C. = HQ2 92

Perspektive 94

4 – Hungerspiele 97

Die große Kluft 100

Es ist reich an der Spitze 102

Von der Schieflage zur Dystopie 104

Invasive Arten 106

Der Mindestlohn liegt Jahrzehnte zurück 108

Was sind unsere Prioritäten? 110

Finanzialisierung und Vermögensinflation 112

Die Vermögenspreisinflation ist da 114

Angriff auf Amerikas Wohlstand 116

Ein weiteres Corona-Verbrechen 118

Das US-Gesundheitssystem ist peinlich ineffizient 120

Erwachen aus dem amerikanischen Traum 122

5 - Die Aufmerksamkeitsökonomie 125

Wir sind alle süchtig nach unseren Handys 128

Digitale Werbetafeln 130

Niedergang der Nachrichten 132

Getriggert 134

Lügner, Lügner 136

„Politische" Zensur 138

Fake News 140

Die Medien schüren Fehlannahmen zur Kriminalität 142

Beziehungsstatus 144

6 - House of Cards 147

Die Heiratsraten sind auf einem Rekordtief 150

Frauen schätzen das Verdienstpotenzial des
männlichen Partners 152

Anteil der Männer an den College-Einschreibungen
auf Rekordtief 154

Online-Dating-Apps sind ungleicher
als fast überall sonst auf der Welt 156

Politische Gräben werden zu sozialen Gräben 158

Nesthocker 160

Das Bevölkerungswachstum verlangsamt sich auf das
Niveau der Großen Depression 162

Gleich geschaffen 164

Massenmord ist ein eindeutig männliches Verbrechen 166

Langfristige Erosion des Vertrauens in die Bundesregierung 168

Altes Geld, alte Probleme 170

Diejenigen, die die Zukunft finanzieren,
stehen für die Vergangenheit 172

7 – Bedrohungen 175

Die Vereinigten Staaten verteidigen den Titel 178

Die Dominanz des US-Dollars 180

China hat die USA als beliebtesten Handelspartner abgelöst 182

Die USA bekommen weniger für ihren Militärdollar 184

Militärausgaben sind nicht immer gleichbedeutend
mit Effektivität 186

Chinesische Führungsrolle bei Militärdrohnen 188

Geht unser Budget mit unseren Bedrohungen konform? 190

Erosion der wichtigsten Marke der Welt 192

Die USA sind nicht mehr das Labor der Welt 194

Die Seidenstraße der sauberen Energie verläuft durch China 196

Die Kinderstube der größten Raubtiere des Kapitalismus 198

8 - Die gute Seite der Instabilität 201

Krisen lösen Wachstum aus 204

Erwartungen zurücksetzen 206

Aufstrebende Start-ups 208

Immigranten sind die geborenen Unternehmer 210

Auf der Flucht 212

Eine sichere Bank 214

9 - Mögliche Zukunftsszenarien 217

Mit Druck zum Wohlstand 220

Bargeldschwemme 222

Investitionen in das soziale Netz 224

Vom Sicherheitsnetz erstickt 226

Metadystopie 228

Schnelle Zukunft 230

Es ist einsam ohne Freunde 232

10 - Was wir tun müssen 235

Vereinfachung des Steuerrechts 238

Umbau des Regulierungssystems 240

Die Algebra der Abschreckung wiederherstellen 242

Reform von Abschnitt 230 244

Weg vom Land der Eingekerkerten und hin zum Land der Freien 246

Eine einmalige Vermögenssteuer einführen 248

Imagewandel für Kernenergie 250

Unterstützung von Kindern und Familiengründung 252

Reform der Hochschulbildung   254

Neue Wege für die Mobilität nach oben erschließen   256

Investitionen in den Dienst für das Land   258

Schlusswort   **261**

Danksagungen   **264**

Endnoten   **266**

Ballast

Das Leben wird nicht davon bestimmt, was einem passiert, sondern davon, wie man auf das reagiert, was einem passiert. Nationen gedeihen oder gehen unter, je nachdem, wie sie auf Krisen reagieren.

Vorwort: Ballast

Die USA sind eine ziellos auf dem Ozean dahintreibende Nation. Uns fehlt es weder an Wind noch an Segeln, wir haben keinen Mangel an Kapitänen oder Ausrüstung, und doch dümpelt unser mächtiges Schiff auf einem Meer von Parteilichkeit, Korruption und Egoismus. Unser Diskurs ist ungehobelt, junge Menschen sind nicht in der Lage, Beziehungen einzugehen, und unsere klügsten Köpfe streben nach individuellem Ruhm auf Kosten des Gemeinwesens. Unsere Institutionen zerfallen, und das Bindegewebe der Gesellschaft zerfasert fast unrettbar. Am Horizont: Dunkelheit und Unwetter. Im Westen erhebt sich China. Im Osten verblasst Europa.

Was braucht es, um dieses Schiff zu wenden und einen Kurs Richtung Frieden und Wohlstand einzuschlagen? Okay, genug mit den Segelmetaphern. Ich kann ein Großsegel nicht von einer Fock unterscheiden, aber ich weiß, wie man eine Karte liest. Die visuelle Darstellung von Daten hat etwas Kraftvolles an sich; sie spricht unsere instinktive Fähigkeit an, nach Augenmaß zu urteilen, im Gegensatz zum intellektuellen Akt des Lesens von Wörtern und Daten. Seit Jahren spreche ich in meinen Podcasts, im Beruf und an der NYU, wo ich lehre, mit Menschen über den Zustand Amerikas und darüber, wohin unsere Reise geht. Ich stelle immer wieder fest, dass Daten diese Gespräche transparent machen und mir helfen, die Dinge klarer zu sehen. Als ich also beschloss, meine Ansichten zu der wesentlichen Frage des stagnierenden Fortschritts in Amerika zusammenzutragen, lag es nahe, dies mithilfe von Grafiken zu tun und diese in den Mittelpunkt zu stellen.

Was die Daten mir sagen, ist nicht kompliziert: Amerika ist ein unvollendetes Land, aber es hat die größten Fortschritte bei der Verwirklichung seiner Ideale gemacht, es ist sich selbst am ähnlichsten geworden, als es in eine starke Mittelschicht investiert hat. So, das ist meine große Wirtschaftstheorie. Was macht mich da so sicher? Die Daten. Und die Geschichte, die diese Daten erzählen.

Diese Geschichte beginnt vor fast 80 Jahren. Im Sommer 1945 ging das zerstörerischste Ereignis in der langen Geschichte der Gewalt der Menschheit zu Ende. Nazi-Deutschland brach im April zusammen und im August, nachdem die USA zwei Atombomben abgeworfen hatten, kapitulierte das japanische

Kaiserreich. Nationen, die durch den Krieg verwüstet worden waren, brauchten eine Generation für den Wiederaufbau. Die Vereinigten Staaten standen vor einem anderen Problem.

Obwohl auf amerikanischem Boden nur wenig gekämpft worden war, veränderte der Krieg die Wirtschaft der Vereinigten Staaten. Die Autoindustrie rüstete auf den Bau von Panzern und Flugzeugen um. Die Schifffahrt und der inländische Transport wurden zur Unterstützung der Rüstungsproduktion und des Transports ihrer Güter umgestaltet. Durch Rationierung wurde der Verbrauch von Waren wie Benzin und Seife eingeschränkt. Im Jahr 1945 wurden 40 Prozent des nationalen BIP für die Kriegsanstrengungen aufgewendet. (Heute geben wir 3,7 Prozent unseres BIP für das Militär aus.) Die USA, die sich vor dem Krieg in einer tiefen Depression befunden hatten, waren zu einer zweckgerichteten Wirtschaft wiederbelebt worden, Roosevelts „Arsenal of Democracy" (Arsenal der Demokratie).

Mit dem Beginn des Friedens verschwand dieses Ziel. Die Wirtschaft verlor den Kunden, dem sie fast die Hälfte ihres Umsatzes verdankte. Panzerfabriken und Schiffsdepots wurden geschlossen; in den folgenden 24 Monaten setzte das US-Militär 10 Millionen Mitarbeiter frei. Zehn Millionen Menschen, meist junge Männer, brauchten Arbeit, Wohnungen, Autos und ... Perspektiven.

Als die Konfettiparaden endeten, begannen die Löhne zu sinken und die Mieten zu steigen. In allen wichtigen Industriezweigen kam es zu Streiks und eine nationalistische Bewegung entstand aus der unterschwellig gärenden Überzeugung, dass auf Kosten der inländischen Bedürfnisse im Ausland zu viel investiert worden war. Die Planer befürchteten, die Wirtschaft könnte in die Vorkriegsdepression zurückfallen, oder noch Schlimmeres.

Aber das ist nicht passiert. Stattdessen verwandelte sich das Arsenal der Demokratie in den Motor des Kapitalismus. Die nächsten 30 Jahre brachten eine rekordverdächtig niedrige Arbeitslosigkeit, ein anhaltendes Wirtschaftswachstum und umfangreiche Investitionen in Infrastruktur sowie Forschung und Entwicklung.

Der Fortschritt der Menschheit war atemberaubend, und das nicht nur in den USA. Die Kindersterblichkeit und die Armut sanken weltweit und die Lebenserwartung und die Alphabetisierung stiegen sprunghaft an. Durch eine weltweite Anstrengung, die weitgehend von den USA finanziert und angeführt wurde, wurden die Pocken ausgerottet. Die Krankheit, an der 90 Prozent der amerikanischen Ureinwohner gestorben waren, war die erste, die durch planvolles menschliches Handeln ausgerottet wurde. Im Jahr 1969 legten drei mutige Astronauten 386.000 Kilometer zurück (Anmerkung: etwa 3.600-mal mehr als Blue Origins *New Shepard*), und ein Amerikaner setzte seinen Fuß auf den einzigen natürlichen Satelliten der Erde.

Der Aufstieg der Mittelschicht

Wie kam es dazu? Es ist viel von der „Greatest Generation" die Rede, den Männern und Frauen, deren Charakter durch die Kämpfe der 1930er- und 1940er-Jahre geprägt wurde und die für den Aufbau des Wirtschaftskolosses America, Inc. verantwortlich gemacht werden.

Aber Größe liegt im Wirken anderer. Arbeiter traten Gewerkschaften bei, um höhere Löhne und sicherere Arbeitsbedingungen zu erzielen. Die Mitgliederzahlen von Organisationen wie den Pfadfinderinnen oder Kiwanis wuchsen. Das gesellschaftliche Bindegewebe wuchs und festigte sich. Mannschaftssportarten und kleine Ligen wurden zu festen Bestandteilen der Gemeinden und zu Multimillionen-Dollar-Unternehmen.

Diesem Wohlstand lag eine solide staatliche Unterstützung zugrunde. Der G.I. Bill finanzierte zwei Millionen Soldaten das College und weiteren Hunderttausenden Darlehen für Eigenheime und kleine Unternehmen. Trumans Wohnungsbaugesetzgebung erweiterte die Rolle der Regierung beim Bau von Wohnungen und der Finanzierung von Wohneigentum. Eisenhower startete ein 40-jähriges Projekt zum Bau eines nationalen Autobahnsystems, dessen Kosten sich auf über 500 Milliarden Dollar nach heutigem Wert belaufen. Die Einkommensteuer war progressiv – der Spitzensteuersatz betrug 91 Prozent – und der Reichtum der Großverdiener wurde auf Sozialprogramme und Investitionen in Infrastruktur, Bildung und Wissenschaft umverteilt.

Die Jahre nach dem Zweiten Weltkrieg waren eine Ära großer Innovationen – der Computer, das Mobiltelefon und das Internet sind alles Produkte der Nachkriegszeit. Aber die größte Innovation der USA war keine Sache, sondern ein soziales und wirtschaftliches Konstrukt: die Mittelschicht.

Eine breite, integrative und wohlhabende Mittelschicht gab dem Kapitalismus etwas, das ihm lange gefehlt hatte: Ballast. Entschuldigen Sie die erneute nautische Metapher. Ballast ist ein schweres Material – unter der Oberfläche, unsichtbar –, das einem Boot Stabilität verleiht. Je unruhiger das Umfeld ist, desto wichtiger ist der Ballast. Das Fehlen dieser stabilisierenden Kraft erhöht die Wahrscheinlichkeit, dass ein Schiff kentert, unabhängig vom Wert des über der Wasseroberfläche befindlichen Inhalts.

In den 1950er- und 1960er-Jahren gab es in den USA Ballast. Die Kombination aus Lohnwachstum, öffentlicher Bildung, wirtschaftlicher Mobilität und einem Überfluss an Industriegütern brachte Millionen von Haushalten eine nie da gewesene Lebensqualität. Der Begriff „Arbeiterklasse" konnte nicht die Garage mit zwei Autos, den Sommerurlaub und den Sohn (und bald auch die Tochter) auf dem Weg zum College umfassen, die einen amerikanischen Mittelklasse-Lebensstil ausmachten. Es war ein weitreichendes Konzept: Der Arzt, der Anwalt und der Werbefachmann von der Madison Avenue lebten in größerem Luxus als ihre Landsleute aus der Fabrik, aber sie hatten mehr gemeinsam als je zuvor. Die Mittelschicht stand für die Auslöschung des Klassenbegriffs: Heute bezeichnen sich etwa 70 Prozent der Amerikaner als Mittelschicht.

In den USA gab es immer noch zu viele arme Menschen und ein paar Mega-Millionäre, aber Mitte des 20. Jahrhunderts bestimmte eine Gruppe über mehrere Jahrzehnte hinweg die kulturelle und wirtschaftliche Geschichte Amerikas, und das waren nicht die „Innovatoren", die das BIP eines mittelamerikanischen Landes erwirtschafteten. Als Gruppe schätzte die Mittelschicht Stabilität, glaubte an den Fortschritt und erlebte aus erster Hand die Chancen, die eine breite Verteilung des Wohlstands bedeuteten. Der Kapitalismus, der für alle außer den Kapitalisten selbst eine wechselhafte Geschichte hatte, bewies, dass er, wenn er durch den Ballast einer breiten Mittelschicht stabilisiert wird, eine reiche und gesunde Gesellschaft schaffen kann.

Entgegen der landläufigen Meinung war die Mittelschicht der Nachkriegszeit nicht nur eine Domäne der weißen Männer. Zwischen 1950 und 1980 traten 27 Millionen amerikanische Frauen in das Erwerbsleben ein, wodurch sich ihre Erwerbsbeteiligung um 50 Prozent erhöhte. Im Jahr 1940 gehörten nur 22 Prozent der schwarzen Männer der Einkommensmittelschicht an, verglichen mit 38 Prozent der weißen Männer. Im Jahr 1970 verdienten 68 Prozent der schwarzen Männer ein Einkommen der Mittelklasse, verglichen mit

65 Prozent der weißen Männer. Amerika hatte die Ungerechtigkeiten aus seinen Gründungszeiten nicht überwunden, aber es hatte größere Fortschritte gemacht als in jeder anderen Epoche.

Neue Krisen

In den 1970er-Jahren geriet die Erfolgsserie des Landes jedoch ins Stocken. Der Zugang zum Wohlstand der Mittelschicht wurde in der Nachkriegszeit erleichtert, aber zu ihrem oberen Ende und darüber hinaus blieb er unzureichend – gut dotierte Berufe wie Jurist, Mediziner und leitende Positionen in Unternehmen blieben überwiegend männlichen Weißen vorbehalten. Armut und begrenzte Möglichkeiten bestanden in den Gemeinden über Generationen hinweg fort. Als sich das Wirtschaftswachstum in den 1960er- und 1970er-Jahren verlangsamte, schwand die Geduld mit der Ungerechtigkeit, und die Fundamente des Nachkriegswohlstands begannen zu bröckeln. Der begrenzte Fortschritt der Bürgerrechtsbewegung machte deutlich, welche großen Hindernisse echten Vereinigten Staaten noch entgegenstanden.

Auch die Dynamik und Innovationskraft der unmittelbaren Nachkriegszeit verlor allmählich an Energie. Konglomerate wurden der letzte Schrei in den amerikanischen Unternehmen, ein fehlgeleiteter Versuch der Unternehmensleitungen, sich selbst und ihr Einkommen vor den Risiken und der Unbeständigkeit eines kapitalistischen (d. h. wettbewerbsorientierten) Marktes zu schützen. Die Auswirkungen der industriellen Expansion auf die Umwelt führten zu Orten wie Love Canal, einem Viertel in der Nähe der Niagarafälle, das durch Industrieabfälle so verseucht war, dass 1.000 Familien umgesiedelt werden mussten. Technisch überlegene japanische Autos auf amerikanischen Straßen zeigten, dass die Schlüsselindustrie des Landes vom Weg abgekommen war. Und die Nation, die die Welt für die Demokratie gerettet hatte, unterstützte Autokraten, um zu verhindern, dass der nächste Dominostein umfiel.

1980, wie auch 1945, lösten ängstliche Prognosen von einem nationalen Niedergang eine heftige Debatte über den künftigen Kurs des amerikanischen Experiments aus. Die Reaktion auf diese Zeit der nationalen Krise hat, ebenso wie die Reaktion auf die Herausforderungen der Nachkriegszeit, das Amerika geschaffen, das wir Amerikaner heute, vier Jahrzehnte später, geerbt haben.

In diesem Buch geht es um diese Reaktion, um das Amerika, das sie hervorgebracht hat, und darum, wie es weitergehen könnte.

Genau wie 1945 und 1980 sind wir wieder eine Nation am Scheideweg. Wir lassen langsam eine Pandemie hinter uns, die mehr als eine Million Amerikaner getötet hat, während sie sich zur Endemie entwickelt. Unsere außergewöhnlichen Technologien – Computer, die wir in der Tasche tragen, sofortige Kommunikation mit jedem Menschen auf der ganzen Welt – bringen außergewöhnliche externe Effekte mit sich, für die unsere Gesetze, unser Steuerrecht und unsere Kultur schlecht gerüstet zu sein scheinen.

Marginalisierte Stimmen und ein unflexibles weißes Patriarchat scheinen sich eher auf einen Krieg vorzubereiten, als eine gemeinsame Basis zu suchen. Wir haben einen enormen Wohlstand, aber wenig Fortschritt, da immer mehr Beute an weniger Parteien geht.

Diese 100 Schaubilder erzählen die Geschichte, wie Amerika zu diesem Punkt gekommen ist, und wohin es sich entwickeln könnte. Ich möchte klarstellen: Wir verwenden keine Grafiken, weil sie objektiv oder unfehlbar wären. Wir haben Daten und Darstellungen ausgewählt, die die Geschichte Amerikas erzählen, wie wir sie sehen. Aber Illustrationen und Grafiken haben eine Klarheit, die Prosa nicht bieten kann. Unser Ziel ist einfach: Wir wollen Bilder präsentieren, die den Nerv der Zeit treffen und zum Handeln anregen.

KAPITEL 1

Aufstieg der Shareholder-Klasse

Als der Nachkriegsboom abzuflauen begann, machten sich die USA den Shareholder-Kapitalismus zu eigen und wandten sich von der Gemeinschaft und den Institutionen ab und dem erbarmungslosen Individualismus zu.

Nach den Krisen und Erschütterungen der 1960er- und 1970er-Jahre entstand in Amerika eine neue Religion: der Shareholder-Value. Nach seinen Grundsätzen wurde die Tätigkeit eines Unternehmens an einem einzigen Maßstab gemessen: dem Preis seiner Aktien. Im weiteren Sinne könnte die gesamte Gesellschaft anhand der aggregierten Aktienkurse ihrer Unternehmen bewertet werden. Die Wall Street wurde zur Kirche Amerikas und der Dow Jones und der Nasdaq wurden zu ihrer Liturgie.

Es war eine angemessene Metrik für das digitale Zeitalter. So wie die CD die Schallplatte ersetzte, reduzierte der Shareholder-Value das Rauschen analoger Ideen wie Gemeinschaft und Gemeinwohl auf einen binären Aktienkurs, der nach oben oder unten geht. Rot oder grün, Bär oder Bulle.

Der Hohepriester des Shareholder-Value, Milton Friedman, erklärte, dass Führungskräfte, die Entscheidungen mit anderen Zielsetzungen als der Steigerung des Aktienkurses treffen, die Aktionäre *bestehlen* und „reinen und unverfälschten Sozialismus predigen". Oder schlimmer noch, man könnte sie beschuldigen, Europäer zu sein.

Mein erster Job nach dem UCLA-Studium in den 1980er-Jahren war im Analystenprogramm bei der Investmentbank Morgan Stanley. Wie die meisten meiner Mitabsolventen hatte ich keine Ahnung, was Investmentbanking ist, sondern nur, dass wir am Steuer des kapitalistischen Bobs saßen und eine Menge Geld verdienen konnten. Die Rolle des Finanzwesens in der Gesellschaft (oder die Frage, ob man die Arbeit lohnend findet) wurde kaum berücksichtigt. Wir waren damit beauftragt, das ultimative Raubtier der kapitalistischen Spezies zu gebären, das börsennotierte Unternehmen. Was wir taten, diente einem hehren Zweck – wir verdienten Geld, indem wir anderen Leuten halfen, Geld zu beschaffen, damit sie Geld investieren konnten, um … Sie ahnen es … mehr Geld zu verdienen.

Mit der Wahl von Ronald Reagan im Jahr 1980 wurde dieses Ethos Regierungspolitik. In seiner Antrittsrede klärte er die Fronten: „In der gegenwärtigen Krise ist die Regierung[1] nicht die Lösung für unser Problem, sondern die Regierung ist das Problem." In seiner Darstellung des amerikanischen Niedergangs hatten sich Arbeit und Regierung verbündet, um die Klasse der Aktionäre zu unterdrücken, was zu einer blutarmen Wirtschaft geführt hatte, die die Freiheit bedrohte, nach Erfolg zu streben. Reagan handelte schnell, um die Beschränkungen der amerikanischen Wirtschaftskraft durch die Regierung zu beseitigen: hohe Steuern für die produktivsten Bürger, Überregulierung der Wirtschaft und das Ungeheuer der Regierungsleistungsprogramme, die an den Wurzeln des Kapitalismus nagten. Reagan riss den „Liberalismus" heraus und ersetzte ihn durch robusten Individualismus und das „Recht, heroische Träume zu träumen".

Die Ergebnisse waren beeindruckend. Die Wirtschaft brummte und wuchs mit einer Ausnahme in jedem Jahr seiner Präsidentschaft, und die Inflation fiel von 14 Prozent[2] auf 4 Prozent. In einer Ära des steigenden Shareholder-Value verdoppelte sich der Dow Jones Industrial Average,[3] der seit Mitte der 1960er-Jahre auf Talfahrt gewesen war.

Natürlich hatte Reagan Rückenwind. Der Zusammenbruch der Sowjetunion und der Übergang Chinas zur Marktwirtschaft eröffneten riesige neue Märkte und Zugang zu billigen Arbeitskräften, die diese Märkte versorgten. Zusammen mit den technologischen Innovationen, die in den Forschungslabors entstanden waren, war dies das Gangsterkapital, das eine Reihe von Entwicklungssprüngen antrieb, von der industriellen Automatisierung bis zum Personal Computing, die sich in den Jahren nach Reagan noch beschleunigten. Wellen von technologischen Umwälzungen setzten einen gesellschaftlichen Wandel in Gang und befeuerten ein Wirtschaftswachstum von Billionen Dollar.

Der Trickle-Down-Steuerplan

Das wichtigste politische Instrument der Reagan-Ära war die Steuersenkung. Als Reagan sein Amt antrat, lag der höchste Grenzsteuersatz bei 70 Prozent – so niedrig wie seit 1935 nicht mehr.[4] Als er den Staffelstab an seinen Vizepräsidenten George H. W. Bush weitergab, lag er bei 28 Prozent.

Der Spitzengrenzsteuersatz ist nicht der entscheidende Faktor für die Höhe der gezahlten Steuern, und Ökonomen diskutieren über die genauen Auswirkungen der zahlreichen Änderungen bei den Steuerklassen und Abzügen während dieser Zeit. Aber das Ziel der Kürzungen wurde erreicht: die Senkung der Steuern, die von den reichsten Privatpersonen und den größten Unternehmen gezahlt werden. Theoretisch sollte das Geld, das nicht für Steuern ausgegeben wurde, in die Wirtschaft „reinvestiert" werden, um das Wachstum anzukurbeln, was allen zugutekäme.

Wie gut sich diese Theorie in der Praxis bewährt hat, ist ebenfalls Gegenstand heftiger Debatten. Eins ist sicher: Die Reagan-Steuersenkungen sorgten für die größten Bundesdefizite seit dem Zweiten Weltkrieg. Als Reagan sein Amt antrat, hatte die Regierung Schulden in Höhe von 930 Milliarden Dollar.[5] Als er ging, betrug der Schuldenstand 2,7 Billionen Dollar. Kein anderer Präsident hat in Friedenszeiten die Schulden verdreifacht. Noch schlimmer ist, dass Reagan einen sich abzeichnenden Mangel an langfristigem Denken in Amerika ausnutzte. Dick Cheney fasste es mit den Worten zusammen: „Reagan hat bewiesen, dass Defizite keine Rolle spielen." Das stimmte, aber irgendwann kommt das dicke Ende. Die Staatsverschuldung der USA geht inzwischen Richtung 30 Billionen Dollar, und das Verhältnis zwischen Schulden und BIP, das bei Reagans Amtsantritt 32 Prozent betrug, ist heute auf über 120 Prozent explodiert.

Höchste Grenzsteuersätze[6]

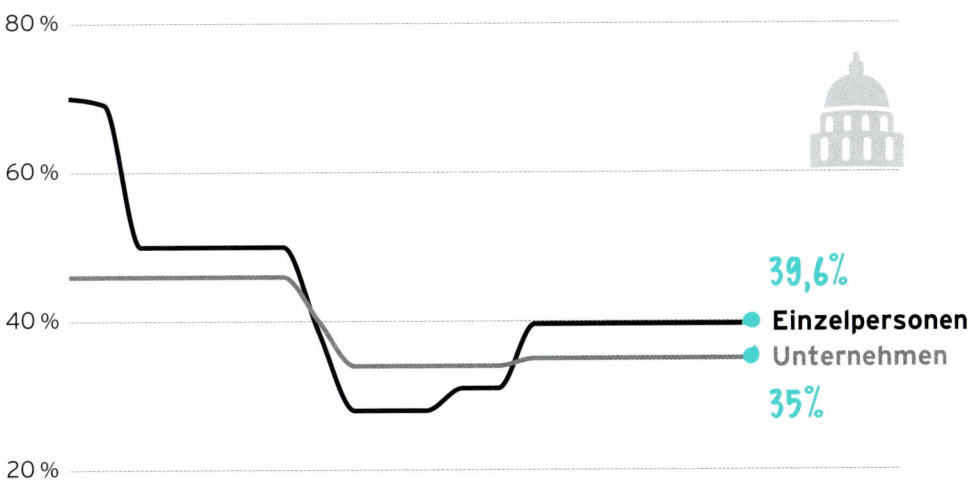

Quellen: Tax Foundation (Unternehmen), Tax Policy Center (Einzelpersonen).

Wechselnde Gefühle

Die politische Rhetorik ist ein guter Gradmesser für den ideologischen Status quo der Nation, und die Rhetorik veränderte sich während der Reagan-Revolution deutlich. Amerika hat einige der wichtigsten Gründe für den Staat aus den Augen verloren: die Rechte der Minderheit gegenüber der Mehrheit zu schützen; in Dinge zu investieren, für die der Markt nicht gern zahlt, wie Bildung, Infrastruktur und Grundlagenforschung; und ein Sicherheitsnetz für diejenigen zu schaffen, die im Kapitalismus auf der Strecke bleiben. Viele begannen, die Regierung als Bedrohung der Freiheit zu sehen und nicht als deren Beschützer.

Das war früher nicht so. In der ersten Hälfte des 20. Jahrhunderts wurde die Investition in die Demokratie als patriotische Pflicht angesehen. Im Jahr 1953 sagte der Präsident von General Motors, Charlie Wilson, bekanntlich,[7] dass, was gut für das Land sei, auch gut für General Motors sei, und umgekehrt. „Der Unterschied", sagte er, „bestand nicht." Keine Steuern zu zahlen bedeutete, sich selbst zu schaden, denn die Regierung war ein Spiegelbild der Amerikaner selbst, eine repräsentative Demokratie.

Präsidenten über die Regierung[8]

„Die Regierung sind wir. Wir sind die Regierung, Sie und ich."

Theodore Roosevelt, 1902

„Wir dürfen nicht vergessen, dass wir die Regierung sind, sie ist keine fremde Macht, die uns beherrscht."

Franklin Roosevelt, 1938

„Die Bundesregierung ist das Volk, und der Haushalt spiegelt seine Bedürfnisse wider."

John F. Kennedy, 1963

„Die schrecklichsten Worte in der englischen Sprache sind: ‚Ich bin von der Regierung und bin hier, um zu helfen.'"

Ronald Reagan, 1986

„Die Ära der großen Regierung ist vorbei … unsere Bundesregierung ist heute so klein wie niemals in 30 Jahren und wird jeden Tag kleiner."

Bill Clinton, 1996

Schrumpfende Infrastruktur

Im Jahr 1966 investierten die USA 2,5 Prozent ihres potenziellen BIP in die Infrastruktur – Straßen, Brücken, Schulen, Krankenhäuser, Wasseraufbereitung, Kanalisation und mehr. In den folgenden 20 Jahren, vor allem während der Regierungen Nixon und Reagan, gingen die Infrastrukturinvestitionen drastisch zurück und erreichten 1983 einen Rekordtiefstand von 1,3 Prozent des BIP. Der Wert ist seitdem relativ konstant geblieben. Und das trifft es noch nicht einmal wirklich, denn die Preissteigerungen für Baumaterialien haben in den letzten Jahren die Inflation übertroffen.

Was bedeutet das in der Praxis? Ganz einfach: schlechtere Bedingungen für arbeitende Amerikaner. Etwa eine von fünf Straßen[9] in den USA ist in schlechtem Zustand. 45 Prozent der Amerikaner[10] haben keinen Zugang zu öffentlichen Verkehrsmitteln. Alle zwei Minuten kommt es zu einem Wasserleitungsbruch.[11] Zahlreiche Mängel in der Kerninfrastruktur haben zu Krisen geführt, die früher unvorstellbar schienen: In Flint, Michigan, haben 12.000 Kinder[12] bleiverseuchtes Wasser getrunken, was zu irreparablen Hirnschäden führte, die sich auf die schulischen Leistungen und den IQ auswirken und die Wahrscheinlichkeit von Alzheimer und der Legionärskrankheit erhöhen. In Miami stürzte eine zwölfstöckige Wohnanlage am Strand ein und tötete 98 Menschen.[13]

Gleichzeitig gibt China im Verhältnis zum BIP zehnmal mehr[14] für die Infrastruktur aus als die USA. Das könnte erklären, warum es 4,5 Stunden[15] dauert, mit dem Zug von Schanghai nach Peking (1.210 Kilometer) zu fahren, aber 7 Stunden, um[16] von Boston aus Washington, D.C. (705 Kilometer) zu erreichen.

Anteil der Infrastrukturausgaben am potenziellen BIP[17]

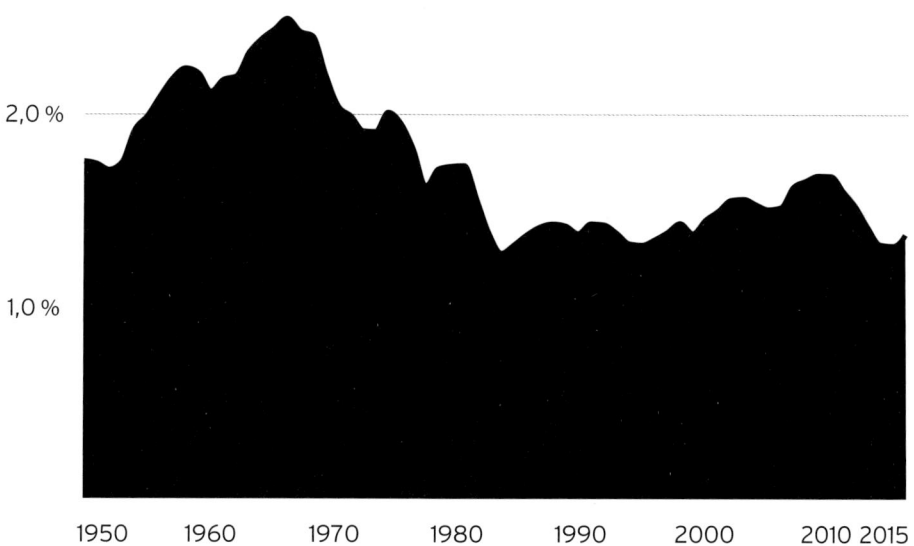

Quellen: Economic Policy Institute, Bureau of Economic Analysis, Congressional Budget Office.

Anmerkung: Einbezogen sind öffentliche Investitionen in Krankenhäuser und Bildungseinrichtungen, Autobahnen, Kanalisation, Verkehrseinrichtungen sowie Naturschutz und Entwicklung.

Kürzungen im Gesundheitswesen

Die Beschneidung der Sozialausgaben in den USA hatte viele Facetten. Arbeitslosen- und Sozialhilfeleistungen wurden gekürzt, die Ausgaben für die städtische Infrastruktur wurden reduziert und die föderalen Mittel und die Aufsicht über dieselben wurden zugunsten der kommunalen Kontrolle verringert. Eine Veränderung mit tiefgreifenden, langfristigen Auswirkungen auf amerikanische Gemeinden waren die Kürzungen im Bereich der mentalen Gesundheitsversorgung. In den 1960er- und 1970er-Jahren schränkte eine landesweite Bewegung zur „Deinstitutionalisierung" psychisch Kranker das Angebot an psychiatrischer Versorgung drastisch ein. Für viele war dies ein Segen, aber Hunderttausende von Menschen mit schweren psychischen Problemen wurden sich selbst überlassen.

Die Auswirkungen dieses Wandels wurden allgemein registriert, aber die Nation verlor den Willen, die Schwachen zu schützen. 1963 brachte Präsident Kennedy[18] Gesetze zur Einrichtung eines föderalen Systems für die Behandlung psychisch Kranker auf den Weg, doch nach seiner Ermordung war die Finanzierung nicht gesichert und das System kam nie recht in Gang. Präsident Carter versuchte, Kennedys Vision neuen Schwung zu geben, aber Reagan, der als Gouverneur von Kalifornien die Deinstitutionalisierung unterstützte, machte Carters Programm den Garaus.

Heute sind jede Nacht mehr als eine halbe Million Amerikaner[19] obdachlos. 20 Prozent von ihnen leiden an einer schweren psychischen Erkrankung und 17 Prozent an chronischem Drogenmissbrauch. Studien haben einen direkten Zusammenhang zwischen dem Abbau von Betten in psychiatrischen Kliniken und der zunehmenden Obdachlosigkeit festgestellt. Psychisch kranke Menschen sind dreimal häufiger[20] Opfer von Verbrechen; sie werden häufig zur Belastung für die Strafverfolgungsbehörden und das Gefängnissystem, wenn ihre Krankheit nicht behandelt wird. Dieses nationale Problem wurde den lokalen Regierungen überlassen.

Anzahl der stationären psychiatrischen Betten[21]

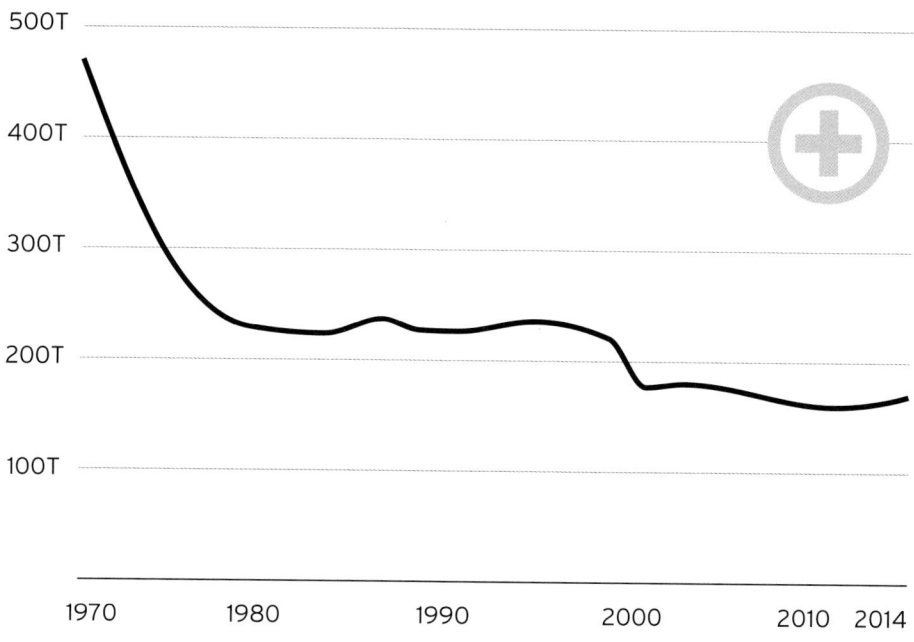

Quelle: National Association of State Mental Health Program Directors.

Die Arbeiterschaft verliert ihre Stimme

Im Jahr 1950 wurde fast jeder dritte amerikanische Arbeiter außerhalb der Landwirtschaft von einer Gewerkschaft vertreten,[22] was den Menschen die Möglichkeit gab, sich zu organisieren und Verhandlungsmacht gegenüber mächtigen Arbeitgebern auszuüben. Und das taten sie: In dem Jahr gab es in den USA 424 Streiks, an denen mehr als 1.000 Arbeitnehmer beteiligt waren. Ab 1980 gingen die Arbeitskampfmaßnahmen jedoch drastisch zurück, und 1988 gab es nur noch 40 solcher Arbeitsniederlegungen.

Durch Arbeitskampfmaßnahmen wurden die Arbeitsbedingungen verbessert und die Löhne erhöht, aber die Gewerkschaftsbewegung verschwand nicht aufgrund ihres Erfolges: Anzeigen wegen unlauterer Arbeitspraktiken blieben in den 1980er-Jahren weit über dem historischen Durchschnitt. Der Rückgang der Gewerkschaftsmacht ist auf eine Reihe von Faktoren zurückzuführen – einschließlich Korruption und Übervorteilung durch die Gewerkschaften selbst –, aber das Ergebnis war eine Machtverschiebung ... von der Arbeit zum Kapital.

Arbeiterstreiks und Klagen
wegen unlauterer Arbeitspraktiken[23]

■ Arbeiterstreiks   — Klagen wegen unlauterer
                        Arbeitspraktiken

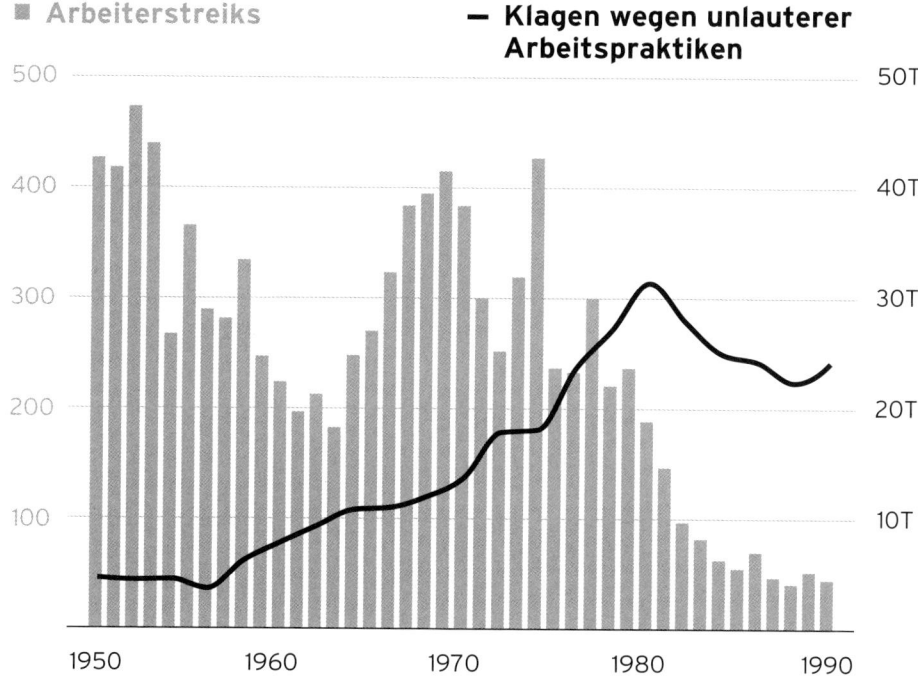

Quellen: Bureau of Labor Statistics, National Labor Review Board, Economic Policy Institute.
Anmerkung: Streiks mit 1.000 oder mehr Beschäftigten.

Der LBO-Boom

1982 wurde das Unternehmen Gibson Greeting Cards[24] für 80 Millionen Dollar gekauft, wovon nur eine Million Dollar vom erwerbenden Investor beigesteuert wurde – der Rest war geliehen. Damals mutete die Vorstellung, eine Akquisition fast ausschließlich auf Pump zu finanzieren, seltsam an. Doch nachdem Gibson mit einem Börsenwert von 290 Millionen Dollar an die Börse gegangen war und der Investor 66 Millionen Dollar in bar eingesackt hatte, verbreitete sich die Strategie wie ein Lauffeuer und läutete den Boom der fremdfinanzierten Übernahmen (leveraged buyout, LBO) ein. „Es ist irgendwie beängstigend,[25] so viel Geld zu verdienen", sagte der Grußkartenmagnat und ehemalige Finanzminister William Simon.

Innerhalb von sieben Jahren stieg der Anteil der fremdfinanzierten Übernahmen an den Fusionen und Übernahmen (mergers and acquisitions, M&A) in Amerika von 1 Prozent auf 30 Prozent. Unternehmensaufkäufer waren die Inquisitoren der neuen Religion. Jedes Managementteam, das die Rendite für die Aktionäre nicht maximierte, wurde entlassen, und das Unternehmen wurde zur Finanzierung der Schulden in Teilen verkauft. Dies führte zum Konkurs vieler übernommener Unternehmen. Als sich der Trend Anfang der 1990er-Jahre abkühlte, waren die Taschen der LBO-Branche mehr als gut gefüllt.

Leveraged-Buyout-Volumen als Prozentsatz des M&A-Volumens[26]

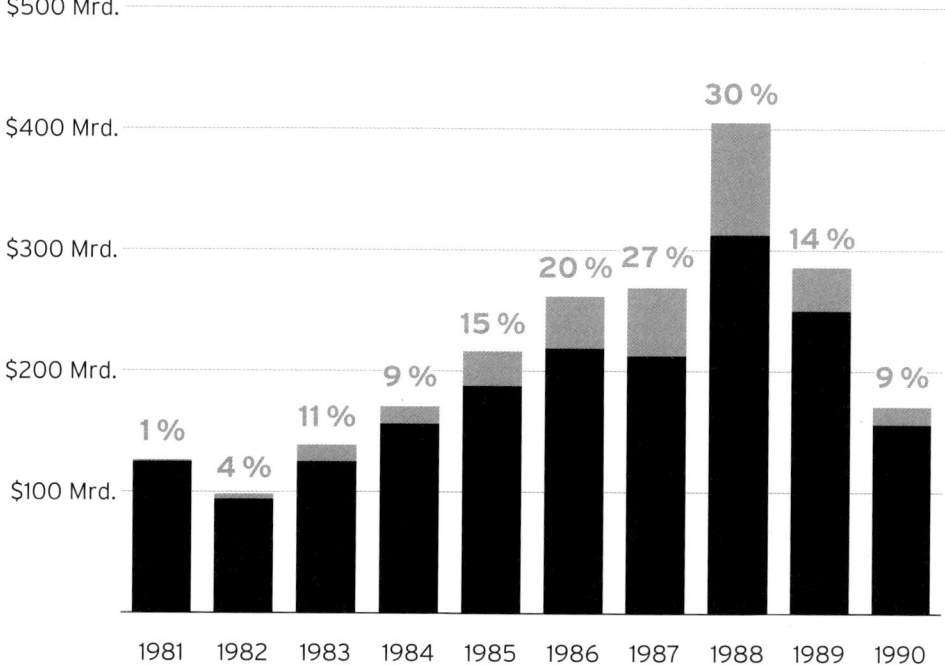

■ Leveraged-Buyout-Volumen

Quelle: Piper Sandler.

Anmerkung: Nur inländische Übernahmen.

Die Produktivität steigt, die Löhne stagnieren

Die Produktivität ist ein Maß für wirtschaftliche Effizienz: das Verhältnis von Output zu Input. Die Produktivität in den USA ist seit den 1950er-Jahren mit bemerkenswerter Stetigkeit gestiegen, was bedeutet, dass immer mehr Wertschöpfung aus Arbeitskräften, Anlagen und Rohstoffen herausgeholt wird. Von 1950 bis Mitte der 1970er-Jahre hielt die durchschnittliche Vergütung mit der Produktivität Schritt, was bedeutet, dass die Produktivitätssteigerungen denjenigen zugutekamen, die die Arbeit verrichteten.

Seitdem haben sich Produktivität und Löhne entkoppelt. Die Produktion ist ständig gestiegen, aber die Entlohnung der Arbeitnehmer spiegelt dies nicht mehr wider. Zwischen 1973 und 2014 stieg die Nettoproduktivität um 72 Prozent, der Stundenlohn der Arbeitnehmer jedoch nur um neun Prozent. Damit lagen die Gehälter bei weniger als die Hälfte dessen, was sie betragen hätten, wenn beide Werte im Einklang geblieben wären. Mit anderen Worten: Die amerikanische Nation hat weiter gewonnen, aber die Arbeitnehmer konnten nur die Hälfte ihrer Chips einlösen. Das Geld ging woanders hin.

Produktivität im Verhältnis zum Stundenlohn[27]

Indexiert auf 1948

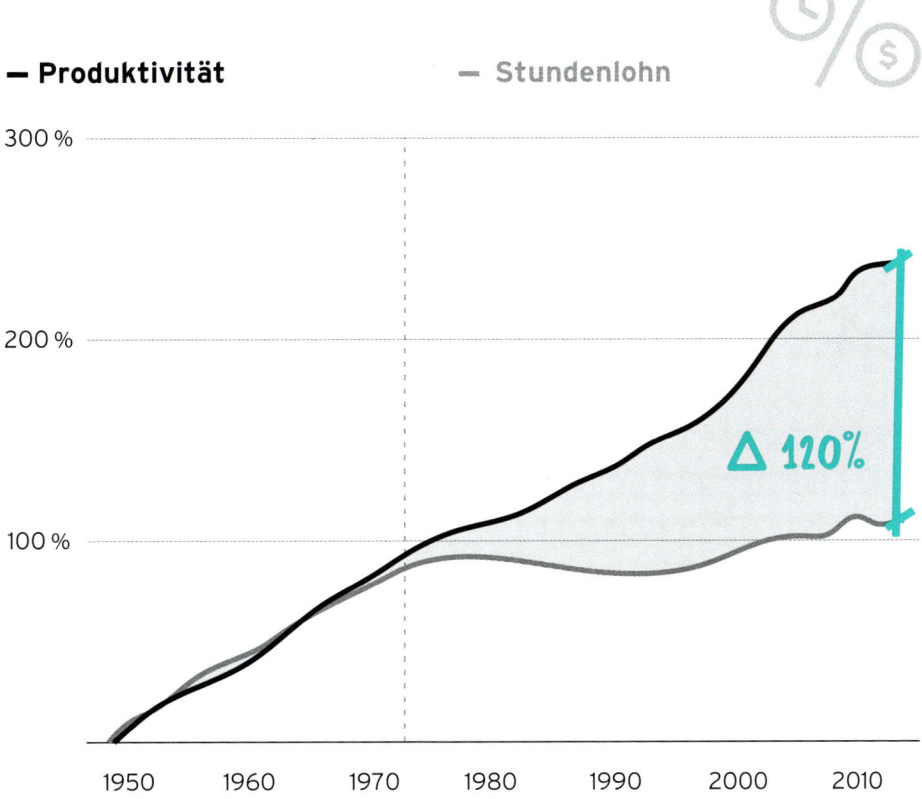

— **Produktivität**   — **Stundenlohn**

Quellen: Bureau of Economic Analysis, Bureau of Labor Statistics, Economic Policy Institute.

Anmerkung: Die Produktivität entspricht der Nettoproduktion von Waren und Dienstleistungen in den USA abzüglich der Abschreibungen pro Arbeitsstunde. Der Stundenlohn ist inflationsbereinigt und bezieht sich auf US-amerikanische Arbeitnehmer ohne Führungsverantwortung.

Einkommensungleichheit

Seit den 1970er-Jahren haben sich die USA von einer Produktionswirtschaft zu einer Informationswirtschaft entwickelt. Die Hochgebildeten profitierten von dieser Verschiebung: Zwischen 1979 und 2013 stiegen die Löhne des obersten Prozents der amerikanischen Angestellten um fast 140 Prozent. Diese Gruppe, die größtenteils aus Führungskräften, Anwälten und Ärzten besteht, ist inzwischen deutlich stärker mit ... Bankern bevölkert. Im Jahr 1979 arbeiteten 8 von 100 Mitgliedern[28] dieses einen Prozents im Finanzwesen. 2005 hatte sich diese Zahl fast verdoppelt, sie lag jetzt bei 14.

Während die Eliten rannten, kroch der Rest der Nation. Das Lohnwachstum der verbleibenden 99 Prozent der Amerikaner war fast achtmal langsamer als das des obersten Prozents, was den Aufbau von Wohlstand erheblich erschwerte und die Aufstiegschancen, die die Elterngeneration dieser Menschen noch gehabt hatte, fast vernichtete.

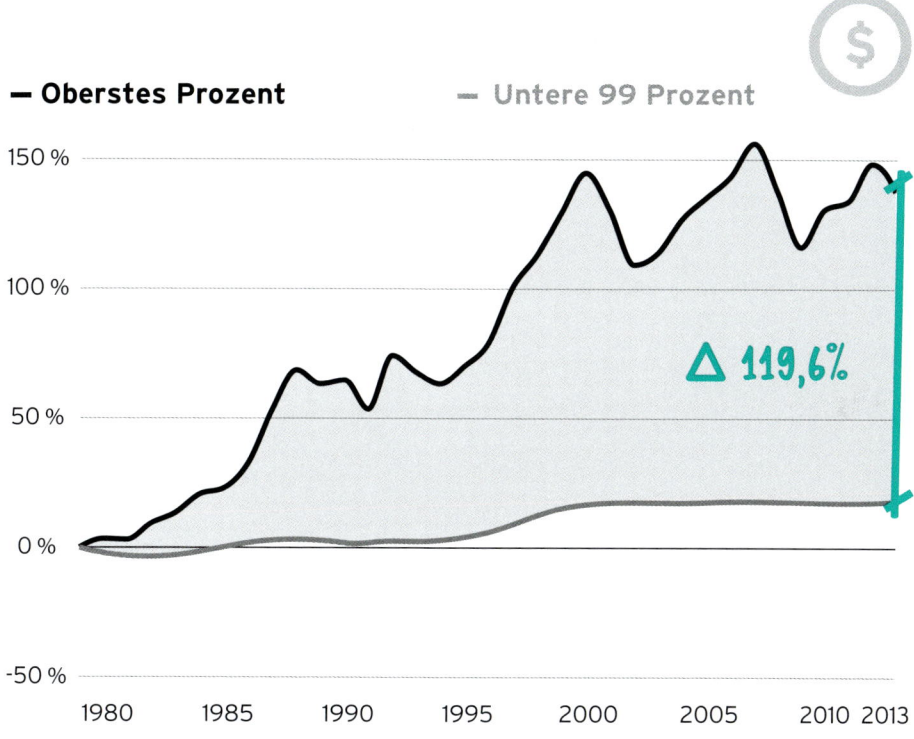

Lohnwachstum nach Einkommensniveau[29]

— Oberstes Prozent   — Untere 99 Prozent

△ 119,6%

Quellen: Economic Policy Institute; Kopczuk, Saez und Song.

Eine überforderte Steuerbehörde

Im Jahr 1960 prüfte die Bundessteuerbehörde (Internal Revenue Service, IRS) mehr als drei Prozent der amerikanischen Steuererklärungen, um sicherzustellen, dass Einzelpersonen und Unternehmen wie vorgesehen zahlten. Diese Zahl ist drastisch gesunken, auf weniger als 0,5 Prozent.

Gleichzeitig haben sechs Jahrzehnte Steuer-„Reform" ein Labyrinth an Schlupflöchern geschaffen und das Potenzial für Betrug und Fehler vergrößert.

Schätzungen zufolge entgehen den USA jedes Jahr rund 600 Milliarden Dollar[30] an nicht gezahlten Steuern, wobei das reichste Prozent der Steuerzahler für 28 Prozent dieser Summe verantwortlich ist.

IRS-Prüfungsraten[31]

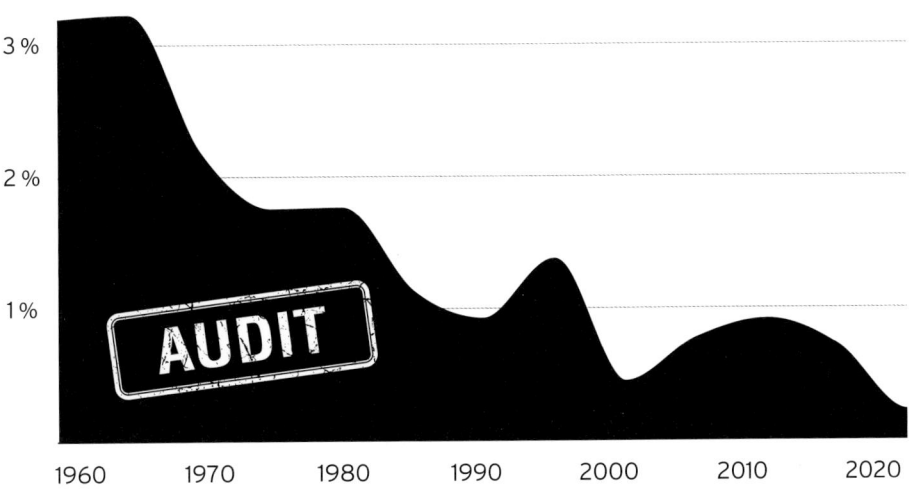

Quelle: Internal Revenue Service.

Anmerkung: Alle Steuerkategorien inbegriffen.

Die Offshoring-Explosion

Ein komplexes Steuerrecht verschafft großen Unternehmen einen Wettbewerbsvorteil, da sie über die nötigen Ressourcen verfügen, um dieses auszunutzen. Eine beliebte Taktik ist das Offshoring von Gewinnen, das heißt die Gründung von Briefkastenfirmen in Ländern mit niedrigeren Körperschaftsteuersätzen oder Anreizen, wie zum Beispiel Bermuda, Irland, Singapur und die Schweiz.

Im Jahr 1966 wurden etwa fünf Prozent der Unternehmensgewinne in Steueroasen im Ausland verbucht. Die Unternehmen erkannten jedoch bald, dass der einfachste Weg zur Steigerung des Shareholder-Value darin bestand, keine Steuern zu zahlen, und im Jahr 2000 wurde weit mehr als ein Viertel ihrer Gewinne in Steueroasen registriert. 2016 war dieser Anteil auf mehr als die Hälfte gestiegen.

Anteil der in ausländischen Steueroasen verbuchten Gewinne multinationaler US-Unternehmen[32]

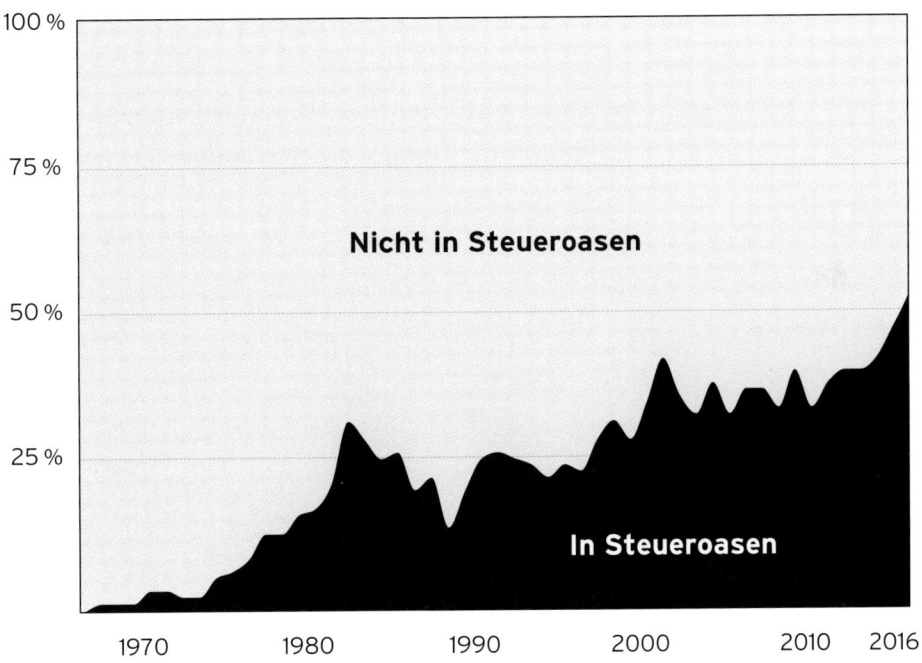

Quelle: National Bureau of Economic Research.

Anmerkung: Einschließlich aller Nicht-Öl-Sektoren.

Beteiligung am Aktienmarkt

In den letzten 25 Jahren beteiligte sich etwa die Hälfte der amerikanischen Haushalte am Aktienmarkt, dank 401(k)-Rentenplänen, Investmentfonds und dem Internet, das Wirtschaftsnachrichten und Anlagemedien zum Mainstream machte und den Markt zu unserem wichtigsten Wirtschaftsindikator werden ließ. Im Jahr 1989 war weniger als ein Drittel der amerikanischen Haushalte direkt oder indirekt am Aktienmarkt beteiligt. 2019 hatte sich dieser Anteil auf etwa die Hälfte erhöht.

Das war zwar eine Verbesserung, aber sie hat wenig dazu beigetragen, die sich rasend schnell verschlimmernde Vermögensungleichheit zu bremsen. Tatsache ist, dass fast die Hälfte der amerikanischen Haushalte nicht am Aktienmarkt beteiligt ist. Außerdem sind der Bestände sehr ungleichmäßig verteilt. Das reichste Prozent der Amerikaner[33] hält fast die Hälfte der Aktien im Besitz von Privathaushalten. Die unteren 80 Prozent halten nur 13 Prozent.

Anteil der in den Aktienmarkt investierenden Haushalte in den USA[34]

Direkte und indirekte Beteiligungen

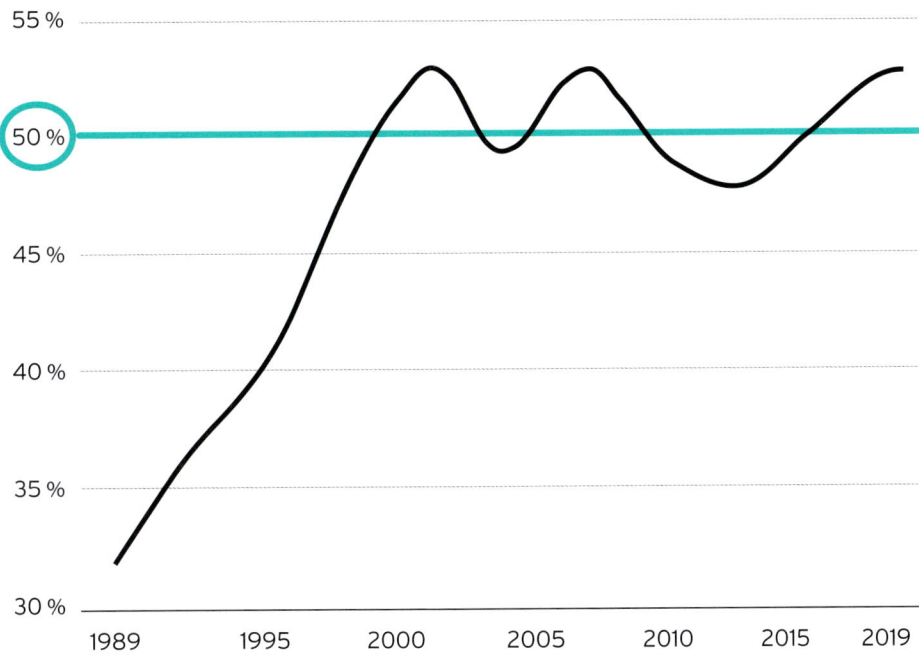

Quellen: Federal Reserve, Survey of Consumer Finances.

KAPITEL 2

Die Welt, die wir geschaffen haben

Der ungebremste Kapitalismus erwies sich als starker Treiber für wirtschaftliche Produktivität, Globalisierung und Demokratisierung.

Der Aufstieg der amerikanischen Wirtschaft nach dem Zweiten Weltkrieg brachte in Verbindung mit dem technologischen Fortschritt nicht nur den USA, sondern der gesamten Menschheit einen nie da gewesenen Wohlstand. Es ist verlockend, dies angesichts des Preises, der dafür gezahlt wurde, aus dem Blick zu verlieren, aber eine nüchterne Bilanz des heutigen Amerikas und der Welt wäre unvollständig, wenn man die enormen Errungenschaften nicht anerkennen würde.

Die Welt ist wesentlich reicher, freier, gesünder und gebildeter als noch vor 40 Jahren. Im Jahr 1980 lebten über 40 Prozent der Menschheit in extremer Armut.[1] Heute sind es weniger als 10 Prozent. Im Jahr 1980 hatten 44 Prozent der Menschheit keine demokratischen Rechte.[2] Heute sind es weniger als 25 Prozent. Ein im Jahr 1980 geborenes Kind hatte eine Lebenserwartung[3] von 63 Jahren. Ein Kind, das heute geboren wird, wird ein Jahrzehnt länger leben. Im Jahr 1980 hatten 30 Prozent der Menschen über 15 Jahren keine formale Bildung.[4] 2015 hatte sich dieser Anteil halbiert.

Es handelte sich um globale Errungenschaften, aber Amerika bildete das Herzstück. US-Innovationen in allen Bereichen, vom Verkehr bis zur Werbung, haben die Konsumkultur der Nachkriegszeit in eine Aufwärtsspirale von Nachfrage und Produktionsflexibilität gelenkt.

Die Milliarden Menschen, die seit 1980 aus der Armut befreit wurden, lebten größtenteils in Asien,[5] und ihr Aufstieg beruhte auf der Herstellung von Konsumgütern für den US-amerikanischen und europäischen Markt. Dieselben Volkswirtschaften stellen sich heute auf Wissensarbeit und einen Mittelschicht-Lebensstil um, und zwar zu einem erheblichen Teil auf der Grundlage digitaler Technologien, die in den ehemaligen Orangenhainen der San Francisco Bay Area entwickelt wurden.

Wir neigen dazu, uns auf Dinge zu konzentrieren, die sich ereignet haben, aber wir sollten nicht die Krisen übersehen, die abgewendet werden konnten. Der Untergang der Sowjetunion stellte ein apokalyptisches Risiko dar. Bis 1989 verfügten die Sowjets über 39.000 Atomsprengköpfe und die größte stehende Armee der Welt.[6] Der plötzliche Zusammenbruch eines der größten Reiche der Geschichte hätte sehr, sehr schlecht ausgehen können. Einmal verkaufte die sowjetische Regierung 20 Marinekampfschiffe für Pepsi-Kisten.[7] Doch die von den westlichen Nationen geschaffenen und geförderten Nachkriegsinstitutionen hielten der Belastung stand.

Ob zum Guten oder zum Schlechten (tatsächlich beides), die wichtigste Veränderung ist die zunehmende globale Vernetzung. Der Begriff „Globalisierung" ist mit den Ängsten unserer Zeit aufgeladen worden, aber er steht für einen tiefgreifenden Wandel der menschlichen Existenz, der über die aktuellen Sorgen hinausgeht. Nie zuvor war das menschliche Wissen so weitverbreitet, und nie zuvor hatten Schöpfer, von Künstlern bis hin zu Herstellern, Zugang zu einer solchen Vielzahl von Märkten – und Wettbewerbern.

Produktivitätsrevolution

Die moderne Zivilisation ruht auf einem Fundament nie da gewesener, einst sogar unvorstellbarer Produktivität. Durch den Wiederaufbau Westeuropas und die Umstellung der amerikanischen Kriegswirtschaft nach dem Zweiten Weltkrieg verdoppelte sich die jährliche Wirtschaftsleistung der Welt in weniger als einem Jahrzehnt. 1960 produzierte die Welt zwanzigmal so viel wie zu Beginn des 19. Jahrhunderts.

Dann, als die relativ leichten Gewinne aus dem Nachkriegsboom abgeschöpft waren, geschah das eigentliche Wunder. Von 1980 bis 2004 hat sich die weltweite Wirtschaftsleistung erneut verdoppelt, von 35 auf 70 Billionen Dollar. In nur 24 Jahren, einer einzigen Generation, war so viel Wirtschaftspotenz entstanden, wie die menschliche Spezies in ihrer gesamten Geschichte angehäuft hatte. Heute wird weltweit in einem Monat etwa so viel produziert wie im gesamten Jahr 1950.

12

Globales BIP-Wachstum[8]

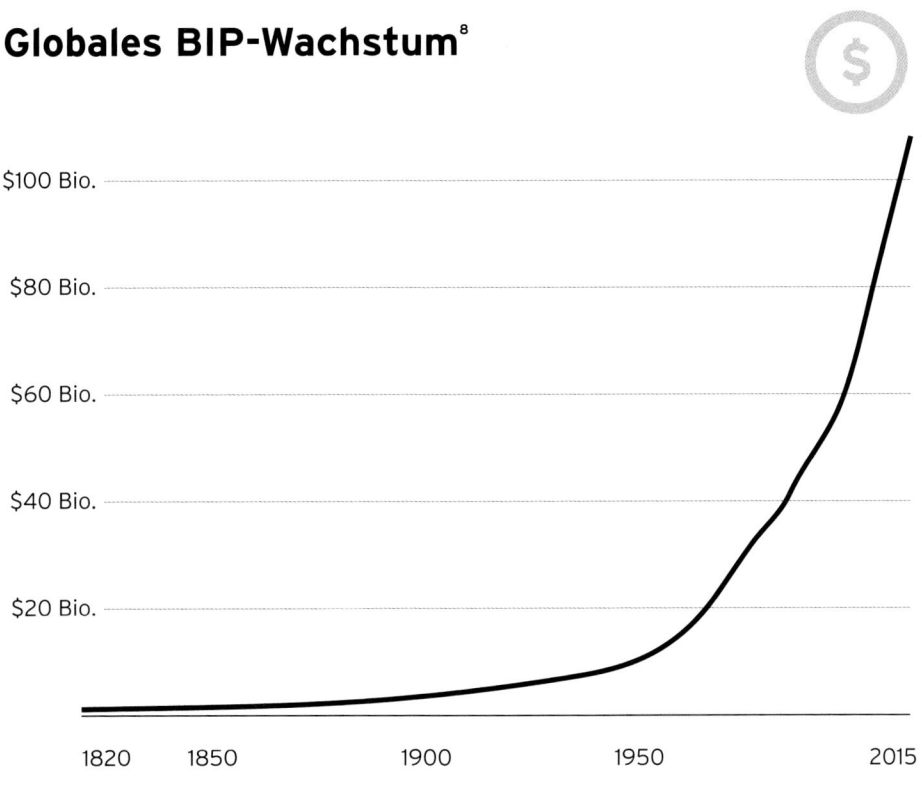

Quelle: World Bank & Maddison (2017) über Our World in Data.

Milliarden von Menschen arbeiten sich aus der Armut heraus

In weniger als 40 Jahren haben Milliarden Menschen ihr Los verbessert und sich aus der extremen Armut befreit. Wir sprechen hier von einer niedrigen Messlatte – 1,90 Dollar pro Tag, was selbst in Niedriglohnländern dem Existenzminimum entspricht –, aber es ist dennoch ein Wandel zum Besseren, wie es ihn in der Geschichte noch nie gegeben hat.

Der Rückgang der Armut war in China besonders bemerkenswert. Im Jahr 1990 lebten 750 Millionen Chinesen unterhalb der internationalen Armutsgrenze.[9] Heute sind es weniger als zehn Millionen. Die meisten dieser Menschen haben immer noch ein geringes Einkommen, aber der Wirtschaftsmotor, an dem sie beteiligt sind, läuft weiter. Im Jahr 2019 gab es in China 100 Millionen Haushalte mit einem Vermögen von mehr als 110.000 Dollar.[10]

Die moderne Weltordnung hat viele Mängel, aber manchmal ist das Ausmaß unserer Errungenschaften so groß, dass wir sie aus den Augen verlieren.

13

Prozentualer Anteil der Bevölkerung, der in Haushalten unterhalb der globalen Armutsgrenze lebt[11]

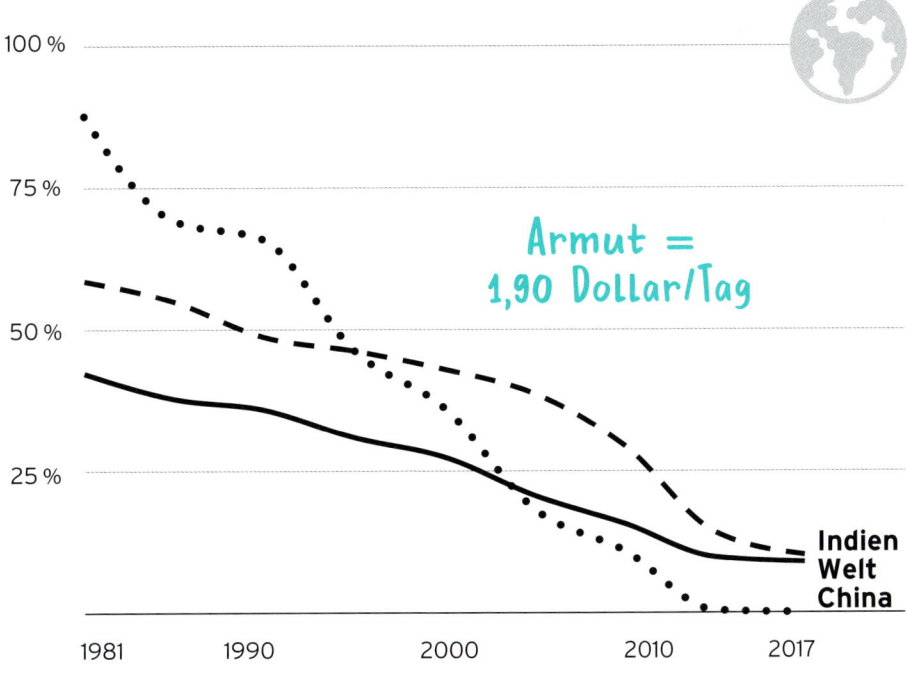

Armut = 1,90 Dollar/Tag

Indien
Welt
China

Quelle: PovcalNet (Weltbank).

Gesundheit ist Reichtum

Dank erheblicher Verbesserungen in den Bereichen Gesundheitsversorgung, Abwasserentsorgung, Bildung und wirtschaftliche Möglichkeiten leben die Menschen überall auf der Welt länger. Die Säuglingssterblichkeit ist seit 1990 um zwei Drittel gesunken;[12] Krankheiten und Kriege[13] fordern weniger Menschenleben. Dies ist der ultimative Maßstab für Wohlstand und menschliche Leistung: mehr Leben.

14

Anstieg der Lebenserwartung[14]

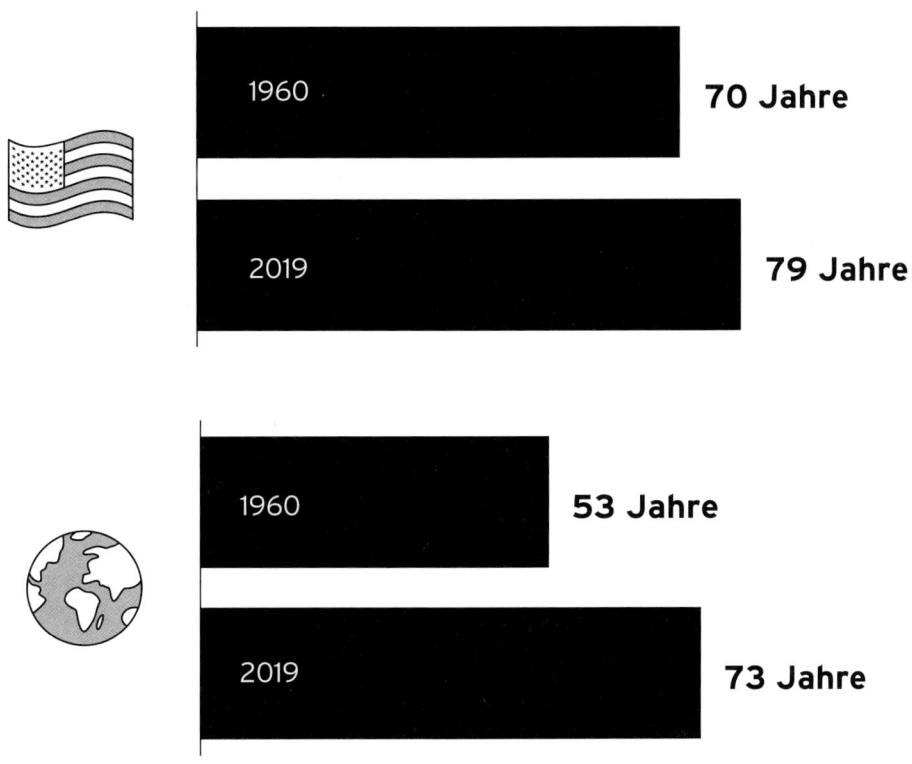

Quelle: Weltbank.

Eine neue Weltordnung

Die Demokratie ist seit Langem das Rückgrat des amerikanischen Wohlstands und der Grund für seine Fortschritte auf der Weltbühne – und das ist zum großen Teil der Zeit nach dem Zweiten Weltkrieg zu verdanken. Obwohl der Siegeszug der Demokratie von den 1940er- bis zu den 1970er-Jahren stetig anhielt, kam es erst 1980 zu einer echten Abkehr von der Autokratie. Der Wandel kam mit dem Ende des Kalten Krieges, als autokratische Regime aufgrund des schwindenden wirtschaftlichen und politischen Rückhalts zusammenbrachen.

Keine andere Regierungsform verleiht den Menschen so viel Macht wie die Demokratie. Sie steht auf einem Fundament von Rechtmäßigkeit, Gerechtigkeit und Freiheit. Sie fördert Innovation, Wohlstand und eine gesunde Staatsführung. Im Kampf gegen Fehlinformationen und politische Spaltung ist die Aufrechterhaltung der Demokratie von entscheidender Bedeutung für die Gesundheit und den Wohlstand nicht nur der Vereinigten Staaten, sondern auch derjenigen Länder, die auf der Weltbühne Führung von ihnen einfordern.

15

Anzahl von autokratisch regierten Ländern vs. Demokratien[15]

| Autokratien | Demokratien |

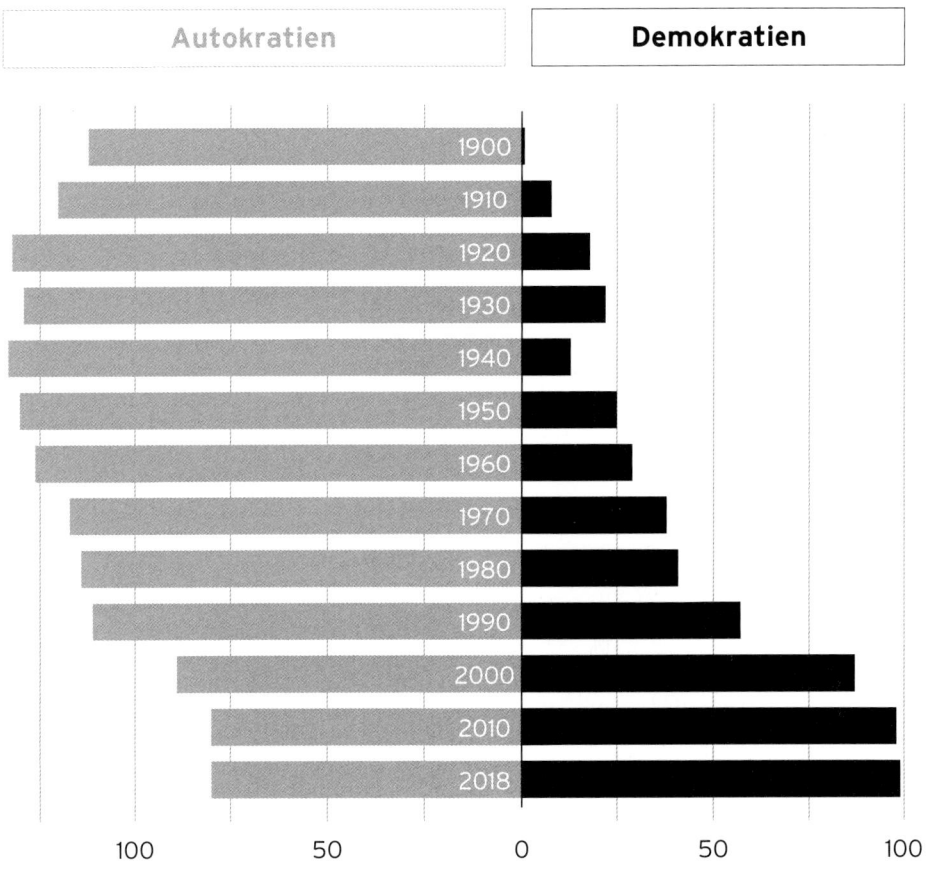

Quelle: Varieties of Democracy Project (2019, Version 9).

Freizügigkeit

Ich bewundere seit Langem die Leistung von Einwanderern. Ich gebe gern damit an, dass ich von einer alleinerziehenden Einwanderermutter großgezogen wurde und dass sowohl sie als auch mein Vater mit nichts nach Amerika gekommen sind. Ohne ihren Mut und ihre Sehnsucht – die Dosis Egoismus, die sie dazu trieb, hierher auszuwandern auf der Suche nach einem besseren Leben – wäre ich heute nicht annähernd da, wo ich bin.

Immigration ist schwierig und riskant und bedeutet in der Regel, dass im Ausgangsland etwas schiefgelaufen ist. Die zunehmende Migration bedeutet aber auch, dass unsere Welt stärker vernetzt ist und mehr Menschen Zugang zu Chancen und Erfolg haben. Migranten tragen zu technologischen und wissenschaftlichen Fortschritten, zu Unternehmensinnovationen und zu einer stabileren Erwerbsbevölkerung bei. Zwischen 1990 und 2005 gründeten Einwanderer ein Viertel[16] aller börsennotierten Venture-Capital-Unternehmen in den USA. 2018 gründeten Einwanderer[17] mehr als die Hälfte der amerikanischen „Einhörner" (private Unternehmen mit einem Wert von mehr als einer Milliarde US-Dollar) beziehungsweise gründeten sie mit, und 2020 gründeten Einwanderer in den USA fast doppelt so viele Unternehmen[18] wie Einheimische.

16

Prozentuale Zunahme der Migranten alle fünf Jahre[19]

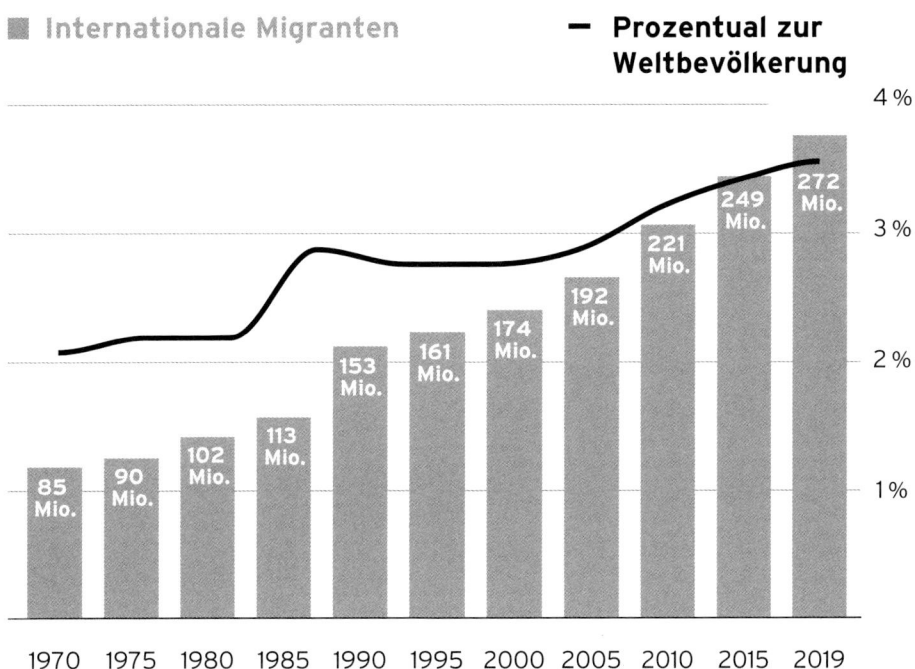

Quelle: IOM World Migration Report 2020.

Die roten Blutkörperchen der Konsumwirtschaft

Der Schiffscontainer ist eine der einflussreichsten Designinnovationen des 20. Jahrhunderts. Ein Ingenieur namens Keith Tantlinger machte diese revolutionäre Transportmethode Mitte der 1950er-Jahre möglich, indem er ein Prinzip entwickelte, das es erlaubte, Container übereinanderzustapeln. So wurde ein effizienter Transport und schnelles Be- und Entladen per Kran möglich. Tatlingers Entwurf war nicht nur billig und einfach zu bauen, sondern seine Standardisierung ermöglichte es, Container problemlos über Länder und Schifffahrtslinien hinweg zu importieren und zu exportieren.

Unsere Besessenheit von materiellen Dingen und Konsum – die durch diese gestapelten Metallkisten erst möglich wird – wird nicht verschwinden. Zwischen 1980 und 2017 ist das Gewicht der in Schiffscontainern beförderten Waren[20] von 102 Millionen Tonnen auf rund 1,83 Milliarden Tonnen gestiegen, und Schätzungen zufolge werden heute 80 Prozent aller Waren auf dem Seeweg befördert.

17

Kapazität der Containerschiffe im Seeverkehr[21]

Tragfähigkeit

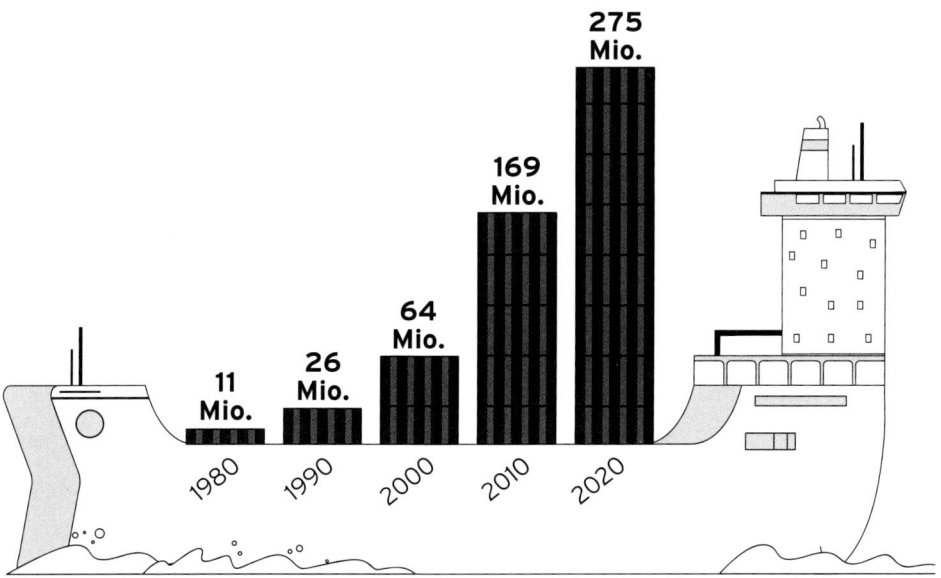

Quellen: UISL; Marine Flottenkommando via Statista.

Das digitale Zeitalter

In einer Welt, in der das Internet die Brücke zu Chancen, Kommunikation, Information und Wirtschaft bildet, ist es eine gute Nachricht, dass seit 2005 die Zahl der Menschen, die Zugang zu dieser Lebensader haben, um 206 Prozent gestiegen ist. Stellen Sie sich vor: Die Menschen verlassen sich mehr auf Google-Suchergebnisse als auf jede andere Einrichtung in der Geschichte. Das Internet mag ein Nährboden für Fehlinformationen, erpresserische Kriminelle und die dunkelsten Machenschaften der Menschheit sein, aber das meiste, in dessen Genuss wir heute kommen, wäre ohne es nicht möglich.

Die Art und Weise, wie wir einkaufen, essen gehen, uns verabreden, lernen, arbeiten, navigieren und Spaß haben, hat sich durch die Möglichkeit, online in Verbindung zu treten, verändert – zum Guten wie zum Schlechten. Ohne das Internet wäre unsere Verbindung zur Gesellschaft zusammen mit unseren geliebten Geschäften und Restaurants während der Corona-Pandemie zusammengebrochen.

Schätzungen zufolge wurden im Jahr 2020 jede Minute[22] Transaktionen im Wert von fast 240.000 Dollar über den Zahlungsanbieter Venmo getätigt, 41,6 Millionen Nachrichten auf WhatsApp verschickt, mehr als 400.000 Stunden Video auf Netflix gestreamt, mindestens 2.700 Menschen installierten TikTok und 6.600 Pakete wurden von Amazon verschickt.

18

Weltweiter Zugang zum Internet[23]

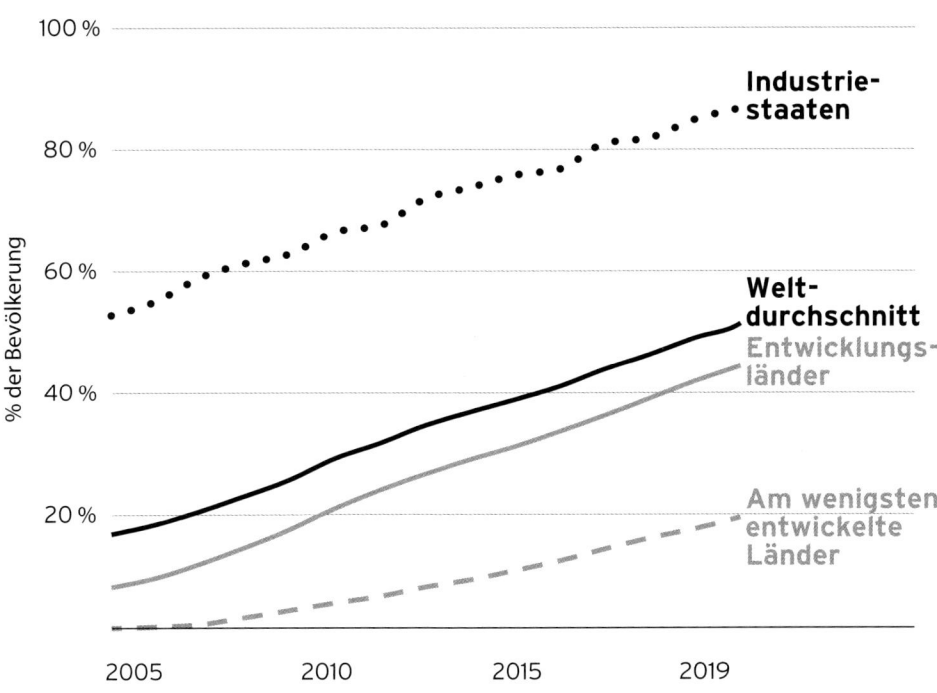

Quelle: International Telecommunication Union via Statista.

Beschleunigung des technologischen Fortschritts

Zwei „Gesetze" helfen, die außergewöhnlichen Veränderungen zu erklären, die durch die weltweite Verbreitung des Internets hervorgerufen wurden. Das erste ist das Moore'sche Gesetz, benannt nach Gordon Moore, einem Mitbegründer von Intel. In den 1960er-Jahren stellte er fest, dass die Anzahl der Transistoren, die in einen einzigen Chip gequetscht werden konnten, mit einer vorhersehbaren Geschwindigkeit zunahm – sie verdoppelte sich etwa alle 18 Monate. Dank milliardenschwerer Investitionen in Forschung und Entwicklung sowie in die Technik wurde dieses Tempo seither gehalten.

Das zweite Gesetz ist nach Bob Metcalfe benannt, dem Erfinder von Ethernet, einem der Protokolle, die die Grundlage des Internets bilden. Metcalfe vertrat die Ansicht, dass der Wert eines Netzes der Anzahl der Verbindungen *zwischen den* Nutzern und nicht nur der Anzahl der Nutzer entspricht. Größer ist besser und besser und besser.

Diese Gesetze helfen uns, etwas zu quantifizieren, das wir online selbst beobachten können: Sowohl die Leistung unserer Geräte als auch der Wert des Netzwerkes, an das sie angeschlossen sind, sind millionenfach größer als zu Beginn des Internetzeitalters. Die Darstellung dieses Wachstums zeigt jedoch eine interessante Wendung. In den letzten 30 Jahren ist der Wert des Internets, wie er durch das Metcalfe'sche Gesetz beschrieben wird, stärker gestiegen als die Verbesserung der Rechenleistung. Doch mit der Verlangsamung der Internetverbreitung nimmt auch die Wertsteigerung des Internets ab. In der Zwischenzeit hat sich das Moore'sche Gesetz durchgesetzt, was darauf hindeutet, dass wir uns einem Wendepunkt nähern, an dem die Veränderungen unserer Online-Erfahrungen mehr durch den technologischen Fortschritt als durch die ständig wachsende Zahl von Online-Verbindungen bedingt sind.

19

Moore'sches und Metcalfe'sches Gesetz[24]

Indiziert, 1990 = 1 (logarithmische Skala)

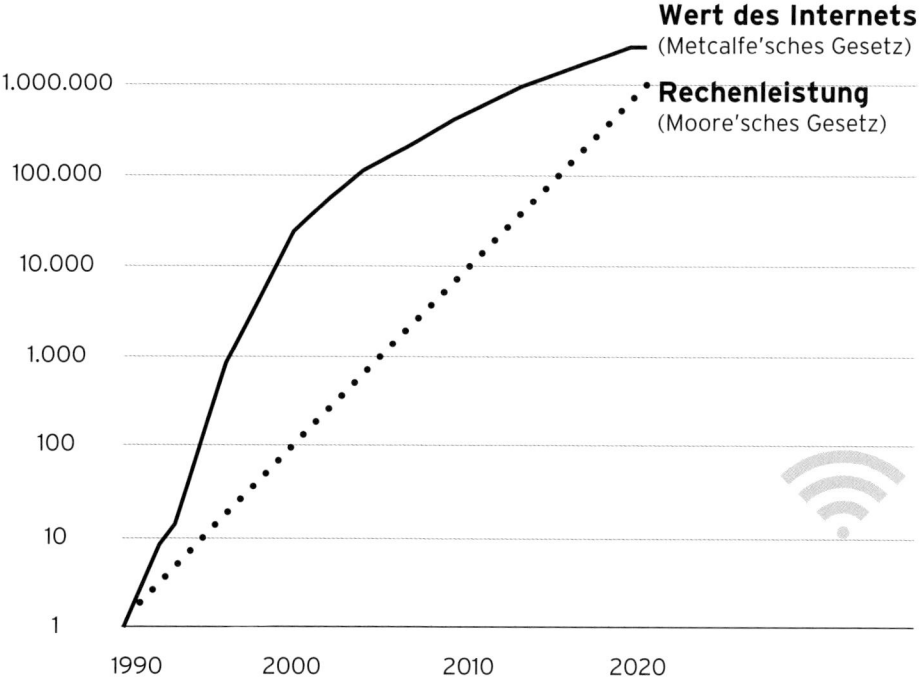

Quellen: Weltbank, Prof G Analyse.

US-Institutionen = Genie-Fabriken

Die Nobelpreise werden seit 1901 in den Kategorien Physik, Chemie, Medizin, Literatur und Frieden vergeben. Der Preis wird an diejenigen verliehen, „die der Menschheit im vergangenen Jahr den größten Nutzen gebracht haben". Fast die Hälfte der Wissenschafts- und Wirtschaftspreise ging an Persönlichkeiten, die mit amerikanischen Institutionen verbunden sind, was viel über die Potenz dieser Institutionen aussagt. Und noch etwas ... mehr als ein Drittel der US-amerikanischen Nobelpreisträger des letzten Jahrzehnts[25] waren Einwanderer.

20

Institutionelle Zugehörigkeit der Nobelpreisträger[26]

Physik, Chemie, Physiologie, Medizin und Wirtschaftswissenschaften

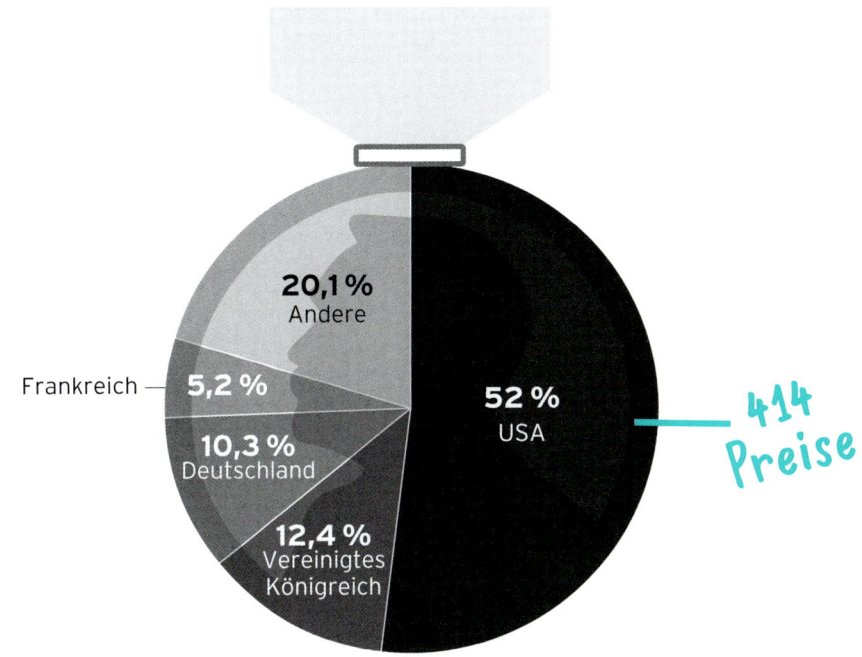

Quelle: Noble Prize Outreach.

Hilfe für die Menschheit

Die Nachkriegs-USA investierten nicht nur in den Wiederaufbau im eigenen Land, sondern tätigten auch milliardenschwere Investitionen zur Unterstützung ihrer geschwächten Verbündeten und gefallenen Feinde; zu diesen gehörte auch der 13,3 Milliarden Dollar schwere Marshallplan. Diese Tradition hat sich fortgesetzt: Die USA sind nach wie vor der weltweit größte Geber von Auslandshilfen[27] (wenn auch im Verhältnis zum BIP nicht der großzügigste).

Seit 1980 haben die USA rund eine Billion Dollar an nichtmilitärischer Hilfe bereitgestellt, in der Regel auf einer überparteilichen Basis. Präsident Reagan ließ[28] mehr als eine Milliarde Dollar als direkte Reaktion auf die Hungersnot in Afrika bereitstellen und drängte den Kongress, die Mittel für die Auslandshilfe erheblich aufzustocken. Präsident George W. Bush ging[29] bahnbrechende Verpflichtungen für Programme zur Bekämpfung von HIV/AIDS, Hungersnot und Korruption in Afrika ein. Das von Präsident Obama ins Leben gerufene Programm „Feed the Future"[30] investiert in die globale Ernährungssicherheit. Dieses Programm wurde 2018 unter Präsident Trump erneuert. Private Stiftungen in den USA stellen inzwischen mehr als die Hälfte der weltweiten philanthropischen Ausgaben.

Manche Leute sagen, wir sollten mehr Wirtschaftsexperten in der Regierung haben. Ich bewundere Wirtschaftsgrößen, aber eine Regierung ist kein Unternehmen. Die Wirtschaft lehrt uns, immer nach einem Vorteil zu suchen, nichts zu verschenken, ohne im Gegenzug mehr zu bekommen. Das ist das Gegenteil des Staates (und des Staatsdienstes), dessen Zweck es ist, zum Gemeinwesen beizutragen, ohne dafür eine Gegenleistung zu erhalten.

Kumulative nichtmilitärische Ausgaben der US-Auslandshilfe[31]

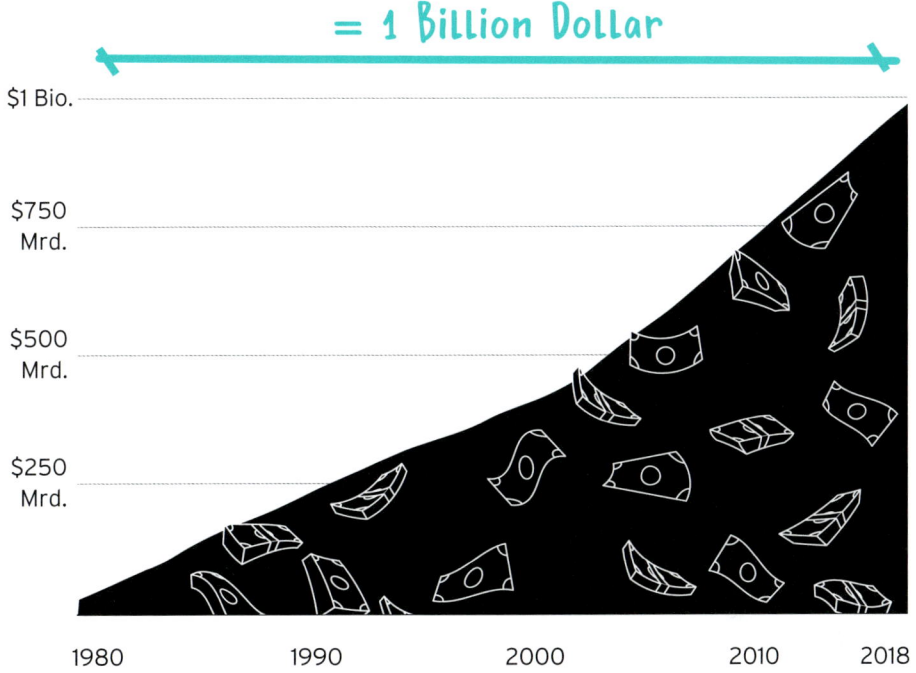

Quelle: ForeignAssistance.gov.

KAPITEL 3

Vergötterung von Innovatoren

Wir vertrauen auf die Technologie und verehren die Unternehmer, die sie am besten genutzt haben.

Die Reagan-Revolution feierte das Individuum. Und während der „Durchschnittsbürger" ein nützliches politisches Requisit war, erforderte das Heldenepos einen heldenhaften Anführer. Während also die Flut des wirtschaftlichen Wohlstands die meisten Boote anhob, übertrug Amerika die Anerkennung für den Aufstieg zunehmend von den arbeitenden Massen auf die brillanten, opportunistischen oder einfach nur vom Glück begünstigten Individuen, die diese Massen lenkten. Die Lücke, die durch den Rückgang der Gläubigkeit[1] und des Vertrauens auf ein Überwesen entstanden war, wurde von einem modernen Retter gefüllt: dem Innovator.

Der Individualismus ist in der amerikanischen Geschichte verankert. Wir Amerikaner feiern die Cowboys, die (angeblich) den Westen gezähmt haben, und wir verehren die Erfinder und Industriellen, die (angeblich) die Wirtschaftsmacht des Landes aufgebaut haben. Diese Vergötterung von Innovatoren ist am stärksten in der Kultur der Technologie verankert. Es ist ein Glaubensbekenntnis in der Tech-Branche, dass Erfolg das Ergebnis individueller Leistung ist, ein Zeichen von Fleiß und Genialität.

Während eines Großteils meines Erwachsenenlebens war dies mein eigener Mythos, dass ich vom Kind einer alleinerziehenden, berufstätigen Mutter zum Käufer von Privatjets geworden war. Ich war *ganz klar* ein Selfmademan. Aber die Wahrheit ist, dass mich Amerika gemacht hat und nicht ich mich selbst. Ich wurde in einer Zeit und an einem Ort geboren, in der und an dem ein beispielloser Wohlstand herrschte, mit einer Vielzahl von Vorteilen, von denen die meisten Zufall waren. In der Tech-Kultur ist die Vermengung von Glück und Talent weitverbreitet.

Im Silicon Valley gibt es ein einzigartiges Ökosystem, und das Humankapital, das es anzieht, ist inspirierend. Was weniger beachtet wird, ist die Tatsache, dass das Fundament des Valley auf Regierungsprojekten gebaut wurde. Der Computerchip, das Internet, die Maus, der Webbrowser und das GPS wurden alle mit Steuergeldern finanziert.[2] Die Umwandlung dieser Technologien in private Gewinne erforderte zwar eine individuelle Vision, aber auch Millionen von Arbeitsstunden von Tausenden von Ingenieuren und anderen Angestellten, von denen die meisten das Produkt eines der größten staatlichen Programme waren, das Amerika hat: öffentliche Schulen.

Ebenso lassen wir uns, auch wenn Technologien weder Helden noch Heilige sind, von ihren Möglichkeiten verführen und sind blind für die Risiken, die sie mit sich bringen. Mein erstes Buch, *The Four*, habe ich 2017 veröffentlicht. Es begann als eine Liebeserklärung an die Technologie und die Errungenschaften des Internet-Zeitalters. Doch je mehr ich mich mit den Unternehmen und Menschen hinter all diesen Innovationen beschäftigte, desto mehr beunruhigte mich ihre Macht und Reichweite. Zu dieser Zeit war das Buch ein Ladenhüter. Nicht viele Menschen wollten hören, dass ihr neuer Gott, Big Tech, sich möglicherweise nicht um den Zustand unserer Seelen kümmert oder für uns sorgt, wenn wir älter sind. Die Risiken der Technikbesessenheit sind inzwischen deutlicher zu erkennen.

Die amerikanische Nation vergötterte einst Astronauten und Bürgerrechtsaktivisten, die Hoffnung und Mitgefühl weckten. Jetzt verehrt sie Tech-Innovatoren, die Milliarden verdienen und die Finanzmärkte in Bewegung versetzen. Wir bekommen die Helden, die wir verdienen.

Abkehr von den Gemeinschaftsorganisationen

Früher haben die Amerikaner sich stärker in ihren Gemeinden engagiert. In den 1990er-Jahren besuchten die meisten von ihnen irgendeine Art von Gottesdienst, und viele engagierten sich auf Gemeindeebene in Clubs wie Rotary und meldeten ihre Kinder zu Gruppenangeboten wie den Pfadfindern und Pfadfinderinnen an. Aber im Laufe der letzten 30 Jahre hat sich etwas geändert. Heute geht weniger als die Hälfte der Amerikaner in eine Kirche, einen Tempel oder eine Moschee, und viele von ihnen sprechen nicht mehr mit ihren Nachbarn. Das Engagement im Gemeinwesen hat nachgelassen, und die Zahl der Rotary-Mitglieder und der Kinder, die an Pfadfinderprogrammen teilnehmen, nimmt jedes Jahr ab.

Es ist wahrscheinlich, dass sich ein Teil des Engagements, das sich früher auf diese Bereiche konzentrierte, ins Internet verlagert hat. Aber Facebook ist kein Ersatz für persönliche Gespräche oder die tiefen Bindungen, die wir bei der Arbeit mit anderen zum Wohle der Gemeinschaft aufbauen. Studien über Interaktionen zeigen, dass reale Kontakte mit anderen Menschen das Einfühlungsvermögen und die Toleranz im Allgemeinen erhöhen. Forscher in Großbritannien fanden heraus, dass klar voneinander abgegrenzte Wohngebiete zu einer geringeren Toleranz gegenüber Minderheiten führte,[3] während gemischte Viertel zu besseren Beziehungen zwischen den Gruppen führten. Die Frage ist unausweichlich: Wie viel Toleranz opfern wir, wenn wir aufhören, uns in Gemeinschaften einzubringen und uns zu integrieren?

22

Rückgang der Aktivitäten auf Gemeindeebene in den USA[4]

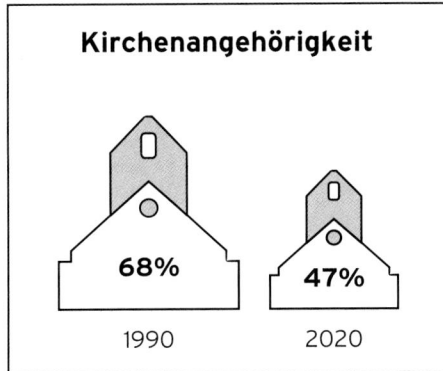

Kirchenangehörigkeit

68% · 1990

47% · 2020

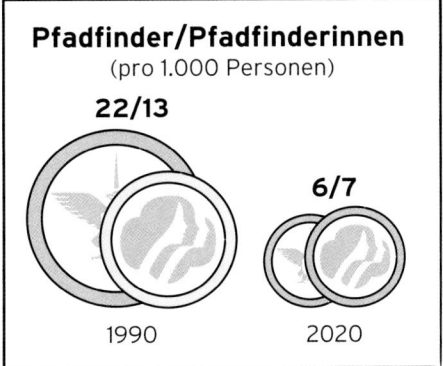

Pfadfinder/Pfadfinderinnen
(pro 1.000 Personen)

22/13 · 1990

6/7 · 2020

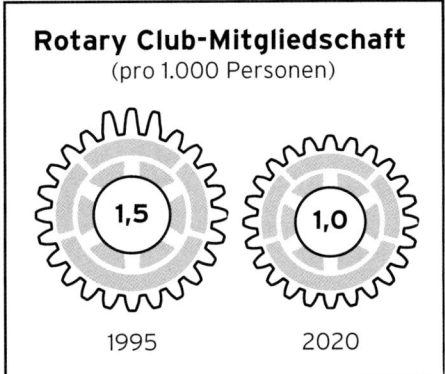

Rotary Club-Mitgliedschaft
(pro 1.000 Personen)

1,5 · 1995

1,0 · 2020

Erwachsene, die sich mit Nachbarn unterhalten

71% · 2008

54% · 2017

Quellen: Analyse von Daten von Gallup, Senate.gov, U.S. Census via AllCountries, AP News, Baraboo News Republic und Word on the Street.

Wasserqualität im reichsten Land der Welt

Im Jahr 2019 prahlte Andrew Wheeler, Administrator der amerikanischen Umweltbehörde EPA, dass in den USA 92 Prozent des Trinkwassers den Sicherheitsstandards entsprechen. Wheeler hätte auch sagen können, dass acht Prozent des Wassers in Amerika nicht gefahrlos trinkbar sind. Wenn acht Prozent der Amerikaner dieses Wasser trinken würden, wären 26 Millionen Menschen gefährdet.

Um diese Zahl ins rechte Licht zu rücken: 97 Prozent der amerikanischen Erwachsenen haben ein Mobiltelefon. Technologieunternehmen haben einen Weg gefunden, uns einen Supercomputer in die Tasche zu stecken, aber die US-Regierung kann kein sauberes Trinkwasser für die gesamte Bevölkerung gewährleisten.

23

Amerikanische Erwachsene, die ein Mobiltelefon besitzen, im Vergleich zum Anteil an Trinkwasser in den USA, das die EPA-Normen erfüllt[5]

Handy-Statistiken ab 2021, sauberes Wasser ab 2019

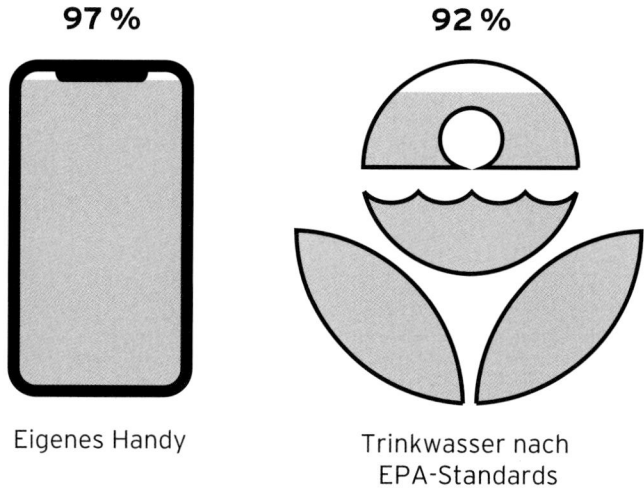

97 %

Eigenes Handy

92 %

Trinkwasser nach
EPA-Standards

Quellen: Pew Research Center, EPA-Administrator Andrew Wheeler im Interview mit *CBS News*.

Privatisierte Forschung und Entwicklung = privatisierter Fortschritt

Der Nutzen von Forschung und Entwicklung liegt oft in der Zukunft, aber sie können sich enorm lohnen. In den 1950er- und 1960er-Jahren legten die Investitionen der amerikanischen Bundesregierung[6] in neue digitale Technologien den Grundstein für den beispiellosen Technologieboom der letzten 40 Jahre. Nehmen wir das iPhone: Alle seine Kerntechnologien sind aus diesen Investitionen des öffentlichen Sektors hervorgegangen, vom Chip in seinem Herzen bis zu den GPS-Satelliten und dem globalen Netz, von dem es abhängt.

Der Anteil der Bundesmittel für Forschung und Entwicklung am BIP ist seit dieser goldenen Ära stetig gesunken, von einem Höchststand von 1,9 Prozent auf 0,7 Prozent[7] im Jahr 2019. Private Investitionen haben die Lücke geschlossen – die Gesamtausgaben für Forschung und Entwicklung in Prozent des amerikanischen BIP sind heute etwas höher als in den 1960er-Jahren. Es ist jedoch kurzsichtig, die Zukunft privaten Interessen zu überlassen.

Erstens unterliegen private Investitionen dem kurzfristigen Druck des Marktes, und so tugendhaft die Disziplin, ordentliche Quartalszahlen vorzulegen, auch sein mag, sie schränkt langfristige Forschung und Entwicklung auf noch nicht erkundeten Gebieten ein. Zweitens können die Früchte dieser Forschung nicht in vollem Umfang genutzt werden und unterliegen nicht der demokratischen Kontrolle der staatlichen Verwaltung, da private Investitionen auch privates Eigentum bedeuten.

In den Forschungs- und Entwicklungslabors von heute werden die Grenzen der künstlichen Intelligenz, der genetischen Manipulation und der Virusreplikation immer weiter verschoben. Wollen wir, dass diese Technologien in den Händen gewählter Beamter liegen oder der alleinigen Kontrolle von Elon und Zuck unterstehen?

24

Forschung und Entwicklung in den USA als Prozentsatz des BIP, nach Finanzierungsquelle[8]

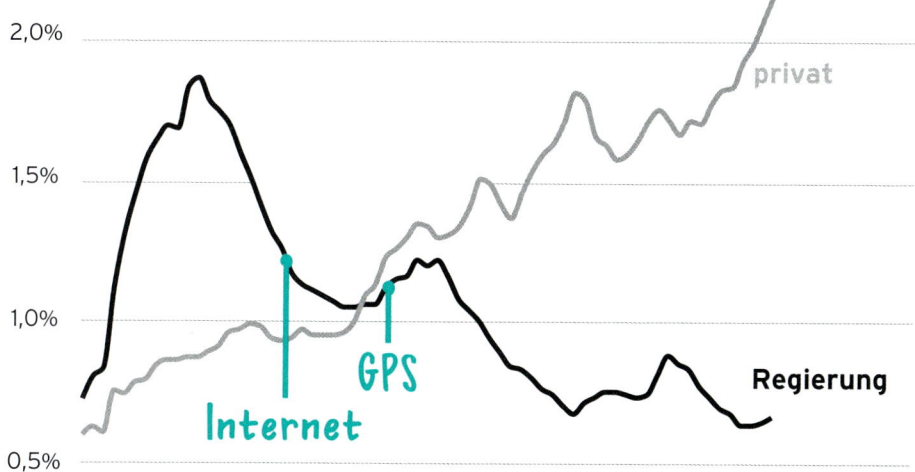

Hochschulbildung ist zur Zugangsvoraussetzung für die Mittelschicht geworden

Mehr Arbeitsplätze als je zuvor erfordern tertiäre Bildung und Ausbildung. Gleichzeitig sind Hochschulabschlüsse teurer[9] und exklusiver als je zuvor.[10] Das Zusammentreffen dieser Trends hat die Ungleichheit zwischen denjenigen, die das Glück haben, einen Abschluss zu erlangen, und denjenigen, die keinen haben, verstärkt.

Zwar hat sich der Zugang zu Hochschulen für Frauen und People of Color verbessert, und insgesamt besuchen heute in den USA mehr Menschen ein College[11] als in den 1970er-Jahren, doch sind die Zulassungsquoten insgesamt deutlich gesunken und die Preise in die Höhe geschnellt. Gleichzeitig wurden weniger qualifizierte Arbeitsplätze nach Übersee verlagert und repetitive Aufgaben den Computern überlassen. Die verfügbaren Arbeitsplätze sind zunehmend komplex und erfordern eine postsekundäre Ausbildung.

Was ist zu tun? Ich bin ein Befürworter einer drastischen Erhöhung der Einschreibezahlen an Amerikas öffentlichen Universitäten durch die Einführung hybrider Unterrichtsmodelle. Wir brauchen aber auch mehr Möglichkeiten für die Berufsausbildung, damit Jugendliche, die kein Studium absolvieren, wichtige Berufe erlernen können, die ihnen ein Auskommen ermöglichen.

25

Bildungsanforderungen für Jobs[12]

■ **Master-Abschluss oder höher** ■ Bachelor-Abschluss ■ Associate Degree

▦ **Collegebesuch / kein Abschluss** ▨ **Highschool-Abschluss** ☐ **Kein Highschool-Abschluss**

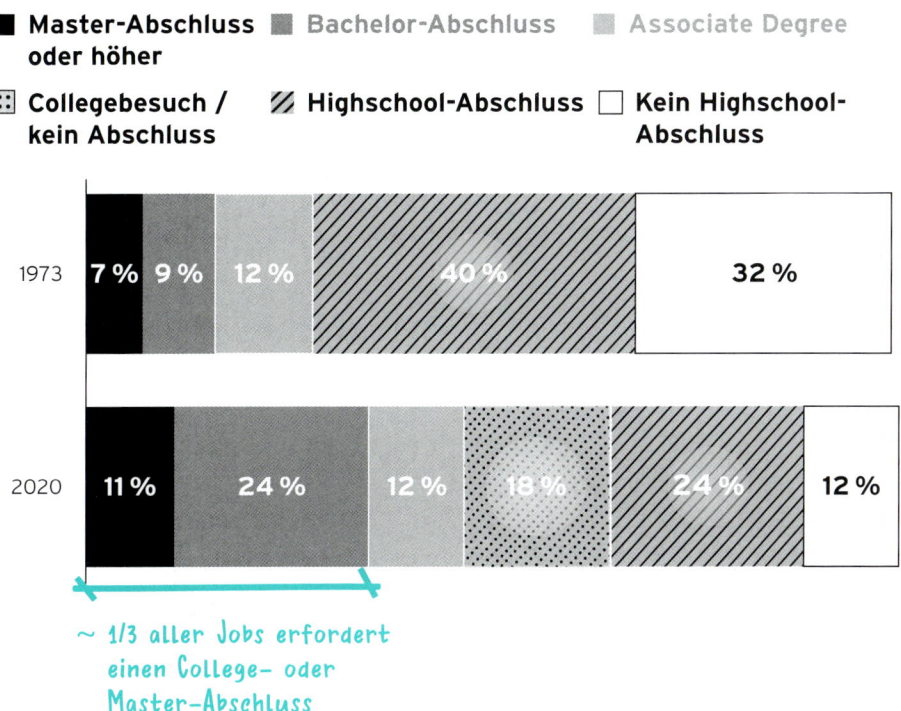

~ 1/3 aller Jobs erfordert einen College- oder Master-Abschluss

Quelle: Georgetown Center for Education and the Workforce

Anmerkung: Dezimalstellen auf ganze Prozente gerundet.

Die groteske Vergötterung der Innovatoren ... durch Innovatoren

Als Apple sich 1980 anschickte, an die Börse zu gehen, tauchte „Steve Jobs" achtmal in den S-1-Papieren auf (dem Formular, das ein Unternehmen vor dem Börsengang bei der US-Börsenaufsichtsbehörde SEC einreicht). Als Microsoft 1986 seinen Börsenantrag einreichte, tauchte „Bill Gates" 23-mal auf. Jobs und Gates waren beide visionäre Gründer und Führungskräfte, die bereits die Zukunft gestalteten und in den von ihnen gegründeten Unternehmen eine dominierende Rolle spielten.

Und dann ist da noch Adam Neumann. Als sein Unternehmen WeWork 2019 den Börsengang[13] beantragte, tauchte „Adam" 169-mal in den Unterlagen auf. Viele dieser Verweise beschrieben die komplexen Eigengeschäfte, die er ausgeheckt hatte, um den Anlegern so viel Geld wie möglich abzunehmen. Etwa einen Monat nach der S-1-Einreichung wurde der Börsengang abgesagt und Neumann entlassen.

Neumann ist ein extremes Beispiel, aber die Vergötterung von Innovatoren ist überall in den jüngsten Börsengänganmeldungen offensichtlich. Der Name des Mitbegründers und CEO von Affirm, Max Levchin, taucht 131-mal im S-1 auf, und der Name des Mitbegründers und CEO von Robinhood, Vladimir Tenev, erscheint 109-mal.

Die amerikanischen Bildungseinrichtungen und in ausreichender Menge zur Verfügung stehendes Wagniskapital machen es möglich, erfolgreich zu sein, und zwar in großem Stil. In Amerika war es noch nie so einfach, Milliardär zu werden – aber es war auch noch nie so schwierig, Millionär zu werden.

26

Anzahl der Erwähnungen des Gründers in S-1-Anmeldungen[14]

169
Adam Neumann
WeWork, 2019

131
Max Levchin
Affirm, 2021

109
Vladimir Tenev
Robinhood, 2021

23
Bill Gates
Microsoft, 1986

8
Steve Jobs
Apple, 1980

Quelle: Prof G Analyse von S-1-Anmeldungen.

Power Games

Bis vor Kurzem bedeutete der Börsengang den Übergang eines Unternehmens von einer gütigen Diktatur zu einer Republik, in der das Eigentum nicht nur bei Einzelnen und die Entscheidungsgewalt bei einem gewählten Gremium (dem Vorstand) liegt. Dies ist in der Tech-Branche zunehmend nicht mehr der Fall. Unternehmensinsider, in der Regel die Gründer und führenden Risikokapitalgeber, sichern sich eine nie da gewesene Kontrolle über die öffentlichen Unternehmen, in denen sie beschäftigt sind.

Der Schlüssel zur Sicherung dieser Kontrolle ist die Zwei-Klassen-Aktienstruktur. In der Aktienstruktur eines regulären Unternehmens entspricht jede Aktie einer Stimme. Bei einer Zwei-Klassen-Struktur geben bestimmte Aktien mehr Stimmrecht als andere. Diese privilegierten Aktien sind ausschließlich Unternehmensinsidern vorbehalten, die sich damit die Kontrolle über die Geschäftstätigkeit des Unternehmens erhalten und vor dem Druck von außen geschützt sind.

Im Dezember 2019 habe ich mich mit einem kleinen Anteil an Twitter beteiligt und einen öffentlichen Brief an den Vorstand geschrieben, in dem ich auf die mangelnde Innovationskraft und die schwachen Aktionärsrenditen des Unternehmens hinwies und ihn aufforderte, den Teilzeit-CEO Jack Dorsey zu ersetzen. Einige Monate später rief mich Elliott Management, ein großer aktiver Fonds, an und teilte mir mit, dass sie meinem Brief beipflichteten und sich mit zwei Milliarden Dollar drei Sitze im Vorstand von Twitter sichern würden. Weniger als zwei Jahre später „kündigte" Dorsey. (Soll heißen: Er wurde entlassen und bekam die Chance, in Würde abzutreten.) Es ist unwahrscheinlich, dass Elliott in der Lage gewesen wäre, diese Änderung – die den Aktionären zugutekommen wird – vorzunehmen, wenn Twitter zwei Aktiengattungen hätte. Heute gehen 46 Prozent der Technologieunternehmen mit einer Zwei-Klassen-Struktur an die Börse.

27

Tech-Börsengänge mit Zwei-Klassen-Strukturen[15]

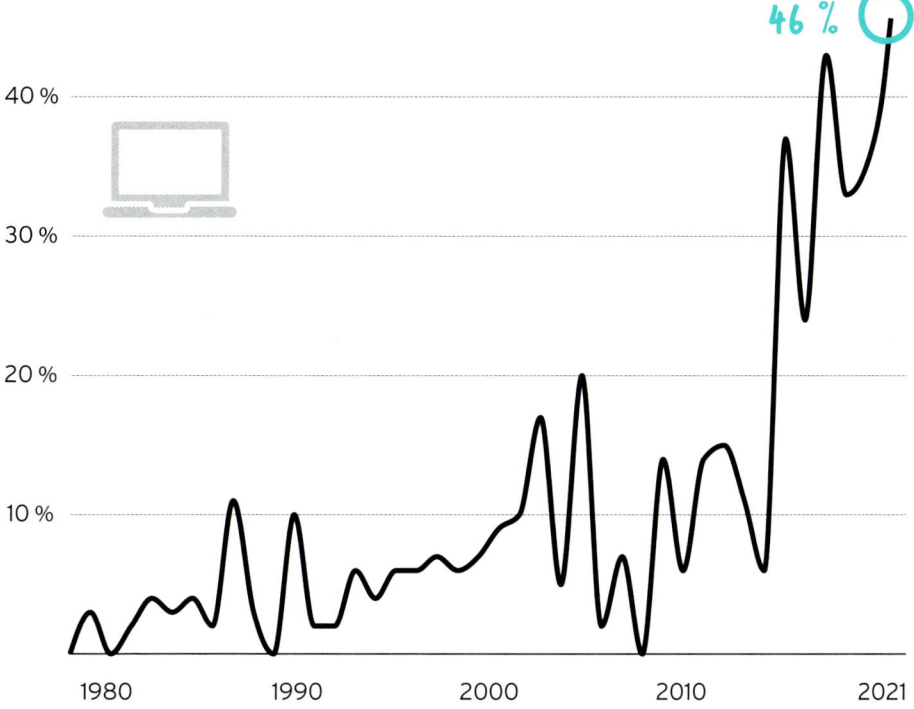

Quellen: Jay R. Ritter, Warrington College of Business, University of Florida.

Die Konzentration des Reichtums

Der Besitz von Aktien, im Gegensatz zu reinen Dollarscheinen, ist eine der sichersten Möglichkeiten für Amerikaner, ihr Vermögen zu vermehren. Und die gute Nachricht ist, dass die US-Haushalte etwa die Hälfte[16] des 50 Billionen Dollar schweren US-Aktienmarktes besitzen.[17] Aber die Verteilung dieses Reichtums ist sehr ungleich. 89 Prozent dieser Aktien befinden sich im Besitz der reichsten zehn Prozent der Haushalte, ein übergroßer Anteil, der im Laufe der Zeit immer größer geworden ist. (Im Jahr 1990 waren es 82 Prozent.)[18]

Wie ist es zu dieser Konzentration gekommen? Das liegt an einer Politik, die die ohnehin schon Wohlhabenden begünstigt und gleichzeitig die Chancen der unteren und mittleren Klassen schmälert.

Denken Sie an das Steuerrecht: Einkünfte aus dem Verkauf von Unternehmensanteilen werden zu einem niedrigeren Satz besteuert als Einkünfte aus der Arbeit in diesen Unternehmen. Ein zweiter Transfer von Arm zu Reich: Ein Hausbesitzer kann die Hypothekenzinsen für eine erste und eine zweite Wohnung absetzen, während die weniger Wohlhabenden nicht absetzbare Miete zahlen. Wir Amerikaner haben beschlossen, dass Geld (und das damit verdiente Geld) edler ist als Schweiß.

Diese Transfers werden der amerikanischen Öffentlichkeit als Weg zum Reichtum angepriesen, während sie in Wirklichkeit beschreiben, wie man reich bleibt. Die Botschaften sind Propaganda, die von den zehn Prozent der Menschen, die 89 Prozent der Aktien besitzen, verbreitet wird.

28

Aktienbesitz in den USA nach Vermögen[19]

2021

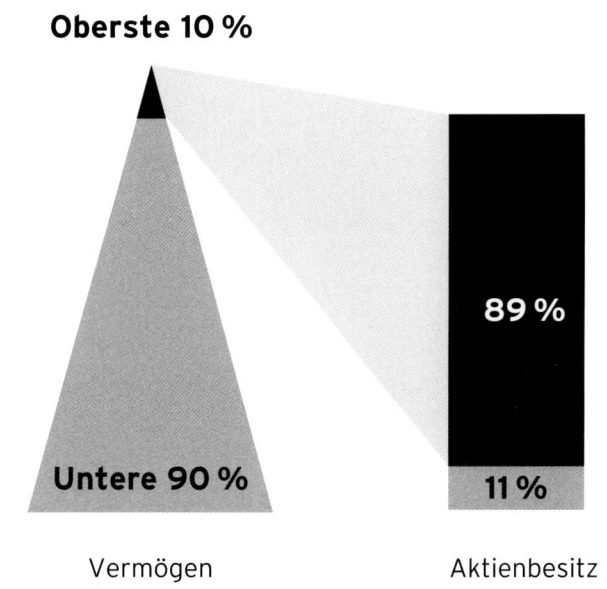

Oberste 10 %

89 %

Untere 90 %

11 %

Vermögen　　　　　　　　Aktienbesitz

Quelle: Federal Reserve Bank of St. Louis.

Es war noch nie so einfach, ein Billionen-Dollar-Unternehmen zu sein

Im August 2018 war Apple das erste[20] börsennotierte Unternehmen, das eine Bewertung von einer Billion US-Dollar erreichte. Zu diesem Zeitpunkt betrug der Jahresumsatz 229 Milliarden Dollar. Im Oktober 2021 wird Tesla das sechste Unternehmen sein, das die Marke von eine Billion Dollar erreicht, wobei jedes Unternehmen, das diese knackt,[21] mit weniger Umsatz auskommt als das Unternehmen vor ihm. Tesla ist mit einem Umsatz von nur 32 Milliarden Dollar in den Billionen-Club aufgestiegen.

Früher ging es bei der Bewertung von Aktien um grundlegende und technische Daten. Jetzt geht es um Storytelling und die Vision, die der CEO ausheckt und die die Medien propagieren. Das Ergebnis? Die Aktien von praktisch bankrotten Unternehmen wie AMC und Hertz stiegen im Jahr 2021 um 1.000 Prozent, und die drei Elektroautounternehmen Tesla, Lucid und Rivian waren zusammen mehr wert als die gesamte Auto- und Luftfahrtindustrie.

Der Trend hält an: Es dauerte 42 Jahre, bis Apple 2018 eine Billion Dollar wert war, zwei Jahre, um zwei Billionen Dollar zu erreichen, und 17 Monate, bis das Unternehmen bei drei Billionen Dollar lag.

29

Einnahmen im Jahr vor der Billionen-Dollar-Bewertung[22]

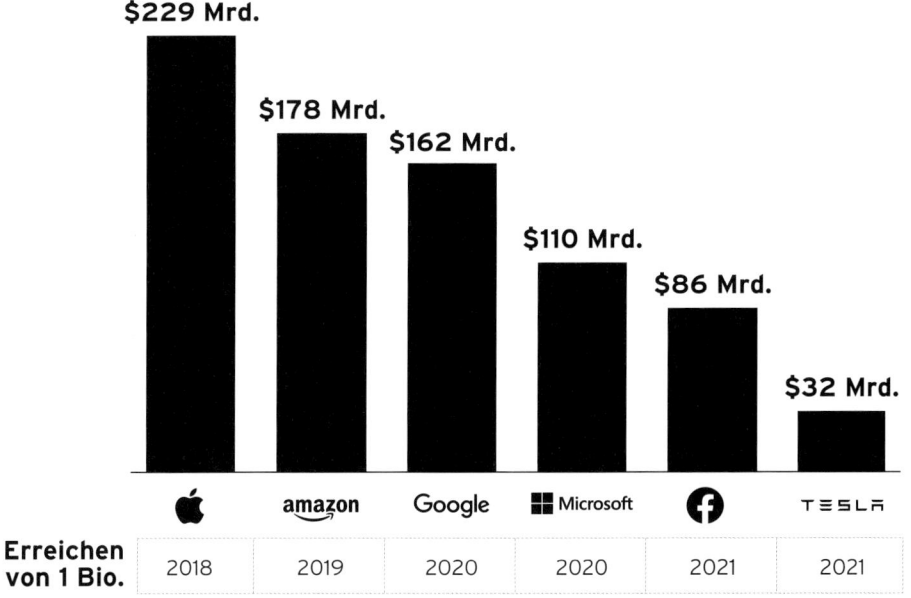

Erreichen von 1 Bio.	2018	2019	2020	2020	2021	2021

Quellen: George Maroudas über Twitter, Prof G Analyse.

Der Ecstasy-Dealer des Kapitalismus ist der Kommunikationsverantwortliche eines Unternehmens

Es besteht eine umgekehrte Korrelation zwischen dem Grad des Schwachsinns im Leitbild eines Unternehmens und seiner tatsächlichen Leistung.

Genauer gesagt haben sich die Unternehmen in „Yogageschwätz" verliebt, einen Begriff, den ich vor ein paar Jahren geprägt habe, um das unsinnige Geschwafel zu beschreiben, das die englische Sprache in den Leitbildern der Tech-Einhörner ersetzt hat. Im besten Fall beschreibt ein Unternehmensleitbild den Zweck und den Wert des Produkts in klarer, prägnanter Weise. Schlimmstenfalls wird die kosmische Relevanz eines Unternehmens massiv übertrieben, sodass das eigentliche Produkt und die Mittel zur Erzielung von Einnahmen völlig in den Hintergrund treten. Schlimmstenfalls ist ein Leitbild Yogageschwätz.

Yogageschwätz entstand in der Markenära, als unbelebte Gegenstände anfingen, lebendige Eigenschaften anzunehmen. Objekte und Unternehmen konnten personifiziert werden – als sympathisch, jung, cool, patriotisch. Führungskräfte der Unternehmenskommunikation begannen, das Charisma und die Vision des Unternehmensgründers einzusetzen. Zu viel versprechen und zu wenig halten wurde zu einem Mittel für den Zugang zu billigem Kapital. (Elon Musk, April 2019: „In einem Jahr[23] werden wir über eine Million Autos haben, die vollständig autonom fahren können." Anzahl dieser Fahrzeuge auf den Straßen Anfang 2022: Null) Die Grenzen zwischen Charme, Vision, Blödsinn und Betrug sind fast verschwunden. Der Deckmantel, der diese Art von üblen Partytricks ermöglicht, ist Yogageschwätz.

30

Yogageschwätz[24]

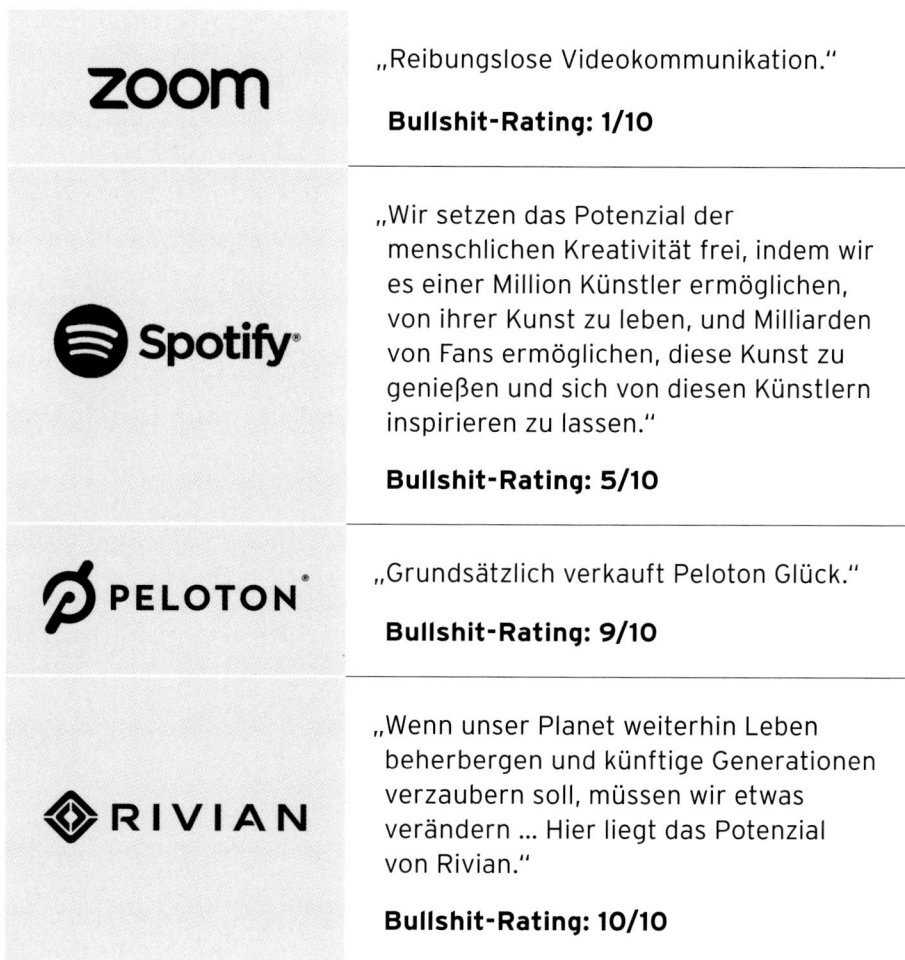

zoom

„Reibungslose Videokommunikation."

Bullshit-Rating: 1/10

Spotify®

„Wir setzen das Potenzial der menschlichen Kreativität frei, indem wir es einer Million Künstler ermöglichen, von ihrer Kunst zu leben, und Milliarden von Fans ermöglichen, diese Kunst zu genießen und sich von diesen Künstlern inspirieren zu lassen."

Bullshit-Rating: 5/10

PELOTON®

„Grundsätzlich verkauft Peloton Glück."

Bullshit-Rating: 9/10

RIVIAN

„Wenn unser Planet weiterhin Leben beherbergen und künftige Generationen verzaubern soll, müssen wir etwas verändern ... Hier liegt das Potenzial von Rivian."

Bullshit-Rating: 10/10

Quelle: Prof. G. Analyse

D.C. = HQ2

Die Ausgaben der US-Tech-Unternehmen für Lobbyarbeit haben sich in den letzten 20 Jahren mehr als verelffacht. Im Jahr 2000 gaben Technologieunternehmen 7 Millionen Dollar aus, um Gesetzgeber zu umwerben. 20 Jahre später gaben sie 80 Millionen Dollar aus – mehr als der kommerzielle Bankensektor (62 Millionen Dollar) und fast so viel wie die Öl- und Gasindustrie (113 Millionen Dollar). Facebook investierte im Jahr 2020 20 Millionen Dollar in die Lobbyarbeit,[25] dicht gefolgt von Amazon mit 19 Millionen Dollar und Alphabet (der Muttergesellschaft von Google) mit 8 Millionen Dollar.

Und das sind nur die offiziellen Budgets für Lobbyarbeit. Jeff Bezos besitzt die *Washington Post* (praktischerweise das größte Medienunternehmen in Washington D.C.), und er baut Amazons zweiten Hauptsitz (HQ2) am Fluss gegenüber – Schock! – der Hauptstadt. Uber, Lyft und ihre Gig-Economy-Konkurrenten haben über 200 Millionen Dollar[26] ausgegeben, um für Proposition 22 in Kalifornien zu werben, eine Wählerinitiative, die Transport- und Liefer-App-Unternehmen von der Verpflichtung befreit, ihren Fahrern eine Krankenversicherung und andere Leistungen anzubieten.

31

Lobbying-Ausgaben des US-Tech-Sektors[27]

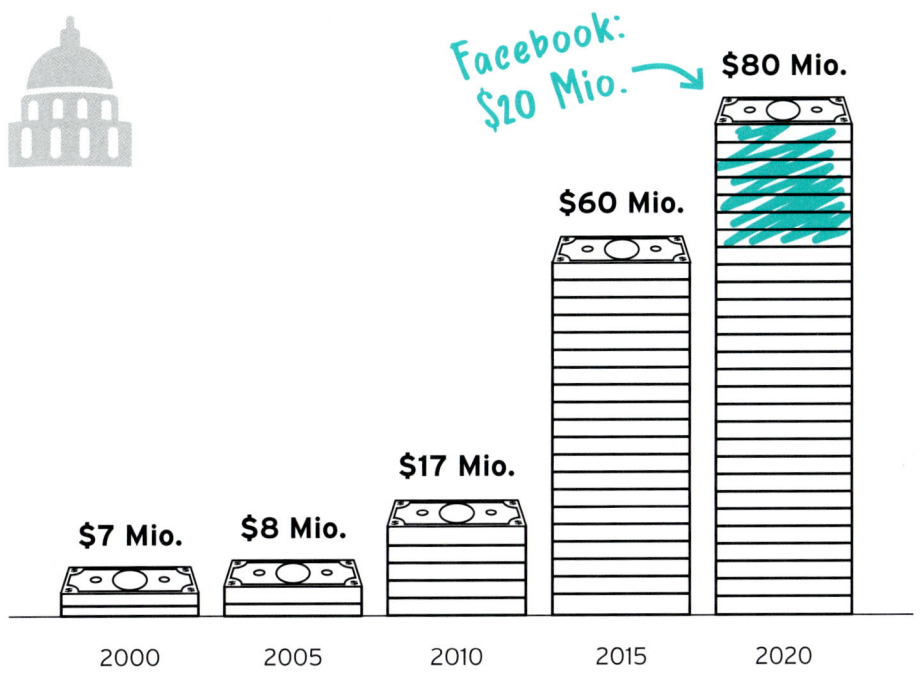

Facebook: $20 Mio.

$80 Mio.

$60 Mio.

$17 Mio.

$7 Mio. $8 Mio.

2000 2005 2010 2015 2020

Quelle: OpenSecrets.

Perspektive

In den amerikanischen Morgensendungen wurde fast genauso viele Minuten über einen Milliardär gesprochen, der im Juli 2021 ins All flog, wie über die Klimakrise im gesamten Jahr 2020. Dies veranschaulicht eine traurige Wahrheit über die amerikanische Medienlandschaft: Es sind nicht die wahrheitsgetreuesten oder wichtigsten Geschichten, die Beachtung finden, sondern eher diejenigen, die uns kollektiv unterhalten oder empören.

In Wahrheit war der Flug nichts weiter als eine Spritztour für Jeff Bezos und seine Midlifekrise. Er schaffte es fünf Kilometer über die Kármán-Linie[28] und genoss etwa drei Minuten Schwerelosigkeit. Die Wahrheit über den Klimawandel ist, dass die zunehmende Konzentration von Kohlendioxid in unserer Atmosphäre die Oberflächentemperatur unseres Planeten erhöht und 279 Milliarden Tonnen[29] antarktisches Eis pro Jahr schmelzen lässt.

Während also der Klimawandel unsere Lebensqualität und das Leben von Millionen von Menschen bedroht, die auf oder unter dem Meeresspiegel leben, schenken wir einem Milliardär unsere Aufmerksamkeit, der sich ins All begibt. Zumindest sagte er: „Danke an alle Amazon-Prime-Abonnenten." Wenn das kein Beweis dafür ist, dass wir Tech-Innovatoren abgöttisch verehren, dann fällt mir auch nichts mehr ein.

Sendezeit in Morgenshows für Bezos im Weltraum vs. Klimakrise[30]

Bezos im Weltall
Juli 2021

Klimakrise
Jahr 2020

 +  +

Quellen: Media Matters for America; Bilder: EDIE, DOGO News.

KAPITEL 4

Hungerspiele

Ungleichheit ist dem Markt inhärent, aber wenn Reichtum Sache einer abgegrenzten Gruppe ist und Mobilität unterdrückt wird, ist das Vetternwirtschaft, nicht Kapitalismus.

40 Jahre Wirtschaftswachstum haben enormen Wohlstand geschaffen. Aber dieselben strukturellen und kulturellen Veränderungen, die diesen Reichtum hervorgebracht haben, bestimmten auch seine Verteilung. Wir Amerikaner haben die Rendite der Aktionäre zum alleinigen Maßstab für den Erfolg gemacht, und so sind Aktionäre am erfolgreichsten. Wir haben das Individuum an der Spitze der Organisation für sein (fast immer ist es ein Er) Genie gelobt, und so erhält dieses Individuum den größten Anteil an der Produktion der Organisation. Wir haben die Macht der Technologie gepriesen, und so hat die Technologie die meiste Macht erlangt.

Während ich diese Zeilen schreibe, sind acht der zehn reichsten Menschen der Welt[1] aktuelle oder ehemalige CEOs amerikanischer Technologieunternehmen, und ihr Reichtum besteht fast ausschließlich aus Aktienanteilen an diesen Unternehmen. Elon Musk, amtierende Person des Jahres des *Time*-Magazins, ist der reichste der acht.[2] Zwischen 1990 und 2021 stieg der Anteil des obersten Prozents der Haushalte am nationalen[3] Vermögen von 24 Prozent auf 32 Prozent.

Außerhalb der vergoldeten Villen der Eliten fühlt sich diese Ära des Wohlstands ganz anders an. In den letzten 50 Jahren ist das Einkommen der amerikanischen Haushalte mit mittlerem und niedrigem Einkommen nur langsam gewachsen. Das Einkommen des untersten Quintils[4] der Haushalte ist seit 1975 um 14 Prozent gestiegen – im Vergleich zu einem Anstieg von 109 Prozent für das oberste Quintil. Es stimmt, dass man mit diesen begrenzten Mitteln in einigen Bereichen mehr kaufen kann als je zuvor – 10 Dollar pro Monat für Netflix bieten Zugang zu Inhalten im Wert von 17 Milliarden Dollar pro Jahr,[5] und noch nie gab es so viele verschiedene Arten von Sneakers zu kaufen. Doch das ist ein schwacher Trost, wenn Gesundheit, Bildung und Wohnen einen immer größeren Teil des stagnierenden Einkommens verschlingen. Auf den Amerikanern lasten 1,7 Billionen Dollar Schulden aus Studentendarlehen.[6]

Was dies noch schlimmer macht, was es unamerikanisch macht, ist, dass sich die Fronten verfestigen. Die Eliten verschanzen sich und schützen ihr wachsendes Vermögen vor den Risiken der Märkte, die sie zu unterstützen vorgeben. Staatliche Rettungsaktionen, Steuererleichterungen und Subventionen sind die Instrumente dieser Abschottung. Der amerikanische Kapitalismus ist zur Vetternwirtschaft geworden: robuster Individualismus auf dem Weg nach oben, aber Sozialismus auf dem Weg nach unten.

Das Ergebnis? Der amerikanische Traum bedeutete früher, hart zu arbeiten und es dadurch besser zu haben als die eigenen Eltern. Aber heute geht es einem 30-Jährigen nicht mehr so gut, wie es seinen Eltern mit 30 ging. Der neue amerikanische Traum ist es, reich geboren zu werden.

Arme Grundschulkinder mit guten Noten[7] haben eine geringere Wahrscheinlichkeit, die Highschool abzuschließen, einen Hochschulabschluss zu machen oder ein hohes Einkommen zu erzielen als ihre wohlhabenden Altersgenossen mit schlechten Noten. 61 Prozent der Kinder aus Familien,[8] die mehr als 100.000 Dollar im Jahr verdienen, besuchen eine Universität mit vierjährigen Studiengängen, verglichen mit nur 39 Prozent der Studenten aus Familien mit einem Einkommen von weniger als 30.000 Dollar. An 38 Hochschulen, darunter 5 der Elitehochschulen,[9] gibt es mehr Studenten aus dem obersten Prozent der amerikanischen Einkommensskala als aus den unteren 60 Prozent.

In einer gesunden kapitalistischen Wirtschaft ist der Reichtum immer gefährdet. Wettbewerb fördert die Innovation, stört die etablierte Ordnung und schafft Gewinner – aber auch Verlierer. Joseph Schumpeter nannte dies den „Sturm der schöpferischen Zerstörung". Aber heute haben in Amerika diejenigen, die von früheren Stürmen profitiert haben, diesen Sturm gebändigt und Kreativität und Wettbewerb erstickt.

Die große Kluft

Unternehmensgewinne und Löhne gingen in Amerika einst Hand in Hand.[10] Wenn die Unternehmen gute Jahre hatten, stiegen die Löhne und Gehälter sowohl für das Management als auch für die Belegschaft. Wenn es schlechte Jahre gab, litten beide. Etwa zur Zeit des Dotcom-Booms begannen die Unternehmensgewinne sich jedoch von der Vergütung der Arbeitnehmer zu entkoppeln. Genauer gesagt, sie begannen, schneller zu steigen. Nach dem Platzen der Blase im Jahr 2001 gingen sie zurück, stiegen aber bald darauf wieder an. Jetzt gibt es zwei separate Kurven. Die Unternehmensgewinne schießen weiter in die Höhe, während die Arbeitnehmergehälter nur geringfügig steigen. Seit 1960 sind die Unternehmensgewinne in Amerika um das 85-fache und die Arbeitnehmergehälter um das 38-fache gestiegen.

Dies schützt und belohnt die Gruppe der Altaktionäre, während es die Chancen für künftige Innovatoren schmälert. Um die Gruppe der Altaktionäre zu „schützen", machen wir sie immun gegen Umwälzungen. Seit dem Jahr 2000 haben US-Fluggesellschaften 66-mal Konkurs angemeldet,[11] und die Vorstände und CEOs der sechs größten Fluggesellschaften[12] haben 96 Prozent ihres liquiden Vermögens für Aktienrückkäufe ausgegeben, die den Aktienkurs und damit die Vergütung des Managements erhöhen. Als dann Corona den Flugverkehr störte, gab die amerikanische Bundesregierung 50 Milliarden Dollar an Steuergeldern an die Luftfahrtindustrie.

Rettungsaktionen in Höhe von 50 Milliarden Dollar[13] für Unternehmen wie Delta, deren CEO im Jahr 2020 13 Millionen Dollar verdiente,[14] oder Gesundheitsversorgung für einkommensschwache Senioren, Gesundheitsversorgung für Veteranen und Berufsausbildung für unterprivilegierte Highschool-Schüler? Amerika hat seine Wahl getroffen.

33

Index der Unternehmensgewinne nach Steuern und Löhnen[15]

Indexiert auf 1960

— **Unternehmensgewinn nach Steuern**   — Löhne

Quelle: Federal Reserve Bank of St. Louis.

Es ist reich an der Spitze

Es ist nachvollziehbar, dass der CEO in der Regel der höchstbezahlte Angestellte eines Unternehmens ist, aber die wachsende Diskrepanz zwischen der Vergütung eines CEO und der eines durchschnittlichen Arbeitnehmers ist es nicht. Im Jahr 1965 verdienten die Chefs der 350 umsatzstärksten amerikanischen Unternehmen das 21-fache des Durchschnittsgehalts der Arbeitnehmer ihrer Branche. Im Jahr 2020 stieg die Differenz zwischen der Vergütung von Geschäftsführern und Arbeitnehmern auf 351:1, ein Anstieg um 1.670 Prozent seit 1965.

Die Berechnung von CEO-Gehältern wird durch den Faktor der aktienbasierten Vergütung erschwert. Die Befürworter hoher Löhne behaupten, dass aktienbasierte Vergütung das Ergebnis hoher Leistung ist. Aber stimmt das? Warum sollte eine anhaltende Hausse zu massiven Gehaltserhöhungen für den CEO (und nicht für die Arbeitnehmer) führen? Denn in der Kirche des Shareholder-Value ist ein steigender Aktienkurs der einzig wahre Gott.

34

Verhältnis CEO-Gehalt zu Mitarbeitergehältern[16]

Die 350 größten amerikanischen Unternehmen nach Umsatz

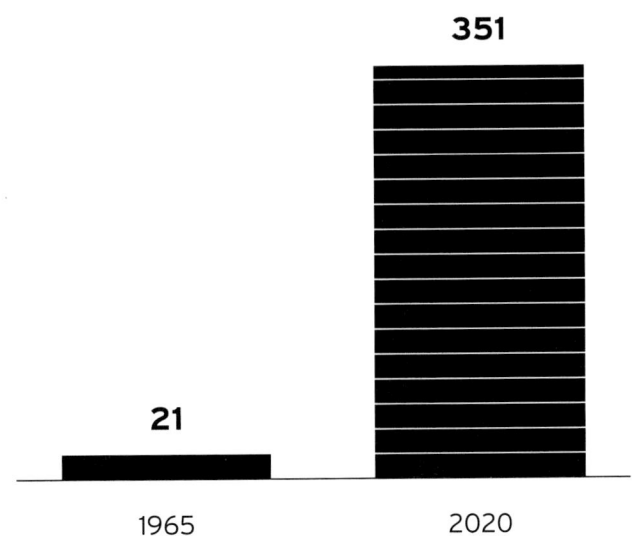

Quelle: Economic Policy Institute.

Von der Schieflage zur Dystopie

Im Jahr 1990 kontrollierte das reichste Prozent der Amerikaner mehr als ihren fairen Anteil. 31 Jahre später hat sich die Verteilung des Reichtums in Amerika von einer Schieflage zu einer Dystopie entwickelt. Im Jahr 2021 verfügten 50 Prozent der Amerikaner über nur 2 Prozent des nationalen Vermögens,[17] und das reichste Prozent über fast ein Drittel.[18] Die Vermögensungleichheit hat sich auch weltweit verschärft. Die Reichen sind reicher geworden, indem sie der unteren Hälfte der Einkommensbezieher den Reichtum genommen haben. Ende 2019 verfügte das oberste 1 Prozent der erwachsenen Bevölkerung über 44 Prozent des weltweiten Nettovermögens.[19]

Amerikas Geheimrezept war früher das Gleichgewicht zwischen freier Marktpolitik und wettbewerbsbeschränkenden Vorschriften. Da jedoch die Regulierung verteufelt wurde und sympathische Tech-CEOs zu unseren Titanen geworden sind, haben wir unsere Haltung geändert – zum Nachteil unserer Mittelschicht.

Wenn in einer Gesellschaft große Ungleichheit herrscht, erhebt sich in der Regel die unzufriedene Mehrheit. Wenn das Land den eingeschlagenen Weg fortsetzt, befürchte ich, dass dies auch in Amerika geschehen wird. Tatsächlich ist das bereits der Fall. Beim Aufstand am 6. Januar 2021 war ein zentrales Motiv das Gefühl des Abgehängt- und Betrogenseins.

35

Verteilung des Nettovermögens in den USA[20]

■ Untere 50 %   ■ Oberstes 1 %

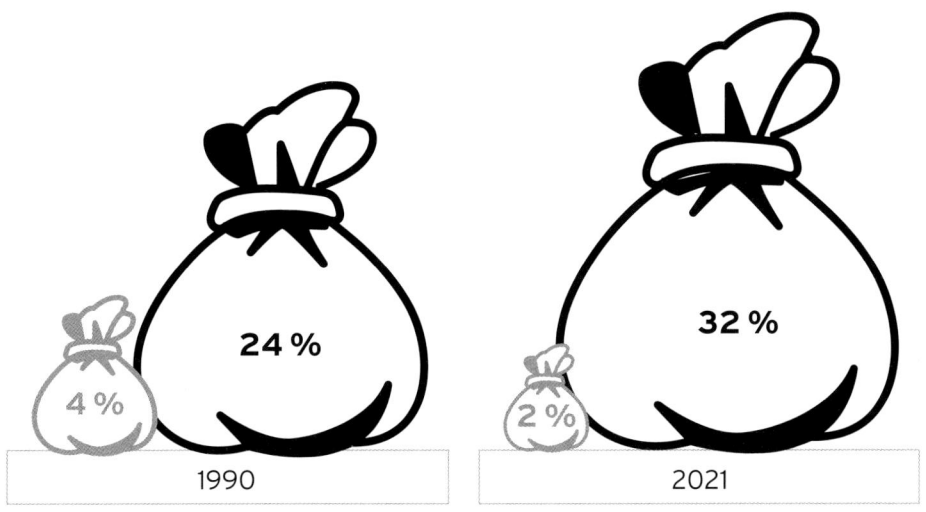

Quelle: Federal Reserve Bank of St. Louis.

Invasive Arten

Der Wert ist mittlerweile so stark auf den Technologiesektor fixiert, dass sechs Unternehmen – Meta (Facebook), Amazon, Apple, Netflix, Alphabet (Google) und Microsoft – mehr als 20 Prozent des S&P 500 ausmachen.

In den letzten zehn Jahren haben sich die Werbetreibenden auf die digitalen Medien gestürzt, wo die Spitzenreiter (Google und Facebook) zwei von drei Dollar einnehmen.[21] Die Verbraucher haben nachgezogen, und jetzt nimmt Amazon einen von drei E-Commerce-Dollars ein. Netflix gibt jährlich 17 Milliarden Dollar für Inhalte aus, genug, um 1.133 Episoden[22] von *Game of Thrones* zu produzieren. Das sind eine ganze Menge Drachen.

Diese Unternehmen hatten schon lange vor Corona Macht angehäuft, aber die Pandemie wirkte wie ein Brandbeschleuniger. Als physische Begegnungen plötzlich gefährlich wurden, sprang Big Tech mit kontaktlosen Angeboten ein, die es ermöglichten, lebenswichtige Dinge zu bestellen, zu arbeiten, Kontakte zu knüpfen und sich zu unterhalten. Covid-19 entwickelt sich nun von einer Pandemie zu einer endemischen Krankheit und verspricht, die von den Such- und Social-Media-Firmen begonnene Übernahme zu Ende zu führen.

36

FAANMG* Marktkapitalisierung
Anteil am S&P 500[23]

■ **FAANMG**　　　■ Rest S&P 500

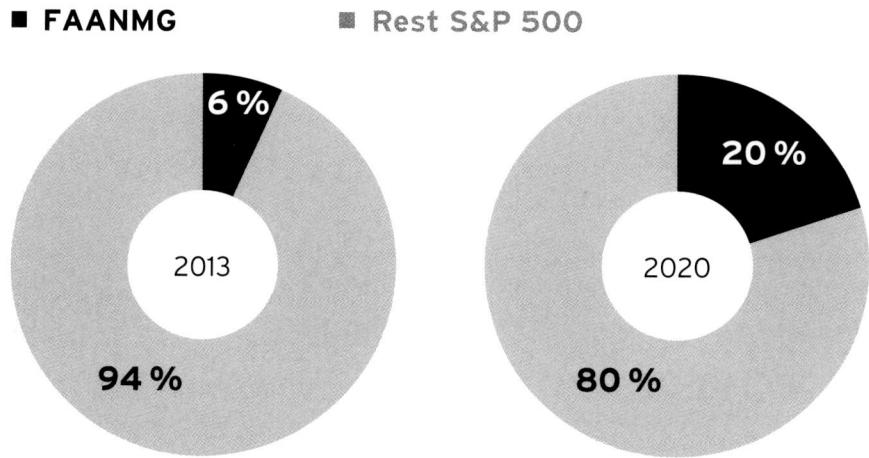

Quelle: Yardeni Research, Inc.

Anmerkung: *Facebook, Apple, Amazon, Netflix, Microsoft und Google.

Der Mindestlohn liegt Jahrzehnte zurück

Im Jahr 1950 betrug der Mindestlohn in den USA auf Bundesebene[24] 0,75 Dollar pro Stunde, das wären 8,51 Dollar, wenn man vom Wert des Dollar im Jahr 2021 ausgeht. Heute beträgt der gesetzliche Mindestlohn jedoch nur 7,25 Dollar pro Stunde. Diese effektive Senkung des Mindestlohns fand statt, obwohl die Arbeitnehmer viel produktiver sind als noch vor 70 Jahren. Wäre der Mindestlohn mit der Produktivität der Arbeitnehmer gestiegen, hätte er im Jahr 2021 bei 22,18 Dollar pro Stunde gelegen.

Zum Vergleich: Der inflationsbereinigte Medianwert eines Eigenheims lag 1950 bei 87.524 Dollar,[25] und der Medianwert eines Eigenheims beträgt heute über 400.000 Dollar. Auf diesem Markt sollen die Arbeitnehmer mit 1,26 Dollar weniger pro Stunde auskommen, als sie in den 1950er-Jahren verdient hätten.

Das ergibt einfach keinen Sinn. Ab 2021 muss ein alleinstehender Erwachsener ohne Kinder, der Vollzeit arbeitet, in fast allen städtischen und ländlichen Gebieten des Landes mehr als 15 Dollar pro Stunde verdienen,[26] um Wohnkosten und andere grundlegende Lebenshaltungskosten zu decken. Eine Anhebung des Mindestlohns auf 15 US-Dollar bis 2025 würde das Einkommen von 32 Millionen Arbeitnehmern[27] oder 21 Prozent der Beschäftigten erhöhen und bis zu 3,7 Millionen Menschen[28] – darunter schätzungsweise 1,3 Millionen Kinder – aus der Armut holen.

Heute ist Amerika eher feudal als demokratisch. Ein einziger Mann – Jeff Bezos – verfügt über genügend Kapital, um die Obdachlosigkeit in den USA zu beenden (20 Milliarden Dollar), die Malaria weltweit auszurotten (90 Milliarden Dollar)[29] und 700.000 Lehrergehälter zu zahlen.

Bezos verdient alle zehn Sekunden das Jahresgehalt eines durchschnittlichen Amazon-Mitarbeiters.[30] Ja, wir sind ein Land, in dem Genialität belohnt wird, aber wir waren auch einmal ein Land, in dem man den Bedürftigen gegenüber freundlich und großzügig war.

37

Mindestlohn auf Bundesebene und Wert, wenn er mit der gesamtwirtschaftlichen Produktivität angestiegen wäre[31]

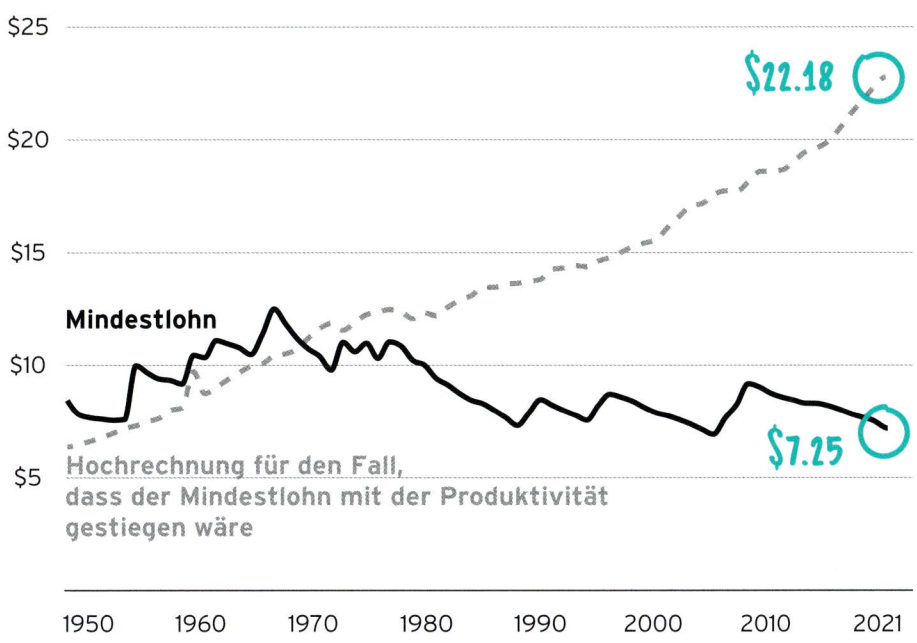

Quelle: EPI.org.

Anmerkung: Basierend auf Dollarwert 2021.

Was sind unsere Prioritäten?

Zwischen 1993 und 2020 sind die Preise für Bildung in die Höhe geschnellt, während die Kosten für Lebensmittel, Wohnen und medizinische Versorgung ebenfalls erheblich gestiegen sind. Was hat sich nicht erhöht? Reale Einkommen. Natürlich ist ein 500-Dollar-Fernseher, den man heute kauft, unvergleichlich besser als ein Fernseher, den man 1995 überhaupt bekommen konnte, egal zu welchem Preis, und für das billigste moderne Smartphone gab es 1995 kein vergleichbares Produkt.

Es ist nicht schlimm, dass Kleidung billiger und Fernsehgeräte besser sind. Aber diese Fortschritte verdecken, dass es für durchschnittliche Familien viel schwieriger geworden ist, über die Runden zu kommen, und viel schwieriger, ihren Kindern die Ausbildung zu ermöglichen, die sie brauchen, um auf der Einkommensleiter aufzusteigen.

38

Verbraucherpreisindex für alle städtischen Verbraucher nach Kategorie vs. reales Medianeinkommen[32]

Indexiert auf 1993

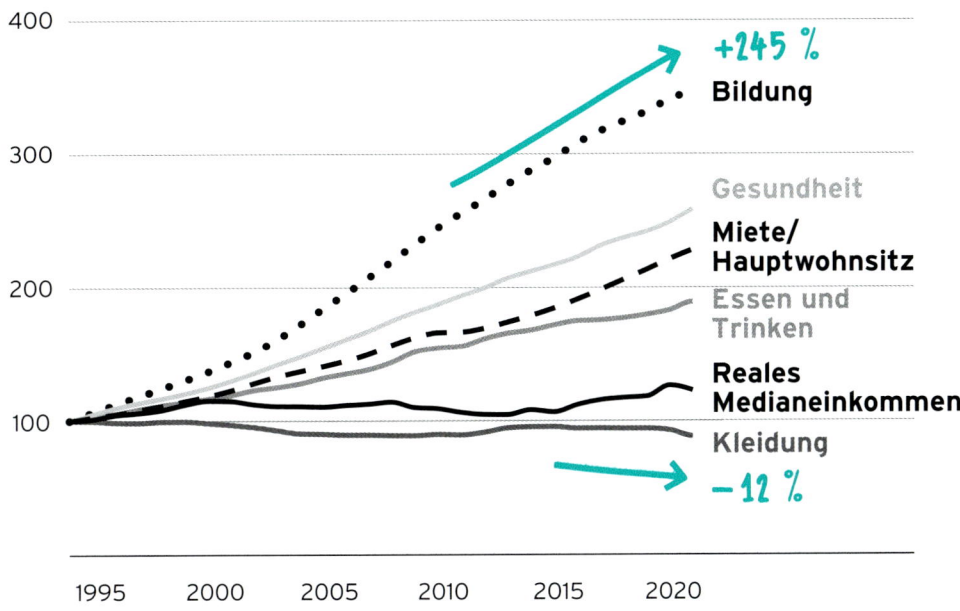

+245 %

Bildung

Gesundheit

Miete/
Hauptwohnsitz

Essen und
Trinken

Reales
Medianeinkommen

Kleidung

−12 %

Quelle: Federal Reserve Bank of St. Louis.

Finanzialisierung und Vermögensinflation

Noch nie gab es in Amerika eine derartige Kluft zwischen Main Street und Wall Street oder zwischen der Realwirtschaft und der Finanzwirtschaft. Vor 1980 betrug das gesamte Finanzvermögen der USA[33] nie mehr als das Zweifache des BIP der Nation. Dieses Verhältnis hat sich seither immer weiter erhöht und erreichte zu Beginn der Pandemie einen Höchststand von 5,9:1.[34] Diese zunehmende Finanzialisierung wurde durch eine Vielzahl von Faktoren vorangetrieben, darunter beispielloses Gelddrucken und die unentwegte Kreativität der Wall Street bei der Erschaffung neuer Finanzprodukte wie hypothekenbesicherte Wertpapiere und andere finanzielle Massenvernichtungswaffen. Auch dies ist ein globales Phänomen: Der Gesamtwert der von den zehn Ländern mit dem höchsten BIP gehaltenen Finanzanlagen ist von 290 Billionen Dollar im Jahr 2000 auf erstaunliche 1.020 Billionen Dollar im Jahr 2020 gestiegen. Das sind über eine Billiarde Dollar, eine Zahl, von der ich bis vor fünf Minuten nicht wusste, dass sie existiert. Im gleichen Zeitraum stieg der Wert der realen Vermögenswerte von 160 Billionen Dollar auf 520 Billionen Dollar.

Die Vorteile der Finanzialisierung sind nicht weitverbreitet und kommen hauptsächlich den Vermögensbesitzern und den im Finanzsektor Beschäftigten zugute. Noch wichtiger ist, dass die Finanzialisierung die Bedeutung der Märkte auf Kosten der realen Welt weiter erhöht. Das könnte erklären, warum die Pandemie-Reaktion in den USA auf die Rettung von Unternehmen abzielte, obwohl wir eigentlich die Menschen hätten retten sollen.

39

US-Finanzvermögen im Verhältnis zum BIP[35]

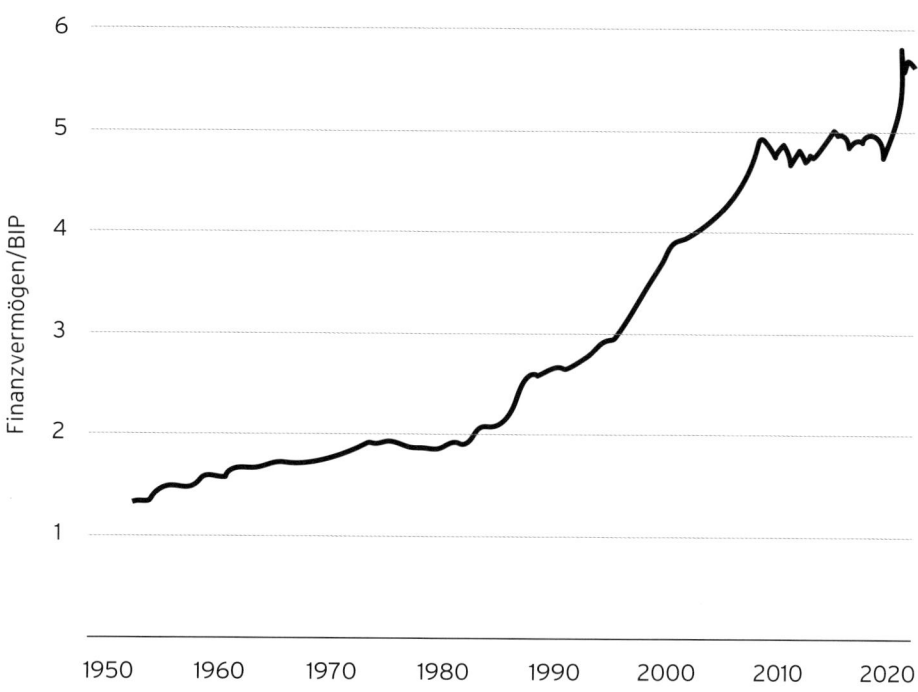

Quelle: Federal Reserve Bank of St. Louis.

Die Vermögenspreisinflation ist da

Eine Politik, die eine Umverteilung des Wohlstands von Jung nach Alt begünstigt, macht es den nachkommenden Generationen immer schwerer, sich finanziell abzusichern. Dies lässt sich am Verhältnis zwischen dem Medianwert von Eigenheimen und dem Medianeinkommen der Haushalte über die Jahre ablesen. Von 1960 bis 1990 entsprach der Medianpreis für Wohneigentum in den USA etwa zweieinhalb Jahren des Haushaltseinkommens. Doch bis 2020 hatte sich dieses Verhältnis fast verdoppelt: Die Hauspreise betrugen mehr als das Vierfache des Jahreseinkommens.

Wohneigentum ist ein Grundpfeiler des amerikanischen Traumes. Der Besitz eines Eigenheims stärkt die Kreditwürdigkeit, senkt die Wohnkosten und gibt einer jungen Familie ein Gefühl des Stolzes, der Zugehörigkeit und des Erfolges. Die Wohneigentumsquote in den USA[36] erreichte vor der Großen Rezession mit fast 70 Prozent ihren Höhepunkt. Der Kauf eines Hauses war im Vergleich zu früheren Zeiten billig, und die Amerikaner nutzten dies aus. Seit die Große Rezession das Land durchgeschüttelt hat, sind die Immobilienpreise in die Höhe geschossen. Ältere Amerikaner kommen in den Genuss steuerlich absetzbarer Hypothekenzinsen, während jüngere Generationen und weniger wohlhabende Menschen die nicht absetzbare Miete zahlen müssen. Wir haben den Wohlstand von den Jungen auf die Alten übertragen.

40

Jahre des Median-Haushaltseinkommens, die dem Median des Preises für eine Immobilie entsprechen[37]

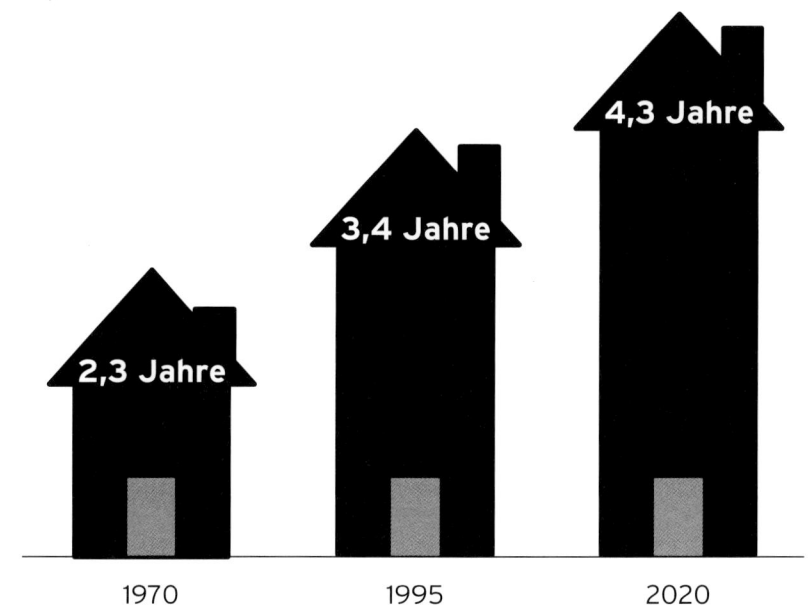

Quelle: Prof G Analyse auf Basis der Daten der Federal Reserve Bank of St. Louis.

Angriff auf Amerikas Wohlstand

Der größte Angriff auf den Wohlstand der amerikanischen Mittelschicht ist vielleicht die unerbittliche, seit vier Jahrzehnten andauernde Inflation im Hochschulwesen. Zwischen 1980 und 2019 stiegen die Hochschulkosten[38] um 169 Prozent, während das Einkommen junger Arbeitnehmer nur um 19 Prozent stieg.

Das bedeutet nicht, dass junge Menschen auf ein Studium verzichten sollten. In der Tat ist ein Hochschulabschluss notwendiger denn je: Heute erfordern zwei von drei Arbeitsplätzen[39] eine postsekundäre Ausbildung, während es in den 1970er-Jahren nur einer von vier war. Das Fazit: Hochschulabschlüsse sind wichtiger und teurer geworden, während die Rentabilität schlechter geworden ist.

Die Gesamtverschuldung der Amerikaner bei Studentendarlehen (1,7 Billionen Dollar) ist inzwischen höher als ihre Kreditkartenschulden.[40] Und dabei sind die geplatzten 401(k)-Rentenpläne, Zweithypotheken und der allgemeine finanzielle Druck, die meine Branche den Haushalten mit niedrigem und mittlerem Einkommen auferlegt hat, noch gar nicht berücksichtigt.

41

Veränderung der Studienkosten im Vergleich zum Verdienst für junge Arbeitnehmer[41]

Basisdollar 2019

— **Durchschnittskosten Studium**   — Durchschnittsgehalt (22-27 Jahre)

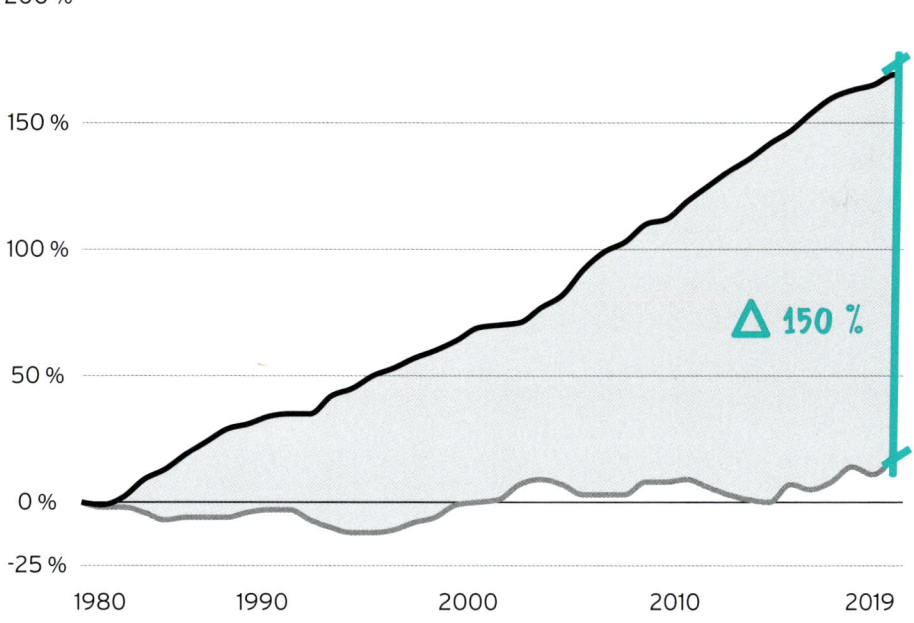

Quelle: Georgetown University Center on Education and the Workforce.

Ein weiteres Corona-Verbrechen

Als die amerikanischen Schüler im Herbst 2021 in die Schule zurückkehrten, hatten viele von ihnen mehr als ein Jahr Fernunterricht hinter sich. Die Lehrer stellten fest, dass alle Kinder hinterherhinkten – der Lernstand der Schüler lag fünf Monate hinter dem, den sie ohne Corona gehabt hätten.

Der Effekt war in Schulen mit vielen schwarzen oder hispanischen Schülern und vielen einkommensschwachen Familien größer. Die Schüler an diesen Schulen hinkten schon vor der Pandemie den Schülern an mehrheitlich von weißen Schülern aus Familien mit höheren Einkommen besuchten Schulen um neun Monate hinterher. Im Dezember 2021 stellte McKinsey fest, dass Schulen mit mehrheitlich schwarzer Schülerschaft ein ganzes Jahr hinter mehrheitlich von weißen Schülern besuchte Schulen zurückgefallen waren.

Die Auswirkungen von Pandemie-Schulschließungen werden weitreichend sein, insbesondere für jüngere Kinder. Schüler, die in der dritten Klasse noch nicht richtig lesen können, haben Schwierigkeiten, ihren Rückstand aufzuholen, und eine viermal geringere Wahrscheinlichkeit, die Highschool abzuschließen. Dies könnte sich auf den Lebensweg von Millionen von Schülern und sogar auf die wirtschaftlichen, wissenschaftlichen und kreativen Leistungen Amerikas auswirken.

42

Monate Rückstand in der Schule in Lesen und Mathematik aufgrund der Pandemie[42]

US-Klassenstufen 1-6, Herbst 2020–21, Anzahl der Monate hinter historischen Vergleichsgruppen

> 5 Monate hinterher

● Schwarz	● Hispanisch		● Weiß	nach Rasse
● <$25T	● $25T-75T	● >$75T	nach Einkommen

Mathematik

● Schwarz	● Hispanisch	● Weiß	nach Rasse
● <$25T	● $25T-75T	● >$75T	nach Einkommen

Lesen

6 Monate   5 Monate   4 Monate   3 Monate   2 Monate   1 Monat

Quelle: Curriculum Associates I-Ready Assessment Data via McKinsey.

Das US-Gesundheitssystem ist peinlich ineffizient

Die Pro-Kopf-Gesundheitskosten in den USA gehören zu den höchsten der Welt; dennoch ist unsere Lebenserwartung niedriger als die der meisten anderen Industrienationen. Wir liegen hinter Australien, Israel, den Niederlanden, Portugal, der Schweiz und dem Vereinigten Königreich, und deren Gesundheitsversorgung ist billiger als unsere.

Das Gesundheitswesen der USA ist langsam, ineffizient, teuer und Veränderungen sind überfällig. Auf die US-Gesundheitsbranche entfallen 45 Prozent aller weltweiten Ausgaben für medizinische Leistungen. Wir geben fast 18 Prozent unseres BIP dafür aus, mehr als jedes andere Land.[43] Dennoch sind unsere Ergebnisse schlechter. 64 Prozent der Patienten[44] geben an, dass sie eine medizinische Behandlung aus Sorge um den Preis vermieden oder aufgeschoben haben. Kein Wunder, denn die 100 besten Krankenhäuser berechneten den Patienten im Durchschnitt das Siebenfache der Kosten für die Leistung.[45]

Wie kommt es zu dieser Kombination aus überhöhten Kosten und schlechten Ergebnissen? Eine aufgeblähte Verwaltung ist Teil des Problems. Wir geben in den USA jährlich mehr als 800 Milliarden Dollar[46] für die Verwaltung des Gesundheitswesens aus, mehr als das BIP von Saudi-Arabien.[47] Fast ein Drittel davon, 265 Milliarden Dollar, wird für regulatorische und administrative Aufgaben ausgegeben.[48] Das ist mehr, als die USA für die Behandlung von Krebs ausgeben.[49] Wir haben die Kinderlähmung geheilt, Astronauten auf den Mond gebracht und in Rekordzeit drei Corona-Impfstoffe entwickelt – wir sind besser als unser heutiges Gesundheitssystem.

43

Lebenserwartung vs.
Gesundheitsausgaben nach Land[50]

2015

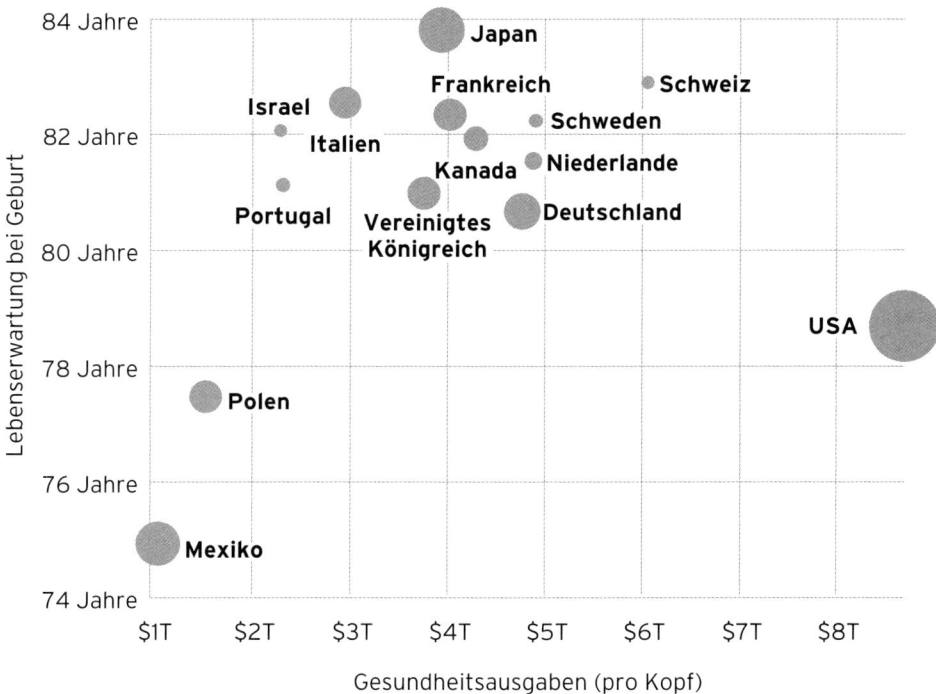

Quelle: World Bank via Our World in Data.

Anmerkung: Die Größe der Kreise zeigt die durchschnittliche jährliche
Veränderung zwischen 1970 und 2015.

Erwachen aus dem amerikanischen Traum

Zum ersten Mal in der Geschichte der USA sind junge Menschen wirtschaftlich nicht mehr bessergestellt als ihre Eltern im gleichen Alter. Ein 1940 geborener Amerikaner hatte eine 92-prozentige Chance, es besser zu haben[51] als seine Eltern. Jemand, der 1970 geboren wurde, hatte eine Chance von 61 Prozent. Ein 1984 geborener Millennial, der heute 37 Jahre alt ist, hat nur eine Chance von 50 Prozent.

Ich mache mir Sorgen über die Auswirkungen der altersbedingten Ungleichheit. Einwanderer, wie meine Eltern, kommen nach Amerika, damit ihre Kinder ein besseres Leben führen können. Früher war das möglich. Jetzt haben die jungen Leute die Nase voll. Sie verfügen über weniger als die Hälfte der wirtschaftlichen Sicherheit,[52] die ihre Eltern im gleichen Alter hatten, gemessen am Verhältnis von Vermögen und Einkommen. Ihr Anteil am Wohlstand ist geschrumpft. Ich glaube, dass schwindende wirtschaftliche Chancen und Mobilität eine Krankheit sind, und die Symptome sind Scham, Frustration und Wut. Junge Menschen – vor allem Männer – haben bereits ein Ventil für diese Gefühle gefunden: Chatrooms auf Reddit, Meme-Aktien und gewalttätige Proteste sind alles Anzeichen für aufkeimende Langeweile und Frustration.

44

Prozentsatz der 30-Jährigen, die
mehr verdienen als ihre Eltern mit 30[53]

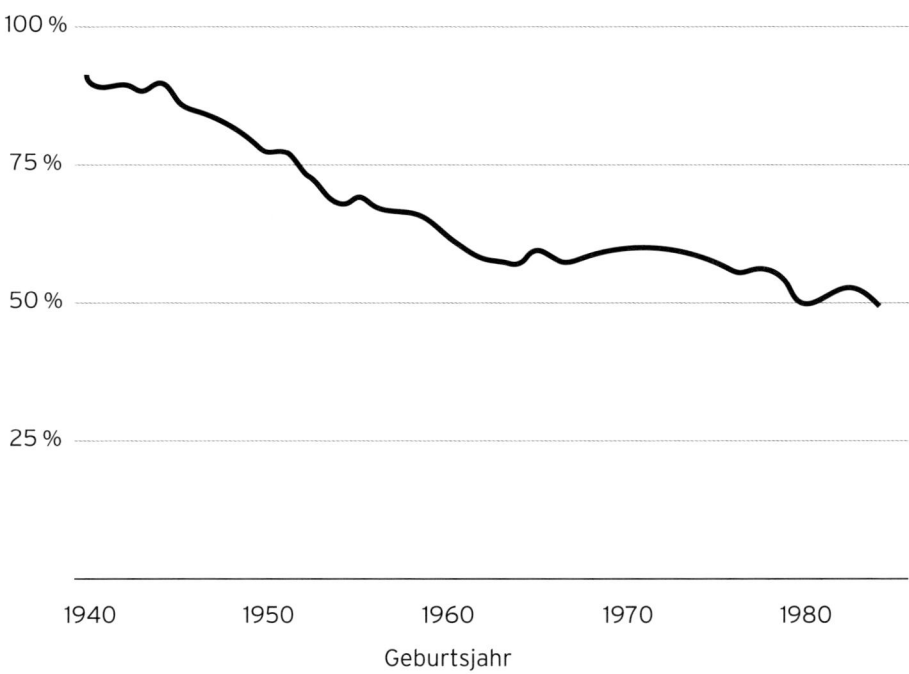

Geburtsjahr

Quelle: *Science*, Dezember 2016.

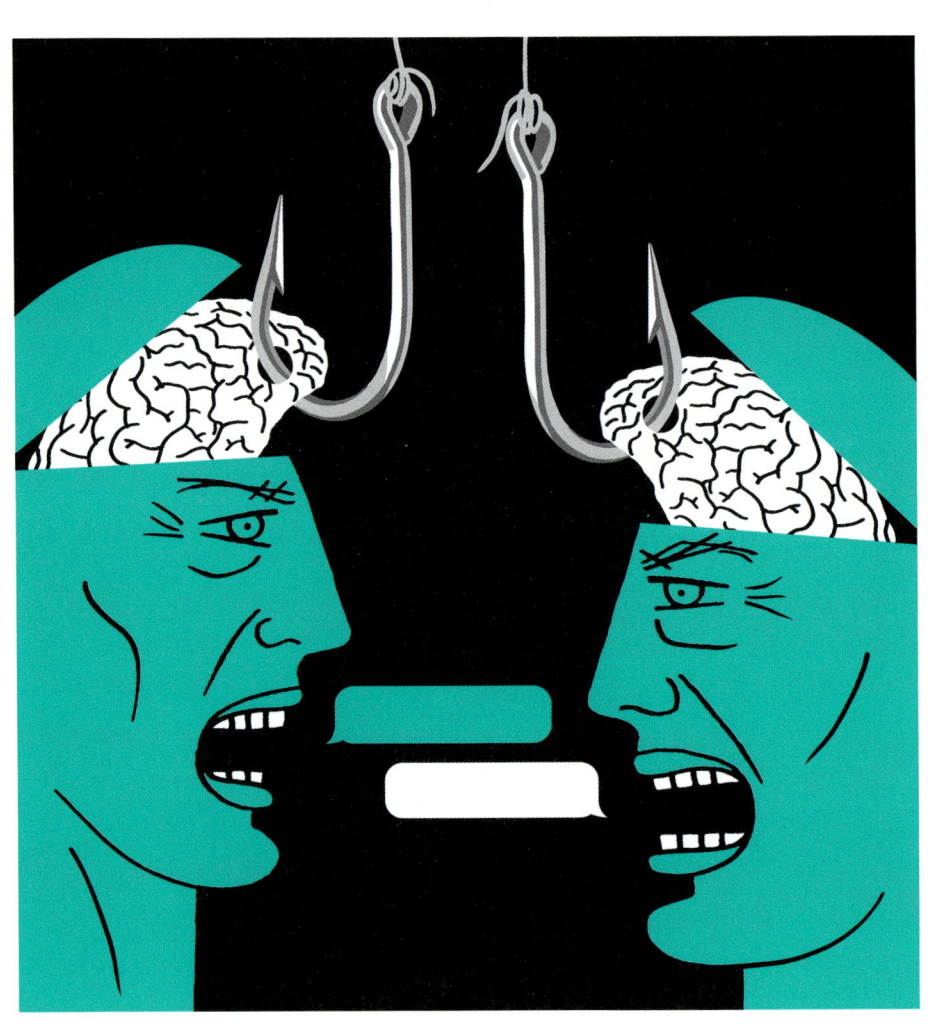

KAPITEL 5

Die Aufmerksam-
keitsökonomie

Wenn Sie nicht zahlen, dann sind Sie nicht der Kunde.
Sie sind das Produkt.

Am 9. Januar 2007[1] trat Steve Jobs auf der MacWorld auf die Bühne und kündigte an, dass Apple ein Telefon herstellen würde. Er nannte es ein „revolutionäres Produkt[2] ... das alles verändern wird". Er hatte recht, das würde es. Wir wussten nur nicht, wie.

Zu dieser Zeit stellten Experten die Entscheidung eines drei Jahre alten Start-ups namens Facebook infrage, ein 900 Millionen Dollar schweres Übernahmeangebot[3] von Yahoo! abzulehnen. Ein Podcasting-Unternehmen namens Odeo[4] vermarktete auf der South by Southwest sein neues Produkt, Twitter.

Obwohl der Internet-Boom bei den Verbrauchern bereits Ende der 1990er-Jahre einsetzte, dauerte es noch ein weiteres Jahrzehnt, bis der eigentliche Paradigmenwechsel stattfand. Die Zwillingskräfte Mobile und Social haben alles verändert. Wir haben begonnen, Unternehmen nicht mehr nach ihrem Umsatz, sondern nach ihren Nutzern zu bewerten. Wir begannen, die Facebook-Bevölkerung mit der Bevölkerung von Nationen zu vergleichen (ein Vergleich, der schnell überholt war). Es gab immer mehr Internetmarken, bei denen wir eigentlich nichts kauften – wir nutzten sie einfach kostenlos. Sie waren kostenlos, weil wir nicht der Kunde waren. Wir waren das Produkt geworden.

Im Jahr 2010 verbrachten wir 3 Prozent[5] unserer wachen Zeit am Telefon. Im Jahr 2021 waren wir bei 33 Prozent.[6] Mehr als die Hälfte dieser Zeit wird auf sozialen Medien verbracht, und viele der größten Unternehmen der Welt werden fast vollständig durch die Monetarisierung unserer Aufmerksamkeit subventioniert. Über 80 Prozent der Einnahmen von Alphabet[7] stammen aus der Werbung. Bei Meta sind es 98 Prozent.[8] Zusammen bringen sie mehr als ein Drittel[9] der gesamten Werbeeinnahmen in den USA. Dieser Wandel vollzog sich innerhalb eines Jahrzehnts.

Ermöglicht wurde dieser Wandel durch Algorithmen – die Systeme, die entscheiden, was als Nächstes in den endlosen Feeds der sozialen Medien erscheint. Und diese Algorithmen haben herausgefunden, dass die Inhalte die meiste Aufmerksamkeit auf sich ziehen, die uns wütend machen. YouTube-Videos, die von den Nutzern als verstörend eingestuft werden, erhalten 70 Prozent mehr Aufrufe[10] als das durchschnittliche Video. Unwahrheiten verbreiten sich auf Twitter sechsmal schneller[11] als die Wahrheit. Facebook verweist seine Mitglieder in mehr als 15 Prozent der Fälle auf nicht vertrauenswürdige Nachrichtenquellen.[12]

Das Internet wurde auf dem Versprechen aufgebaut, uns in einer sozialeren Welt zu vereinen. Es hat das Gegenteil bewirkt. Wir sind ein geteiltes Haus – abgeschottet in unseren Echokammern, nicht mehr synchronisiert. Mein Kollege von der NYU, Jonathan Haidt,[13] sagt, dass erfolgreiche Demokratien im Allgemeinen durch starke Institutionen, gemeinsame Geschichten und breite soziale Netzwerke auf Basis hohen Vertrauens zusammengehalten werden, aber die sozialen Medien schwächen alle drei. Irgendwo, in unserem Rausch des Postens, Likens und Tweetens, haben wir den Überblick verloren.

Wir sind alle süchtig nach unseren Handys

Die amerikanische Generation Z entsperrt ihr Telefon fast 80-mal pro Tag.[14] Und diese Menschen sind nicht allein. Unsere Telefone sind zu wesentlichen Bestandteilen unserer Identität geworden, und diese Bindung hat sich bemerkenswert schnell entwickelt. Das iPhone wurde 2007 auf den Markt gebracht, und 2012 besaß etwa die Hälfte der amerikanischen Erwachsenen[15] ein Smartphone. Nach weniger als einem Jahrzehnt fühlt sich fast die Hälfte der Amerikaner unwohl,[16] wenn sie ihr Handy nicht dabeihaben. Eine Studie aus dem Jahr 2020 ergab, dass 96 Prozent der Amerikaner der Generation Z[17] nicht ohne ihr Handy auf die Toilette gehen würden. Die tägliche Telefonnutzung hat seit 2010 um 25 Prozent pro Jahr zugenommen. Heute verbringt der durchschnittliche Amerikaner täglich 4 Stunden und 23 Minuten[18] mit seinem mobilen Gerät.

Wir essen und trinken drei oder vier Mal am Tag. Die meisten Erwachsenen lachen 17-mal[19] pro Tag. Eine Studie mit über 26.000 Personen aus den Jahren 1989 bis 2014 ergab, dass der durchschnittliche Erwachsene etwa einmal pro Woche Sex hat.[20] Das bedeutet, dass ein junger Erwachsener in einer durchschnittlichen Woche vielleicht einmal Sex hat, etwa 120-mal lacht und mehr als 550-mal sein Handy entsperrt.

Noch nie war die Technologie so sehr Teil unseres Lebens.

45

Durchschnittliche Entsperrungen pro Tag bei US-Smartphone-Nutzern[21]

2018

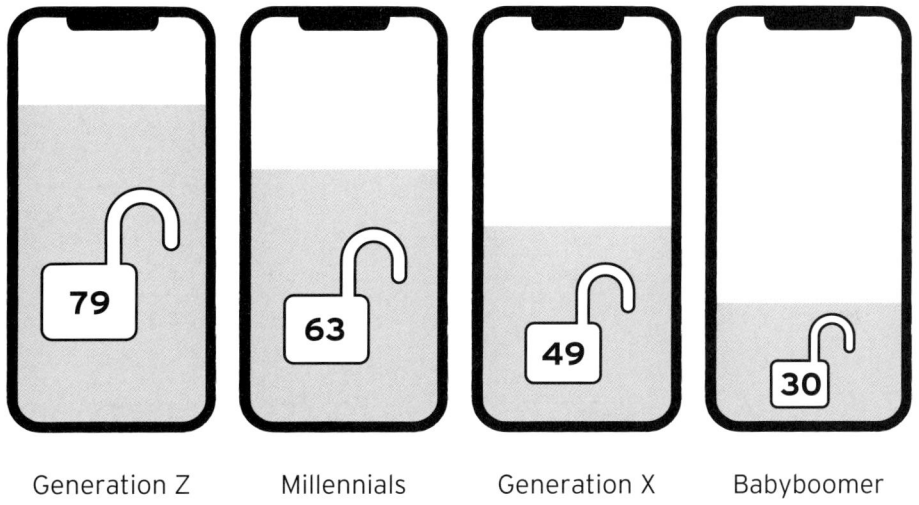

| Generation Z | Millennials | Generation X | Babyboomer |

Quelle: Verto Analytics via Statista.

Digitale Werbetafeln

Die explosionsartige Zunahme der Bildschirmzeit wurde durch ein Geschäftsmodell angeheizt, das ursprünglich nicht tragfähig schien und weitgehend missverstanden wurde: Werbung. Der Gedanke, eine algorithmische Suchmaschine zu subventionieren, die 37 Billionen Gigabyte[22] an Daten durchforstet und personalisierte, nach Relevanz geordnete Ergebnisse innerhalb von 0,2 Sekunden[23] auf winzige virtuelle Plakatwände liefert, war beim Start von Google ein zweifelhafter Geschäftsplan. Was wir jedoch vernachlässigt haben, ist die Macht des Maßstabs.

Mehr Nutzer in Kombination mit mehr Zeit, die mit Geräten verbracht wird, haben die digitale Werbeindustrie zu einem Kassenschlager gemacht. Im Jahr 2011 machten in den USA digitale Anzeigen ein Fünftel aller Werbeeinnahmen aus.[24] Seitdem ist die nicht-digitale Werbung zurückgegangen und die digitale explodiert. Digitale Anzeigen machen heute 63 Prozent aller Werbeeinnahmen[25] in Amerika aus und haben die Werbung zu einer Branche mit einem Umsatz von fast 250 Milliarden Dollar gemacht.[26]

46

US-Werbeeinnahmen[27]

■ **digital**   ■ nicht digital

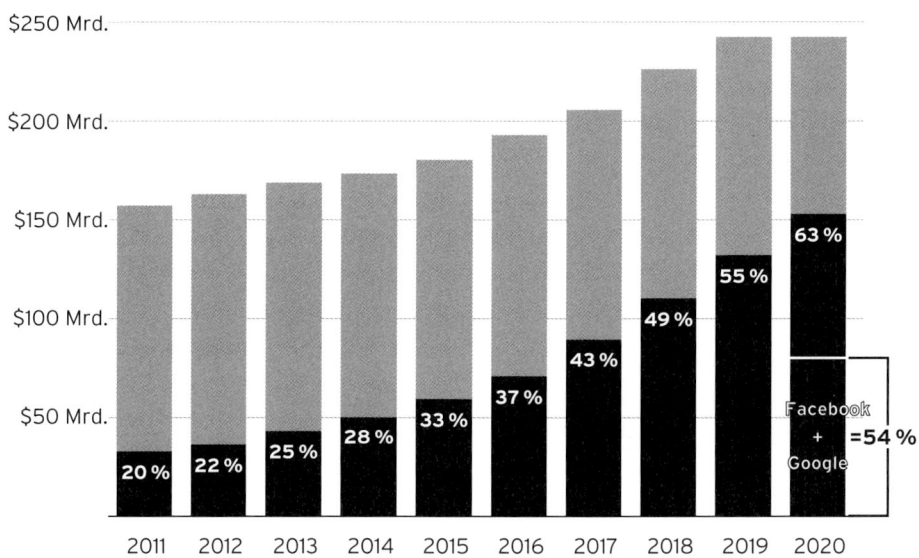

Quellen: eMarketer, Pew Research Center.

Niedergang der Nachrichten

Im selben Maße, in dem unsere Zeit von Facebook und Google verschlungen wurde, hörten wir auf, den Medien, die uns einst am meisten bedeuteten, Aufmerksamkeit zu schenken – insbesondere den Nachrichten. Im Jahr 2008 erzielten die US-Zeitungen[28] Werbeeinnahmen in Höhe von 38 Milliarden US-Dollar. Im darauffolgenden Jahr sank diese Zahl um 27 Prozent und ging auch künftig weiter zurück. Im Jahr 2020 beliefen sich die Werbeeinnahmen der Zeitungen auf weniger als 9 Milliarden Dollar, ein Rekordtief.

Mit den sinkenden Einnahmen schrumpfte auch die Zahl der Journalisten. Im Jahr 2008 lag die Zahl der Mitarbeiter in den Nachrichtenredaktionen aller Kanäle in den USA – von Print bis Fernsehen – bei etwa 114.000. Bis 2020 sank diese Zahl um 26 Prozent,[29] auf 85.000. Wenn die Zahl der amerikanischen Journalisten als Maßstab für die kollektive Wahrheit unserer Nation gesehen wird, war die Wahrheit stark rückläufig.

47

Werbeeinnahmen der Zeitungen und Mitarbeiter in den Redaktionen[30]

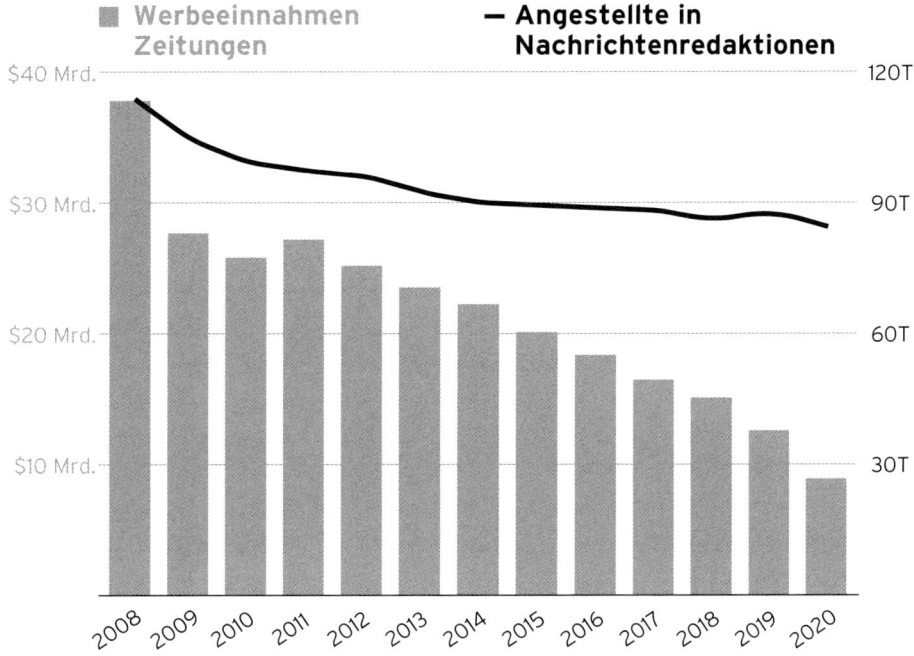

Quellen: Pew Research Center, News Media Alliance, Bureau of Labor Statistics.

Getriggert

Neue Social-Media-Apps wie Instagram und Twitter hielten Einzug, und die Aufmerksamkeitsspanne der Menschen wurde immer kürzer. Im Jahr 2014 dauerten 55 Prozent aller Websitebesuche[31] weniger als 15 Sekunden. Für die amerikanischen Nachrichtenproduzenten, von denen die meisten immer noch stark durch Anzeigen subventioniert werden, bedeutete dies, dass sie die Schlagzeilen anpassen mussten, um die Aufmerksamkeit der Menschen zu erhalten. Die besten Nachrichten sind die, die die meisten Klicks, Likes und Shares erhalten. In der vorangegangenen Ära des Nachrichtenwesens war die einzige messbare Leistungskennzahl der Verkauf von Druck-Erzeugnissen gewesen, aber das Internet ermöglicht es den journalistischen Einrichtungen, zu messen, was die Leser konsumieren, bis hin zur individuellen Schlagzeile. Es wurde schnell klar, dass Viralität direkt mit den Emotionen zusammenhängt: Die beliebtesten Schlagzeilen sind diejenigen, die uns verstören, schockieren und wütend machen.

Forscher der Wharton Business School führten eine statistische Analyse zur sozialen Verbreitung von Artikeln der *New York Times* durch – insbesondere, welche inhaltlichen Merkmale es wahrscheinlich machen, dass ein Artikel es auf die Liste der am häufigsten per Mail weitergesendeten Artikel der Zeitung schafft. Drei Merkmale sorgten mehr als alle anderen für die Viralität. Immer wenn ein vom Standard abweichender Angstanstieg ausgelöst wurde, erhöhte sich die Wahrscheinlichkeit, dass der Artikel es auf die Liste der am häufigsten per Mail geteilten Artikel schaffte, um 21 Prozent. Bei Erstaunen stieg sie um 30 Prozent. Die stärkste Emotion war jedoch Wut, die die Viralität um 34 Prozent erhöhte.

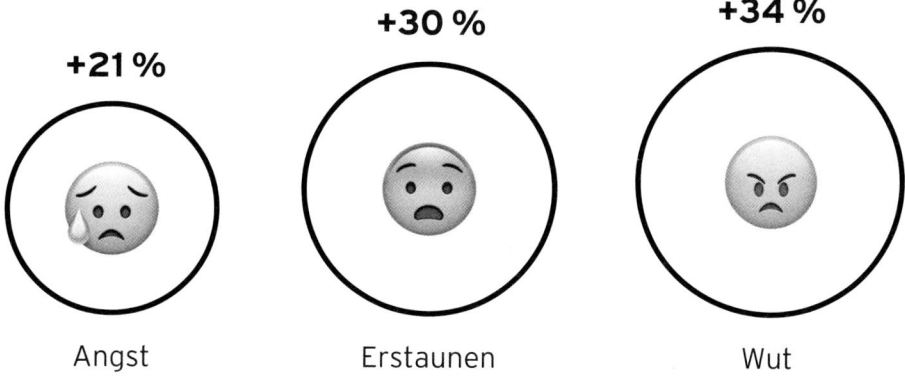

48

Wahrscheinlichkeit, auf der *New York Times*-Liste der am häufigsten per E-Mail geteilten Artikel zu erscheinen, nach ausgelöster Emotion[32]

2012

+21 % Angst

+30 % Erstaunen

+34 % Wut

Quelle: Jonah Berger, Katherine Milkman. „What Makes Online Content Viral?"
Journal of Marketing Research, April 2012.

Lügner, Lügner

Während journalistische Einrichtungen begannen, Schlagzeilen reißerisch zu gestalten, um ihre Budgets und Redaktionen nicht noch mehr unter Druck zu setzen, entstand eine neue Form von „Nachrichten" – nur dass diese Form keiner redaktionellen Prüfung unterzogen wurde und das virale Potenzial einer Erkältung besaß: Twitter.

Zwischen 2010 und 2015 hat sich die Zahl der monatlich aktiven Nutzer von Twitter verzehnfacht, von 30 Millionen auf 300 Millionen.[33] Wie bei den herkömmlichen Nachrichtenkanälen waren die beliebtesten Tweets diejenigen, die heftigste Emotionen auslösten. Für Journalisten bedeutete das, die Nachrichten zu dramatisieren. Für die Twitter-Nutzer bedeutete das, sie sich auszudenken.

Eine MIT-Studie untersuchte einen Datensatz von 126.000 Tweets in allen Informationskategorien – von Wissenschaft über Terrorismus bis hin zu Finanzen – und sortierte sie nach ihrer sachlichen Richtigkeit. Es stellte sich heraus, dass Unwahrheiten sechsmal schneller 1.500 Menschen erreichen[34] als die Wahrheit.

Inzwischen geben sieben von zehn erwachsenen Twitter-Nutzern in den USA[35] an, dass sie Nachrichten dort beziehen, und 80 Prozent aller Tweets[36] stammen von 10 Prozent der Nutzer.

49

Die Geschwindigkeit der Lügen[37]

Basierend auf der durchschnittlich benötigten Zeit,
um 1.500 Nutzer auf Twitter zu erreichen

Unwahrheiten verbreiten
sich auf Twitter
sechsmal schneller
als die Wahrheit

Quelle: *Science*, März 2018.

„Politische" Zensur

Die Verbreitung von Lügen auf Social-Media-Plattformen hat zu einem weit-verbreiteten Misstrauen gegenüber den Social-Media-Unternehmen selbst geführt: Mehr als sieben von zehn[38] Amerikanern glauben, dass soziale Medien politische Ansichten zensieren.

Dieses Misstrauen hat sich über die Parteigrenzen hinweg ausgeweitet. Neun von zehn Republikanern[39] vermuten politische Zensur, gegenüber sechs von zehn Demokraten.

Die Realität der Zensur in den sozialen Medien hat jedoch wenig mit Politik und viel mit Algorithmen zu tun.

Aufgrund der Art und Weise, wie Beiträge algorithmisch eingestuft und empfohlen werden (d. h. optimiert für Engagement), sind die einzigen Inhalte, die in den sozialen Medien wirklich zensiert werden, diejenigen, die uns lang-weilen. Je weniger moderat und je parteiischer der Inhalt, desto besser für die Reichweite. 64 Prozent der Personen,[40] die extremistischen Gruppen auf Facebook beitreten, tun dies, weil der Algorithmus sie dorthin lenkt. Weniger als drei Jahre, nachdem QAnon im Internet auftauchte, hatte die Hälfte der Amerikaner[41] von seinen Verschwörungstheorien gehört. In Wirklichkeit be-günstigen die sozialen Medien das, was uns trennt.

50

Anteil der Amerikaner, die denken, dass soziale Medien wahrscheinlich politische Ansichten zensieren[42]

2020

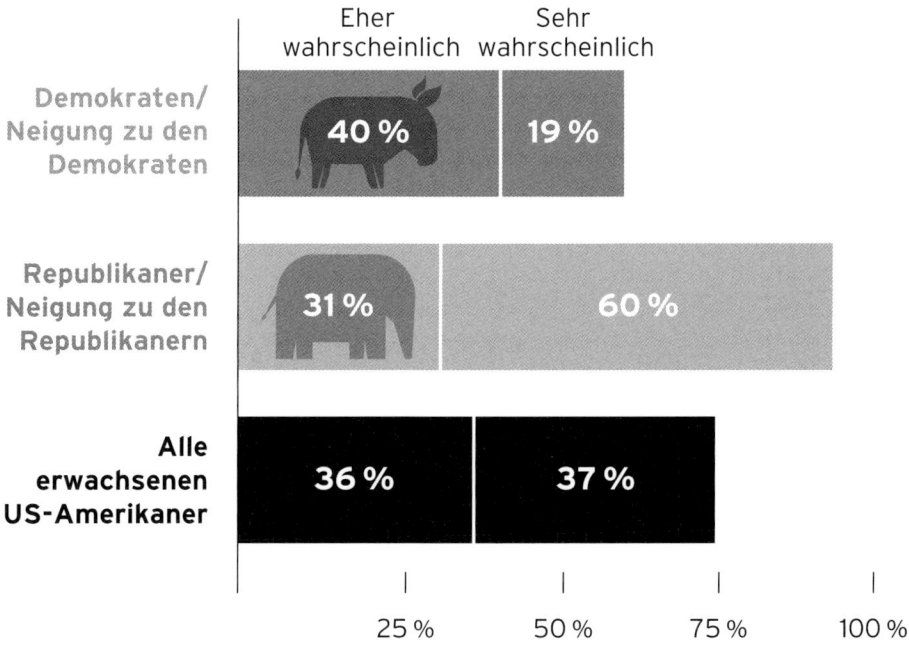

Quelle: Pew Research Center.

Fake News

In einer digitalen Welt, die von Extremismus, Fehlinformationen und Verschwörungstheorien überschwemmt wird, hat sich das Misstrauen auf die Medien insgesamt ausgeweitet, insbesondere auf die Kabelfernsehsender. Zwischen 2016 und 2021 ist das Vertrauen der Amerikaner in nationale Nachrichtenorganisationen stark gesunken.[43] Dieser Trend war, wie so viele andere in diesem Jahrzehnt, von Parteizugehörigkeit geprägt.

Innerhalb von fünf Jahren ist der Anteil der Demokraten,[44] die nationalen Nachrichtenorganisationen vertrauen, um 5 Prozent gesunken. Bei den Republikanern lag der Rückgang bei 35 Prozent. Heute vertrauen weniger als sechs von zehn Amerikanern[45] den Informationen, die von nationalen Nachrichtenorganisationen stammen, und das Vertrauen in Zeitungen und Fernsehnachrichten ist so niedrig wie nie zuvor.[46]

51

Anteil der Amerikaner, die auf Informationen nationaler Nachrichtenorganisationen vertrauen[47]

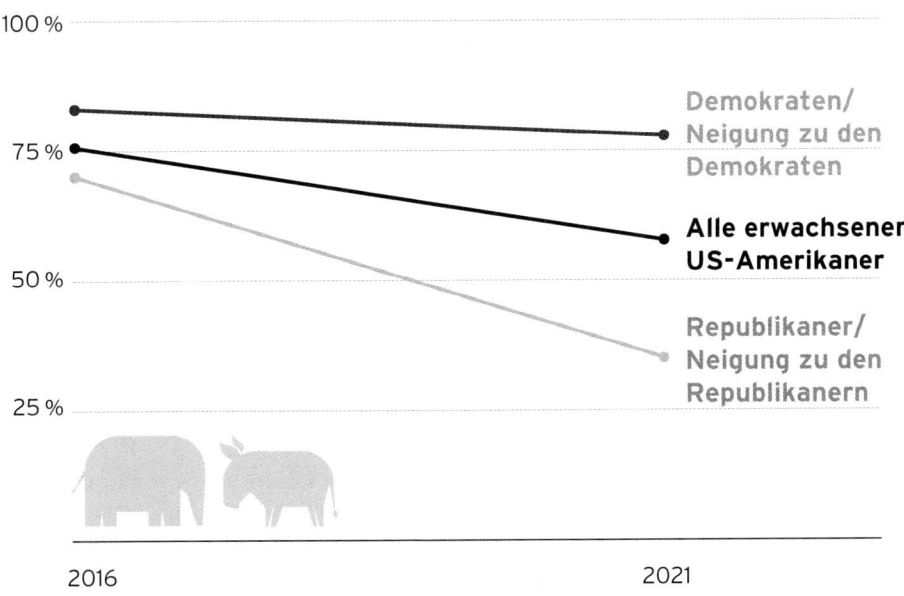

Quelle: Pew Research Center.

Die Medien schüren Fehl- annahmen zur Kriminalität

In den späteren Jahren der Nachkriegszeit begann die Gewaltkriminalität in den USA zu steigen, ein Trend, der sich bis Anfang der 1990er-Jahre fortsetzte.[48] Zu diesem Zeitpunkt war sie bereits zu einem zentralen politischen Thema geworden. Doch im Zuge des anhaltenden wirtschaftlichen Wohlstands ging die Gewaltkriminalität so schnell zurück, wie sie angestiegen war – und sie sinkt weiter, wenngleich sich ihr Rückgang in den letzten Jahren verlangsamt hat.

Die Gründe dafür sind unklar, und höchstwahrscheinlich spielt hier eine Vielzahl von Faktoren mit, von einer alternden Bevölkerung über Umweltschutzmaßnahmen (die Verringerung der Bleiverschmutzung könnte eine wichtige Rolle gespielt haben) bis hin zu Investitionen in die Polizei, bessere Jobaussichten und Diversionsprogramme. Ebenso interessant wie die Frage, warum die Kriminalität zurückgegangen ist, ist jedoch die merkwürdige Hartnäckigkeit, mit der die Amerikaner glauben, dass sie *nicht zurückgegangen ist*. In 20 von 24 Gallup-Umfragen,[49] die seit 1993 durchgeführt wurden, glauben jedes Jahr mindestens 60 Prozent der Erwachsenen in den USA, dass es landesweit mehr Verbrechen gibt als im Jahr zuvor.

Wie ist das zu erklären? Politiker lieben es, sich als harte Hunde gegen Verbrecher zu inszenieren, und die Berichterstattung über Verbrechen lockt Leser an. Ein altes Sprichwort sagt: „Blut ist immer für 'ne Story gut." Das Brennan Center fand[50] heraus, dass die *New York Times* im Jahr 1990, als die Mordrate in New York City bei 31 pro 100.000 Menschen lag, in 129 Schlagzeilen „Mord" oder „Totschlag" erwähnte. Im Jahr 2013, als die Mordrate auf nur noch 4 pro 100.000 Einwohner gesunken war, machte die *Times* mehr Schlagzeilen über Tötungsdelikte[51] und Mord: 135. In einer von den sozialen Medien geprägten Zukunft gibt es wenig Grund zur Hoffnung, dass wir uns von der sensationalistischen Kriminalitätsberichterstattung verabschieden werden.

Wahrnehmung und Realität der Kriminalitätsrate in den USA[52]

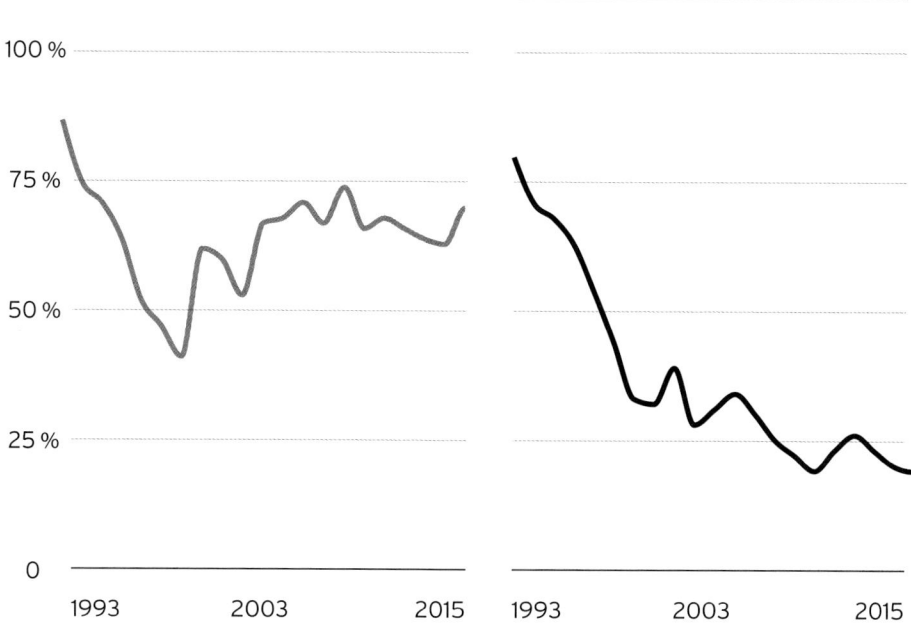

| Prozentsatz derjenigen, die sagen, dass es mehr Verbrechen gibt als im Jahr zuvor | Gewaltverbrechen pro 1.000 Einwohner 12 Jahre und älter |

Quelle: Pew Research Center.

Beziehungsstatus

Mehr Zeit vor dem Bildschirm zu verbringen bedeutet, dass wir mehr von unserem Leben auf Online-Plattformen verlagern – auch unser Liebesleben. Während der gesamten modernen Geschichte kamen Partner in Amerika am häufigsten über gemeinsame Freunde zusammen. Als in der Dotcom-Ära das Online-„Dating" (eigentlich: *Online-Treffen*) an Fahrt aufnahm, stellte es das kulturelle Ökosystem auf den Kopf, und innerhalb einer Generation war es zum vorherrschenden Medium für die Partnervermittlung geworden.

Es spricht viel für Online-Kontakte. Wie bei anderen Formen der sozialen Medien entstehen auch hier sinnvolle Verbindungen zwischen Menschen, die sich in der realen Welt niemals getroffen hätten. Kleinstädte können sich größer anfühlen, weil persönliche Netzwerke erweitert werden, und Großstädte können sich kleiner anfühlen, weil Menschen mit gemeinsamen Interessen in Kontakt kommen.

Aber die Gefahren des Online-Datings haben ebenso viele Tweets, Denkanstöße und Forschungsstudien hervorgebracht, wie das Medium Paare. Es genügt zu sagen, dass diese Plattformen die gleichen Fehler aufweisen wie alle anderen, die unsere Instinkte messen. Algorithmen sind gleichgültig gegenüber sozialen Interessen oder sogar wahrem Glück.

Wege, wie sich
Beziehungspartner treffen[53]

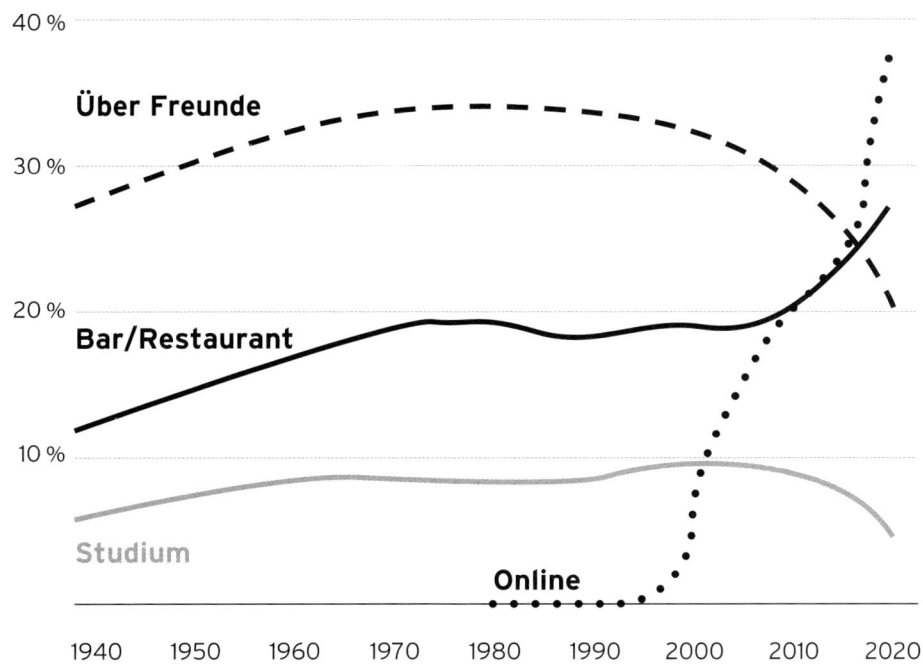

40 %

Über Freunde

30 %

20 %

Bar/Restaurant

10 %

Studium

Online

1940   1950   1960   1970   1980   1990   2000   2010   2020

Quelle: Stanford University.

Anmerkung: Die Daten basieren auf heterosexuellen Paaren.

KAPITEL 6

House of Cards

*Innere Spaltungen haben die USA seit ihrer Gründung geprägt.
Der Fortschritt besteht nicht darin, diese Klüfte für private Zwecke
auszunutzen, sondern darin, sie durch gemeinsamen Wohlstand
verschwinden zu lassen.*

Im Jahr 2018 meldeten die Bewohner eines zwölfstöckigen Wohnturms an einem schönen Küstenabschnitt in Florida Anzeichen von Schäden an den tragenden Betonstrukturen des Turmes. Ingenieure versuchten 2020, die oberflächlichen Schäden zu reparieren, aber das Projekt wurde aufgegeben, weil man befürchtete, dass die Maßnahmen die gesamte Struktur destabilisieren würde. Im April 2021 gab es weitere Berichte über Verfallserscheinungen, offenbar war es inzwischen „viel schlimmer". Abhilfemaßnahmen wurden diskutiert und geplant, aber nie begonnen. Zwei Monate später stürzte die Wohnanlage in Surfside, Florida, ein, wobei 98 Menschen ums Leben kamen.

Nach der Tragödie in Surfside wurden frühere Bilder und Berichte über Wasserlachen, rissigen Beton und rostenden Betonstahl veröffentlicht. Die Probleme waren klar erkennbar gewesen. Das ist ein vertrautes Muster. Warnzeichen sind im Rückspiegel immer deutlich zu erkennen. Was sind Amerikas Warnzeichen? Was sind die Schwachstellen unseres Fundaments?

Ich beginne mit einer, die mir am Herzen liegt. Männer.

Ausgehend von einer Reihe von kritischen Faktoren – Bildung, Wirtschaft und Sozialisation – sehe ich eine Krise für unsere jungen Männer entstehen. Während einige wenige privilegierte (überwiegend ältere, weiße und wohlhabende) Männer in Wirtschaft, Politik und Gesellschaft überproportional viel Kontrolle ausüben, scheitern viele Männer.

Es beginnt früh. Die Eltern haben höhere Bildungserwartungen[1] für Mädchen als für Jungen. Jungen werden doppelt so häufig[2] wegen der gleichen Vergehen von der Schule suspendiert wie Mädchen, was mit schlechteren Bildungsergebnissen einhergeht. In den gesamten USA studieren ein Drittel weniger Männer[3] als Frauen, was zu eingeschränkten beruflichen Möglichkeiten und geringeren Verdienstmöglichkeiten führt: Männer ohne College-Ausbildung[4] verdienen im Laufe ihres Lebens 900.000 Dollar weniger als Hochschulabsolventen.

Die Fähigkeit junger Männer, eine ernste Beziehung aufzubauen und sich zu binden, nimmt ab. Junge Menschen in Amerika[5] leben so häufig bei ihren Eltern wie seit den 1940er-Jahren nicht mehr. Die Gruppe, die den stärksten Rückgang der Heiratsraten zu verzeichnen hat,[6] sind arme Männer.

Die Forschung zeigt, dass sinkende Heiratsraten[7] zu einer geringeren Wirtschaftsleistung, weniger Glück und einer niedrigeren Geburtenrate führen. Eine große und wachsende Gruppe gelangweilter, einsamer, schlecht ausgebildeter Männer ist in jeder Gesellschaft eine bösartige Kraft, aber in einer Gesellschaft, die süchtig nach sozialen Medien ist und in der es von Grobheit und Waffen nur so wimmelt, ist sie wirklich erschreckend.

Wir Amerikaner stehen uns gegenseitig feindselig gegenüber und sehen in der Politik eher Feinde als Gegner. Der Name „Vereinigte Staaten von Amerika" ist heute ein Paradoxon. Eine Umfrage der University of Virginia[8] ergab, dass zwei von fünf Biden-Wählern der Meinung sind, es sei an der Zeit, das Land nach Parteigrenzen zu spalten. Mehr als die Hälfte der Trump-Wähler befürwortet eine Trennung. Sezession ist die neue *Sukzession*, und Texit der neue Brexit.

Dies führt zu einem Teufelskreis: Als Feinde können wir nicht in gutem Glauben verhandeln, und unsere Regierung kann nichts erreichen. Das untergräbt unser Vertrauen in die Regierung und schürt unseren Hass auf unsere Gegner.

Die Heiratsraten sind auf einem Rekordtief

Die Heiratsraten in den USA, die seit Jahrzehnten rückläufig sind, erreichten 2020 mit 5,1 pro 1.000 Personen einen historischen Tiefstand.[9] Das ist weniger als der Wert von 7,9 im Jahr 1932, während der Großen Depression.

Die Heiratsrate ist in den unteren Einkommensschichten schneller gesunken. Von 1970 bis 2011 war die Wahrscheinlichkeit, dass Männer, deren Einkommen im unteren Drittel lag,[10] heirateten, um mehr als 30 Prozent geringer, während die Heiratsrate für Männer im 85. Perzentil und darüber um weniger als 15 Prozent sank. Bei Frauen mit niedrigeren Einkommensraten[11] ist ein deutlicher, aber etwas geringerer Rückgang zu verzeichnen als bei Männern, während die Heiratsrate bei Frauen mit höherem Einkommen kaum gesunken ist – bei Frauen, die einkommenstechnisch zum obersten Prozent gehören, ist sie in diesem Zeitraum sogar gestiegen. Sie waren die einzige Einkommenskohorte, in der die Zahl der Eheschließungen zunahm.

Die Ehe ist eine mächtige Institution. Sie gibt uns einen Partner – wirtschaftlich, emotional und logistisch. Zwei Personen bilden einen effizienteren Haushalt und schaffen eine solidere Grundlage, die nachweislich zu besseren Umständen für die Kinder führt.[12] Ein Haushalt mit unverheirateten Eltern verdient nur zwei Drittel des Einkommens eines verheirateten Paares. Verheiratete sind besser krankenversichert (ebenso wie ihre Kinder) und haben besseren Zugang zu sozialen Netzen (über ihren Ehepartner). Es überrascht daher nicht, dass sie länger leben, weniger Schlaganfälle und Herzinfarkte erleiden und seltener an Depressionen erkranken.

Heiratsraten[13]

Pro 1.000 Personen

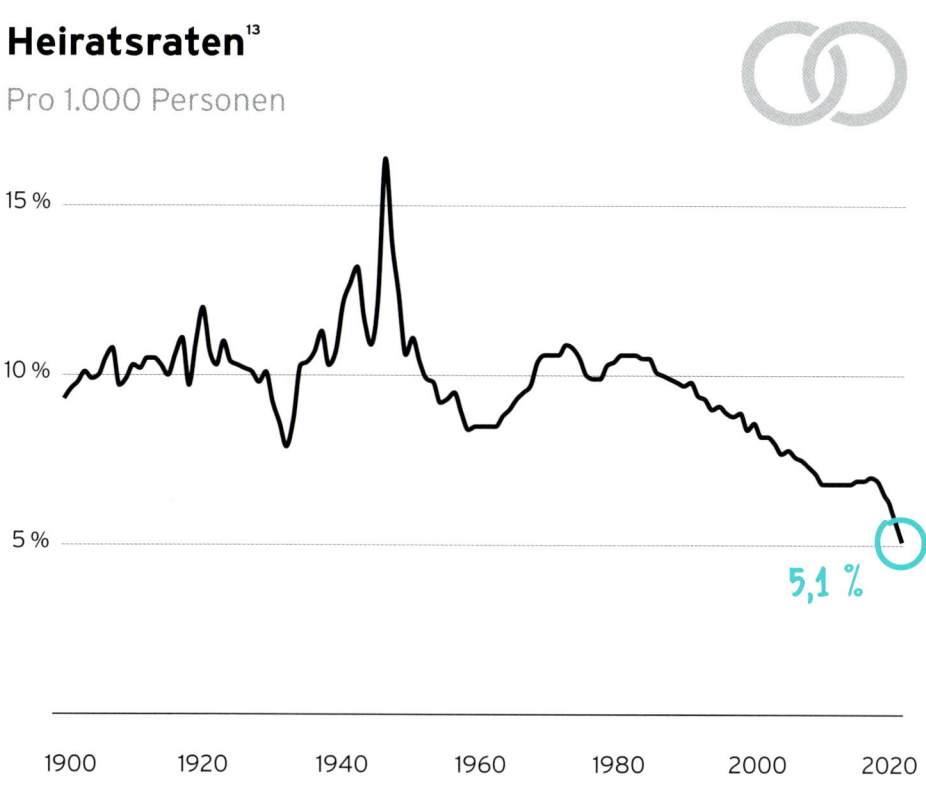

5,1 %

1900   1920   1940   1960   1980   2000   2020

Quelle: CDC.

Frauen schätzen das Verdienstpotenzial des männlichen Partners

In einer Umfrage aus dem Jahr 2017 gaben mehr als zwei Drittel der Amerikaner, sowohl Männer als auch Frauen, an, dass es „sehr wichtig" sei, dass ein Mann seine Familie finanzieren kann, um als guter Partner zu gelten. Dagegen sagen nur 25 Prozent der Männer, dass finanzielle Sicherheit für eine *Frau* sehr wichtig ist, um eine gute Ehefrau oder Partnerin zu sein (39 Prozent der Frauen sind dieser Meinung). Die Quintessenz: Wir legen dramatisch unterschiedlich viel Wert auf die Erwerbskraft von Männern und Frauen.

55

Bedeutung des finanziellen Status von Beziehungspartnern[14]

◯ **Männer, die zustimmen**
◯ Frauen, die zustimmen

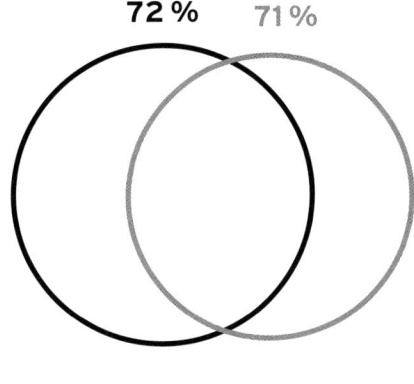

72 % 71 %

25 % 39 %

Eine Familie finanzieren zu können, ist sehr wichtig für einen **Mann**, damit er ein guter Ehemann/Partner sein kann.

Eine Familie finanzieren zu können, ist sehr wichtig für eine **Frau**, damit sie eine gute Ehefrau/Partnerin sein kann.

Quelle: Pew Research Center.

Anteil der Männer an den College-Einschreibungen auf Rekordtief

Im Jahr 2021 betrug der Anteil der Männer an den College-Einschreibungen in den USA 40 Prozent, gegenüber fast 60 Prozent im Jahr 1970.[15] Im akademischen Jahr 2018/19 haben mehr als 1,1 Millionen Frauen[16] in Amerika einen Bachelor-Abschluss erworben, verglichen mit weniger als 860.000 Männern. Weniger Männer, die studieren, bedeuten weniger Männer auf dem Weg zu wirtschaftlichem Wohlstand. Mehr Männer, die auf der Wohlstandsleiter absteigen, bedeuten mehr Männer, die sich auf den Weg machen, das zu werden, was ich für die gefährlichste Bevölkerungsgruppe in Amerika halte: mittellose und einsam lebende Männer.

56

Anteil der Männer an den College-Einschreibungen in den USA

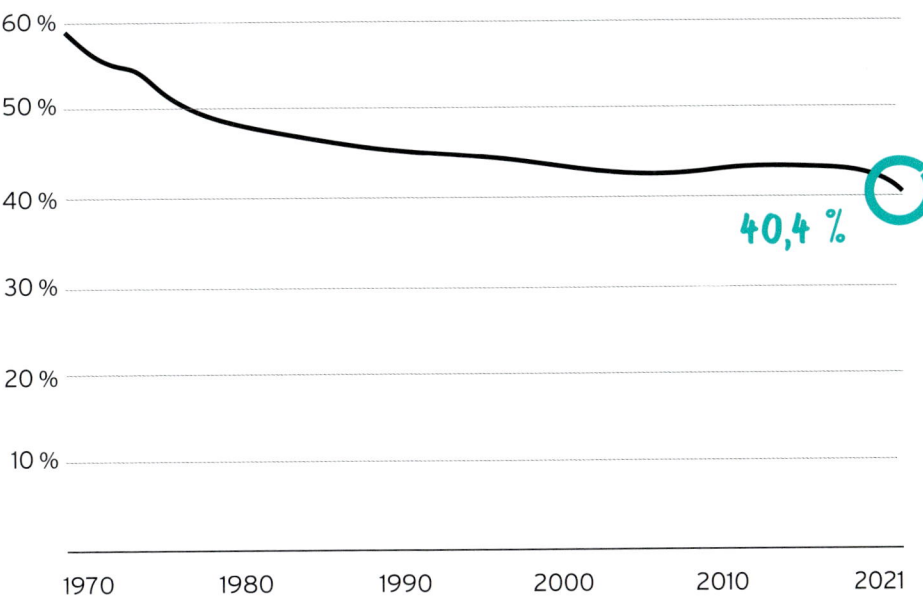

40,4 %

Quelle: National Student Clearinghouse.

Online-Dating-Apps sind ungleicher als fast überall sonst auf der Welt

Dating-Apps sortieren potenzielle Partner in eine winzige Gruppe von Wohlhabenden und eine riesige Gruppe von Habenichtsen. Die attraktivsten Personen auf der Plattform erhalten die meisten „Matches",[17] während die große Mehrheit nur sehr wenige erhält. Um die wirtschaftliche Ungleichheit in Gesellschaften zu messen, verwenden Wirtschaftswissenschaftler den Gini-Koeffizienten. Höhere Koeffizienten bedeuten ein höheres Maß an Ungleichheit, niedrigere Koeffizienten ein niedrigeres Maß an Ungleichheit. Was die erhaltenen Likes betrifft, so weisen amerikanische heterosexuelle Frauen und Männer auf der Dating-App Hinge einen Gini-Index von 0,38 bzw. 0,54 auf. Wäre Hinge eine Volkswirtschaft, so würde es zu den Orten mit der geringsten Gleichberechtigung auf der Welt gehören.

57

Wirtschaftliche Ungleichheit der Länder vs. Ungleichheit auf der Dating-App Hinge[18]

2017

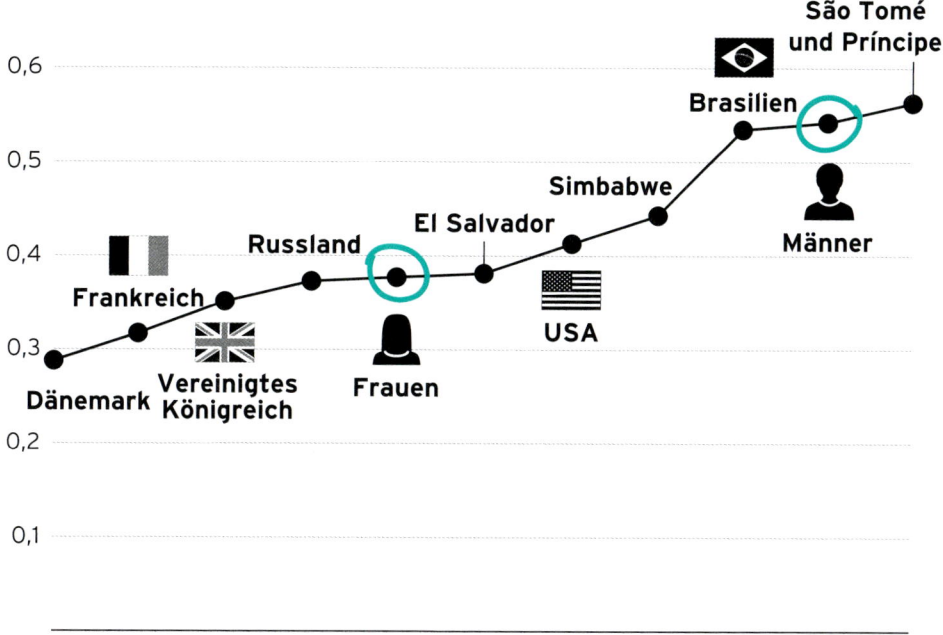

Quelle: Quarz.

Politische Gräben werden zu sozialen Gräben

Die politischen Überzeugungen der Eltern sind möglicherweise nicht förderlich für die Heiratsquote. (Vor allem, wenn ihre Kinder unter demselben Dach leben.) Im Jahr 1960 hatte 1 von 25 Eltern Bedenken,[19] dass ihr Kind einen Anhänger der anderen politischen Partei heiraten könnte. Im Jahr 2018 hatten fast die Hälfte der Demokraten-Anhänger der Eltern und ein Drittel der Eltern, die den Republikanern anhängen, solche Bedenken.

58

Bedenken gegenüber einer Heirat des Kindes mit einem Anhänger der anderen Partei[20]

 **1960** ● 2018

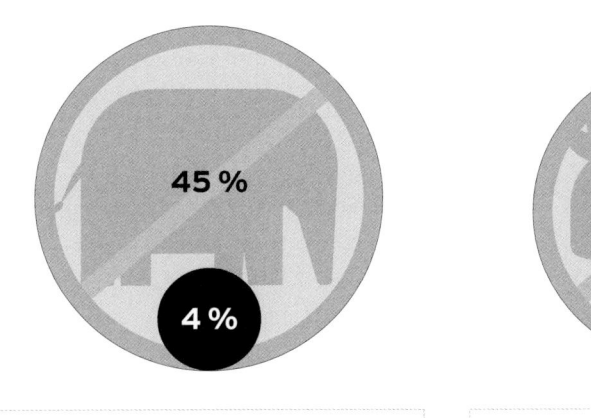

| Demokraten | Republikaner |

Quelle: Inter-University Consortium for Political and Social Research & Public Religion Research Institute.

Nesthocker

Da die Zahl der Hochschulabsolventen sinkt, es weniger Wege zu wirtschaftlicher Sicherheit gibt und weniger intime Beziehungen eingegangen werden, haben junge Erwachsene in den USA weniger Anreize und Mittel, ihr Elternhaus zu verlassen. Der Anteil junger Erwachsener, die noch bei ihren Eltern leben, erreichte 2020 den höchsten Stand aller Zeiten. Davor war der höchste gemessene Wert bei der Volkszählung 1940, zum Ende der Großen Depression, als 48 Prozent der jungen Erwachsenen bei ihren Eltern lebten. Im Februar 2020 lag die Zahl bei 47 Prozent, bevor Corona den Trend noch beschleunigte und auf 52 Prozent ansteigen ließ.

59

US-Anteil der 18- bis 29-Jährigen, die bei den Eltern leben[21]

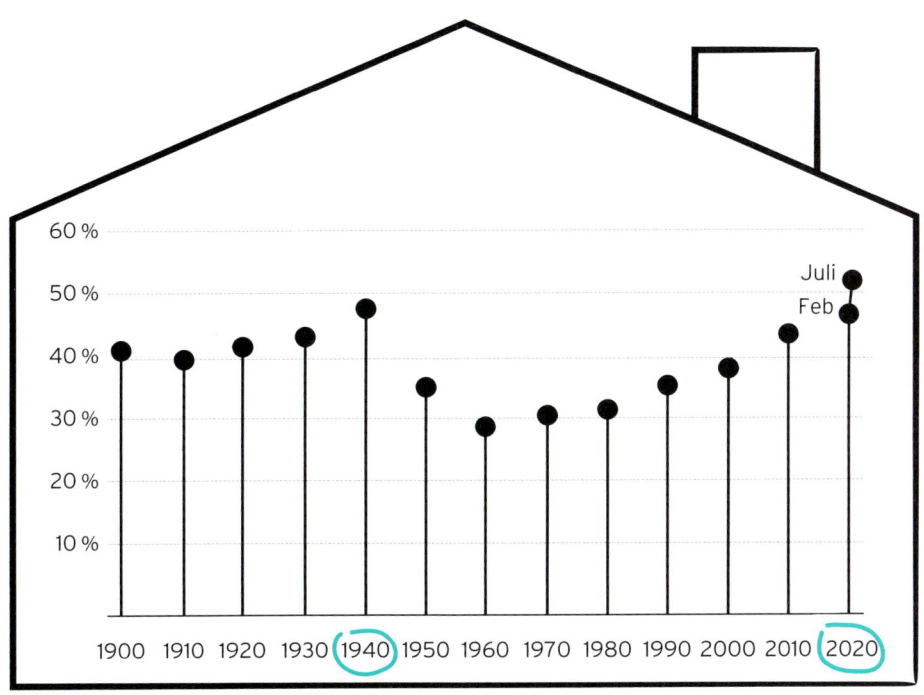

Quelle: Pew Research Center.

Das Bevölkerungswachstum verlangsamt sich auf das Niveau der Großen Depression

Bevölkerungswachstum wird allgemein als Voraussetzung für Wirtschaftswachstum angesehen: Mehr Menschen bedeuten mehr Arbeit, was wiederum bessere wirtschaftliche Ergebnisse bedeutet. Wenn die Arbeitskräfte altern und aus dem Erwerbsleben ausscheiden, müssen sie durch jüngere Menschen oder Einwanderer ersetzt werden, um sowohl die Rentner zu versorgen als auch die Wirtschaft zu erhalten. Aber das Bevölkerungswachstum in den USA verlangsamt sich. Zwischen 2010 und 2020 wuchs die Bevölkerung nur um 7,4 Prozent,[22] damit war dieses Jahrzehnt das mit der langsamsten Wachstumsrate in der Geschichte der USA.

Anders als der vorübergehende Wachstumsrückgang während der Depression ist diese Verlangsamung das Ergebnis grundlegender Veränderungen: Die Amerikaner bekommen immer weniger Kinder, und wir haben die Tore für die Einwanderung immer hermetischer verriegelt. Das Bevölkerungswachstum hängt auch mit der Lebenserwartung zusammen, und nachdem wir einst eine stetige Verlängerung derselben erlebten, fordern die sogenannten Krankheiten der Verzweiflung – Drogenüberdosis, Fettleibigkeit und Selbstmord, die alle während der Corona-Pandemie zunahmen – jedes Jahr einen immer höheren Tribut.

60

Bevölkerungswachstum in den USA
nach Jahrzehnten[23]

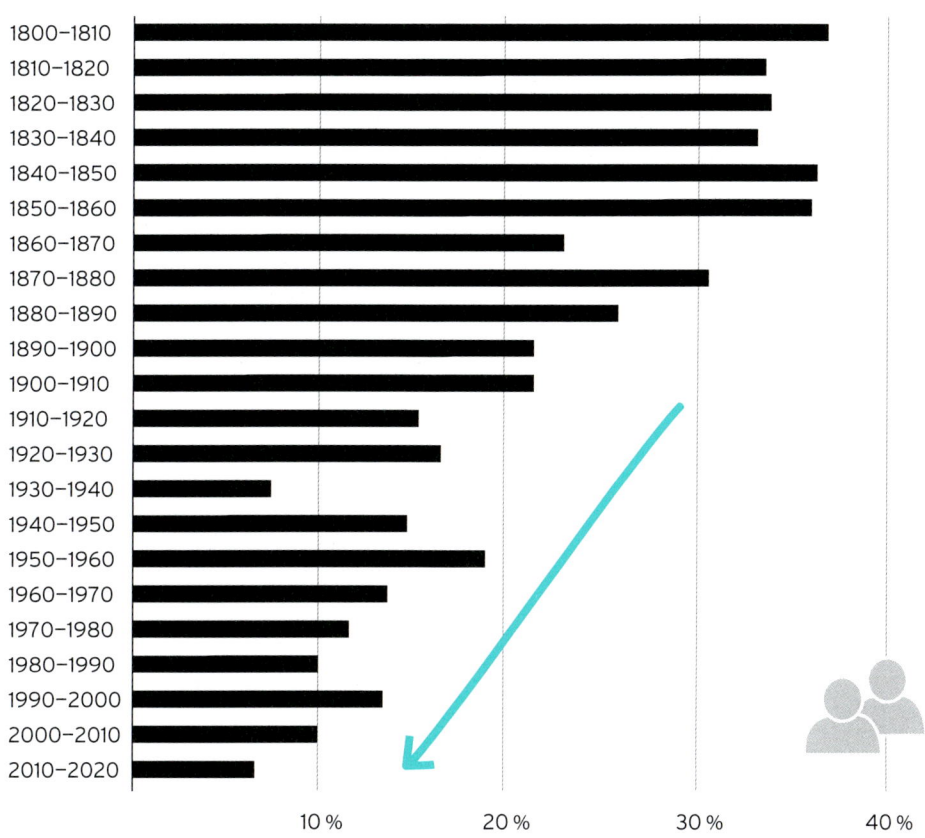

Quelle: The Brookings Institution.

Gleich geschaffen

Es ist ein wesentlicher Bestandteil des amerikanischen Heilsversprechens, dass wir alle gleich geschaffen sind. Dieses Versprechen wird jedoch von Geburt an gebrochen. Rasse, geografische Faktoren, wirtschaftlicher Status und vieles mehr haben tiefgreifende Auswirkungen auf die Chancen eines Kindes auf Wohlstand, ja sogar auf Leben. Als Junge oder als Mädchen geboren zu werden, ist vielleicht die folgenreichste von allen.

Mädchen werden von Männern und von den Medien bedroht, die ihre Ängste und Unsicherheiten ausnutzen, und dann treten sie als Frauen in eine Arbeitswelt ein, in der die Karten gezinkt sind. Auch Jungen sind bedroht, und diese Bedrohungen sind in den letzten Jahren noch schlimmer geworden. Jungen und junge Männer sterben im Zusammenhang mit Verzweiflung und sie sind schlecht vorbereitet auf diese Herausforderungen durch eine Kultur, die Angeberei mit Männlichkeit und Aggression mit Stärke gleichsetzt.

61

Aussichten bei der Geburt nach Geschlecht[24]

Mädchen

3x so oft Opfer von Missbrauch/Gewalt

3x so hohe Wahrscheinlichkeit von Selbstverletzung

Wird nur **84-93 Cent** für jeden Dollar verdienen, den ein Mann verdient.

Wird als Mutter **doppelt** so oft bei Beförderungen nicht berücksichtigt.

Junge

College-Abschluss weniger wahrscheinlich

2x höhere Wahrscheinlichkeit, an einer Überdosis zu sterben

3,5x höhere Wahrscheinlichkeit für Selbstmord

9x höhere Wahrscheinlichkeit für Gefängnisstrafen

Quellen: Mädchen: CDC, *Forbes*, Psychiatry Research, Pew Research Center; Jungen: The Brookings Institution, Pew Research Center, AFSP, Federal Bureau of Prisons.

Massenmord ist ein eindeutig männliches Verbrechen

Gelangweilte junge Männer, die keinen Weg zu wirtschaftlicher Sicherheit oder einer ernsthaften Beziehung finden, sind nicht nur für sich selbst gefährlich, sondern auch für die Gesellschaft. Aus einem Bericht des US-Geheimdienstes geht hervor, dass nur einer von drei gewalttätigen Massenangreifern im Jahr 2019 Symptome einer psychischen Erkrankung aufwies, während 92 Prozent von ihnen männlich waren und mehr als zwei Drittel unter 35 Jahre alt waren.

Als Spezies brauchen wir körperliche und soziale Kontakte und sehnen uns nach tiefen, bedeutungsvollen Bindungen. Männer, denen es nicht gelingt,[25] eine Beziehung zu einer Partnerin, eine Karriere oder eine Bindung zu einer Gemeinschaft aufzubauen, werden verbittert und suchen Unbeständigkeit und Unruhe. Der Verlust wirtschaftlicher Perspektiven für junge Menschen ist für Frauen nicht weniger gravierend, scheint aber weniger gefährlich für die Allgemeinheit zu sein. Wenn junge Frauen Scham und Wut empfinden, greifen sie nicht zu halb automatischen Waffen.

62

Demografische Daten von Massenschützen in den USA[26]

2017–2019

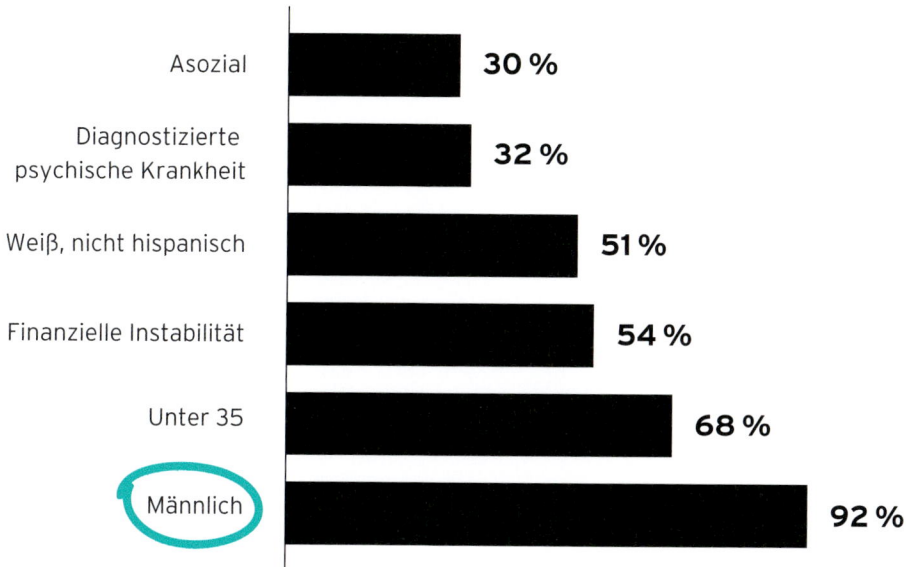

Asozial	30 %
Diagnostizierte psychische Krankheit	32 %
Weiß, nicht hispanisch	51 %
Finanzielle Instabilität	54 %
Unter 35	68 %
Männlich	92 %

Quelle: U.S. Secret Service.

Langfristige Erosion des Vertrauens in die Bundesregierung

In einer Demokratie, die durch konkurrierende Narrative und unbegründete Online-Theorien über Politiker und politische Agenden an ihre Grenzen gebracht wurde, ist es kein Wunder, dass die Amerikaner das Vertrauen in die Menschen, die das Land führen, verloren zu haben scheinen. Die National Election Study begann 1958 mit der Erhebung des Vertrauens der Öffentlichkeit in die Regierung. Damals vertrauten etwa 75 Prozent der Amerikaner darauf, dass die Bundesregierung fast immer oder meistens das Richtige tut. Dieser Prozentsatz hat seit 2007 die 30-Prozent-Marke nicht mehr überschritten.

Im Jahr 2021 sind 42 Prozent der Amerikaner der Meinung,[27] dass unser politisches System komplett überarbeitet werden muss, und weitere 43 Prozent sind der Meinung, dass es größere Veränderungen benötigt. Im Gegensatz dazu sind in den meisten westeuropäischen Ländern nur 12 Prozent bis 15 Prozent der Menschen der Meinung, dass ihr politisches System von Grund auf erneuert werden sollte.

63

Aggregierte Meinungsumfragen zum Vertrauen in die US-Regierung[28]

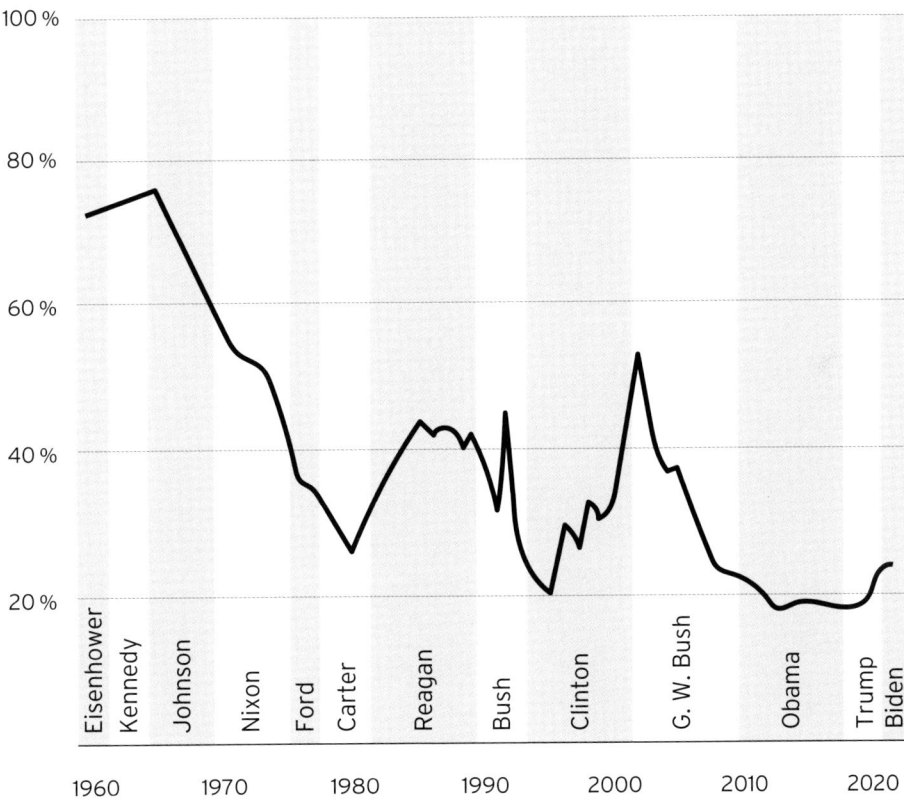

Quelle: Pew Research Center.

Altes Geld, alte Probleme

Eine der hartnäckigsten Ungleichheiten in den USA ist nach wie vor das Wohlstandsgefälle zwischen weißen und nicht weißen Haushalten. Für jeden Dollar Vermögen, den ein typischer weißer Haushalt besitzt,[29] hat ein schwarzer Haushalt 12 Cent, eine Kluft, die in den letzten 50 Jahren *gewachsen* ist. In hispanischen Haushalten kommen 21 Cent auf jeden Dollar Vermögen, den weiße Haushalte besitzen.[30]

64

Mittleres Haushaltsvermögen nach Rasse[31]

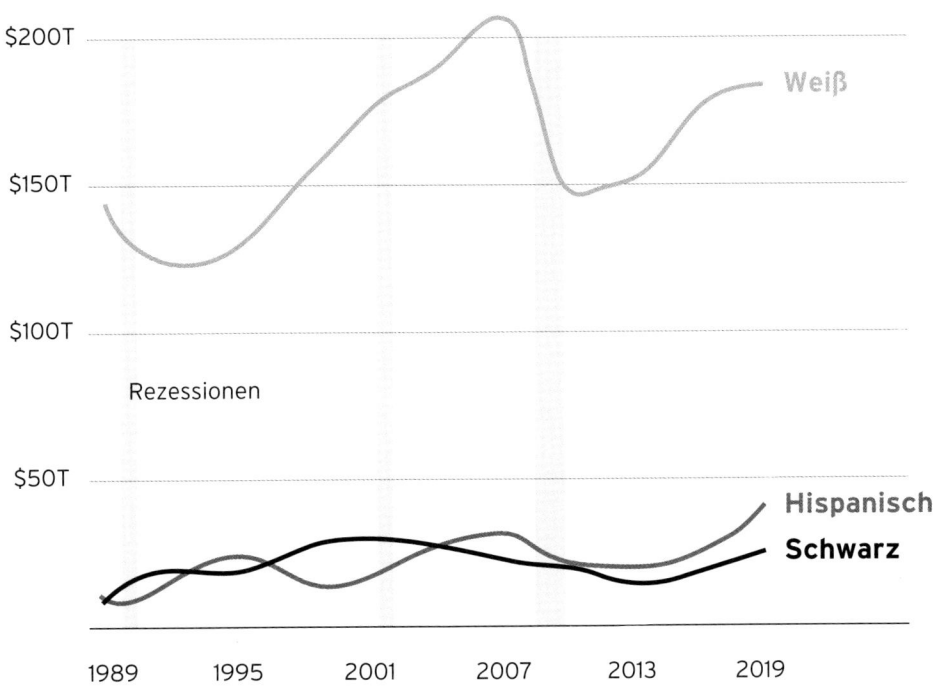

Quelle: Federal Reserve Bank of St. Louis, *New York Times.*

Diejenigen, die die Zukunft finanzieren, stehen für die Vergangenheit

Start-ups und Technologie haben die traditionellen Formen der Vermögensbildung durchbrochen. Aber die Risikokapitalgeber, die darüber entscheiden, welche Gründer Investitionen erhalten, und die Früchte erfolgreicher Start-ups ernten, sind überwiegend weiße Männer mit ähnlichem Hintergrund. In einer Umfrage aus dem Jahr 2018 waren acht von zehn Risikokapitalgebern männlich, sieben von zehn waren weiß, und vier von zehn hatten einen Abschluss aus Stanford oder Harvard.

Vielfalt bei Risikokapitalgebern[32]

2018

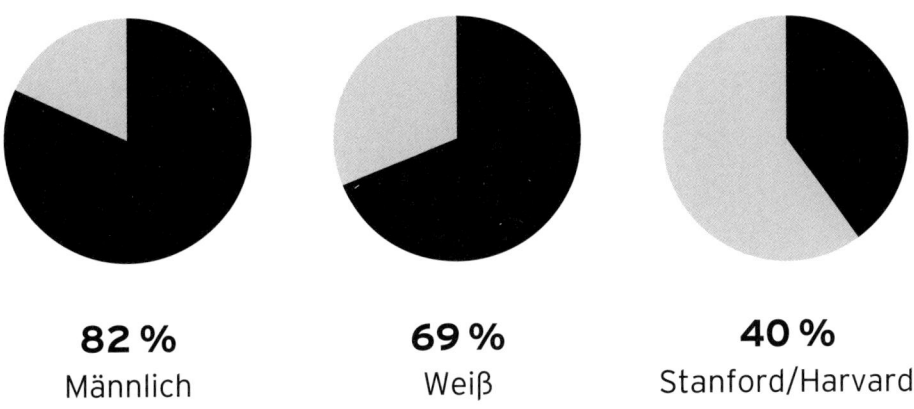

82 %
Männlich

69 %
Weiß

40 %
Stanford/Harvard

Quellen: Richard Kerby, Equal Ventures.

KAPITEL 7

Bedrohungen

*Während Amerika Nabelschau betreibt, könnte eine sich
verändernde Welt woanders nach Führung suchen.*

Die USA haben jahrzehntelang die Vorteile wirtschaftlicher und militärischer Hegemonie genossen, aber diese Vormachtstellung ist im Niedergang begriffen. Seit dem Zusammenbruch der Sowjetunion sind die Vereinigten Staaten die einzige Supermacht. Aber so einflussreich wir auch gewesen sein mögen, die amerikanischen Interessen sind nicht mehr das Ordnungsprinzip der internationalen Beziehungen. Die letzten drei Jahrzehnte waren eine Zeit zäher regionaler Konflikte, weitgehend unglücklicher Bemühungen der USA, im In- und Ausland staatliche Macht auszuüben, und unkontrollierter Unternehmens- und Privatinteressen.

Die Pandemie hat die Schwachstellen in Amerikas Rüstung mit schmerzlicher Deutlichkeit offenbart. Trotz all unserer umfangreichen Ressourcen waren wir nicht in der Lage, mit einem Virus fertig zu werden, das nur ein Zehntel so groß ist wie das kleinste Staubkorn.[1] Im Gegensatz dazu gab es weltweit in anderen Ländern weitaus weniger Todesfälle und eine wesentlich geringere Verbreitung polarisierender Fehlinformationen. Während ich diese Zeilen im Januar 2022 schreibe, nimmt die Pandemie mit neuen Varianten wieder an Fahrt auf und unsere Machtkämpfe werden immer schlimmer. Corona ist nur eine von vielen möglichen Gesundheitskrisen, mit denen wir konfrontiert sind und die ihrerseits nur eine Form der zahlreichen Bedrohungen darstellen, denen das Gemeinwesen ausgesetzt ist.

Gäbe es Olympische Spiele für den Bau von Krankenhäusern während der Pandemie, hätte China Gold, Silber und Bronze gewonnen, während wir uns gestritten hätten, wer bei der Eröffnungszeremonie auftreten darf. Unser Krisenmanagement unter einem Anfänger, der sich als Präsident ausgab, hat einen Fleck auf unserem Ruf als unangefochtene Supermacht hinterlassen, der trotz der besten Reinigungsbemühungen von Präsident Biden weiter besteht. Nach 30 Jahren Hegemonie befinden wir uns wieder in einer bipolaren Welt, und das Duopol der Supermächte wird wieder das Ordnungsprinzip sein. Dieses Mal ist die Gegenmacht zu den USA China.

In der globalen Unternehmenslandschaft hat das steigende rote Meer Amerika nicht ertränkt ... noch nicht. Die chinesische Produktion ist dominant,[2] und das Wachstum seines Handelsnetzes übertrifft[3] das der USA, aber wir haben immer noch die strategische Vormachtstellung in den Bereichen Finanzen, Innovation und militärische/diplomatische Macht. Doch die Trends sind unverkennbar: Wo früher chinesische Arbeitskräfte wegen ihrer niedrigen

Kosten bevorzugt wurden, sind es jetzt chinesische Fähigkeiten und Fachkenntnisse,[4] die den Zuschlag erhalten. Chinesische Unternehmen leben immer noch unter Amerikas Penthouse-Suite, aber sie klettern die Etagen ebenso beständig hinauf wie die Wertschöpfungskette.

Die größte Bedrohung haben wir selbst geschaffen, denn es sieht immer mehr danach aus, als sei die Wohlstandsflut, die alle unsere Boote trug, in Wirklichkeit der steigende Pegel eines sich erwärmenden Meeres gewesen. Jeder Wissenschaftler, der mit seinem auf fossilen Brennstoffen beruhenden Gehaltsscheck keinen Tesla kauft, wird Ihnen sagen, dass die einzige offene Frage zu den Kosten des Klimawandels die ist, wie hoch sie ausfallen werden und wie schnell sie kommen. Krisen sind jedoch von Natur aus Chancen, und je größer die Krise, desto größer der Markt. Vergessen Sie das Metaverse, die Dekarbonisierung wird die größte wirtschaftliche Chance für die kommende Generation sein. Der „gesamte adressierbare Markt" (der Schlüssel zur Wirtschaftlichkeit von Start-ups) ist … die Menschheit. Lassen Sie mich eine Frage stellen: Wird eine Nation von Innovatoren und Konstrukteuren dies als Chance des Jahrhunderts begreifen, oder werden wir langsam in den Wellen versinken?

Die Vereinigten Staaten verteidigen den Titel

Die unzähligen Schwächen Amerikas sowie die Herausforderungen, vor denen es steht, dürfen nicht dazu führen, dass seine anhaltende Dominanz als führende Weltmacht infrage gestellt wird. Amerikanische Unternehmen stellen die Mehrheit der 100 größten Unternehmen der Welt, was wiederum die unübertroffene Größe der amerikanischen Aktienmärkte unterstützt. Unsere nationalen Ausgaben für Forschung und Entwicklung belaufen sich auf 30 Prozent der weltweiten Gesamtausgaben.[5] 50 Prozent der Einhörner der Welt sind amerikanische Start-ups.[6] Die USA haben mehr Milliardäre als jede andere Nation.[7] Wir haben auch mehr olympische Medaillen gewonnen als jedes andere Land und verfügen über einen größeren Verteidigungshaushalt[8] als die nächsten zehn Länder auf der Rangliste zusammen. Auf amerikanische Waren und Dienstleistungen entfällt fast ein Viertel des weltweiten BIP.[9] Diese Zahlen sind beeindruckend, aber das Rad der amerikanischen Vorherrschaft wird von einigen wenigen Achsnägeln zusammengehalten. Ohne sie würden die Räder abfallen ... schnell.

66

Amerikanischer Anteil an globalen Metriken[10]

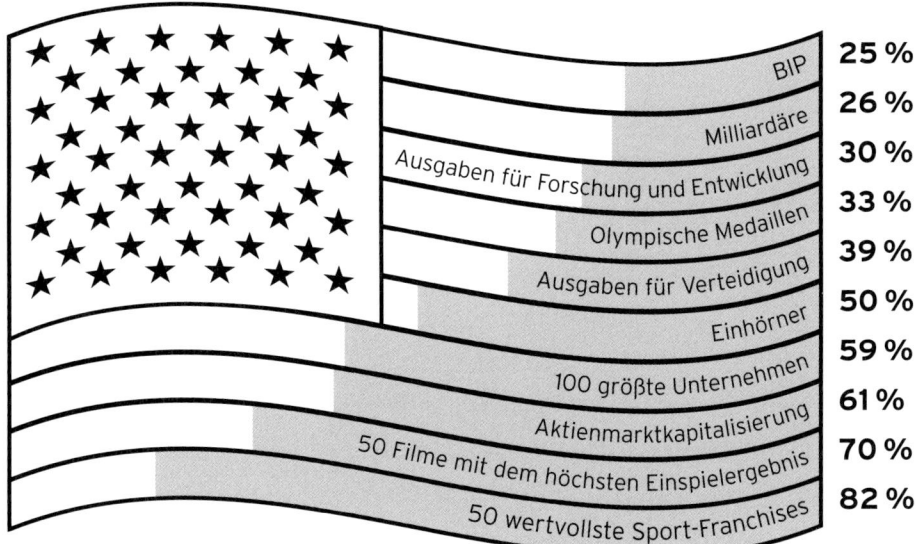

BIP	25 %
Milliardäre	26 %
Ausgaben für Forschung und Entwicklung	30 %
Olympische Medaillen	33 %
Ausgaben für Verteidigung	39 %
Einhörner	50 %
100 größte Unternehmen	59 %
Aktienmarktkapitalisierung	61 %
50 Filme mit dem höchsten Einspielergebnis	70 %
50 wertvollste Sport-Franchises	82 %

Quellen: World Bank, *Forbes*, The American Association for the Advancement of Science, NBC Sports, CB Insights, Lyn Alden Investment Strategy, IMDB.

Die Dominanz des US-Dollars

Auf den US-Dollar entfallen fast 60 Prozent der weltweiten Währungsreserven, das heißt Geld, das die Zentralbanken in aller Welt bereithalten, um die Räder des internationalen Handels zu schmieren. Amerika hat sich das Privileg, die Weltreservewährung zu sein, vor über einem halben Jahrhundert verdient. Nach dem Zweiten Weltkrieg entfiel der größte Teil der Industrieproduktion in der nicht-sowjetischen Welt auf die USA, sodass es logisch war, dass der Dollar die wichtigste Währungseinheit für den internationalen Handel, die Rechnungsstellung und die Kreditvergabe war. Im Rahmen des Bretton-Woods-Abkommens von 1944 verpflichtete sich[11] Amerika auch, die von den Zentralbanken anderer Länder eingeführten Dollars zu einem festen Kurs in Gold umzutauschen,[12] wodurch der US-Dollar zum Goldstandard der Währungen wurde.

Im Jahr 1971 beendete Richard Nixon jedoch die Konvertierbarkeit des US-Dollars in Gold[13] und machte den Dollar zu einer Fiat-Währung (eine Währung, die nicht durch einen Rohstoff gedeckt ist).[14] Die amerikanische Zentralbank konnte nun Geldpolitik und Gelddruck so betreiben, dass sie denjenigen zugutekamen, die innerhalb unserer Grenzen leben, während sie die Folgen unserer abgewerteten Währung nach außen exportierte. Wie der damalige Finanzminister John Connally bekanntlich zu einer Gruppe von Finanzministern[15] sagte: „Der Dollar ist unsere Währung, aber euer Problem."

Die Dominanz des Dollars hält bis heute an, auch wenn die USA im Jahr 2020 „nur" 25 Prozent des weltweiten BIP erwirtschafteten.[16] Das Delta zwischen diesem Wert und den weltweiten USD-Reserven (59 Prozent) kann als Amerikas „Hegemon-Prämie" (34 Prozent) betrachtet werden. Diese Prämie ist jedoch unter Beschuss.

67

USD-Anteil an den globalen Währungsreserven vs. US-Anteil am globalen BIP[17]

2020

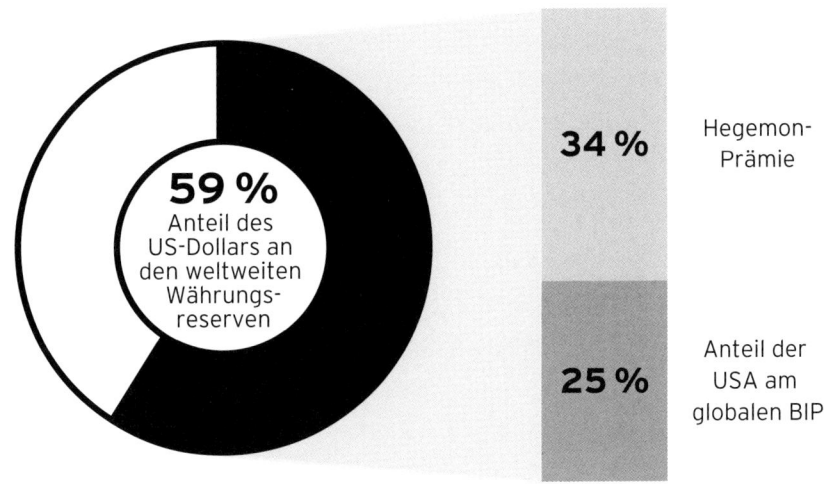

59 %
Anteil des
US-Dollars an
den weltweiten
Währungs-
reserven

34 % Hegemon-
Prämie

25 % Anteil der
USA am
globalen BIP

Quellen: IMF, World Bank.

Anmerkung: USD-Anteil an den weltweiten Währungsreserven im 2. Quartal 2021.

China hat die USA als beliebtesten Handelspartner abgelöst

Ein wichtiger Faktor für den politischen Einfluss ist die wirtschaftliche Verflechtung. Die USA waren einst der größte Handelspartner der meisten Nationen, aber seit dem Jahr 2000 hat China Amerika in dieser Hinsicht abgelöst. Heute bezeichnen dreimal so viele Länder China als ihren größten Handelspartner wie die USA. Dieser Trend wird sich durch Chinas Belt and Road Initiative, einen ehrgeizigen Plan zur Ausweitung der chinesischen Wirtschaftsbeziehungen in ganz Asien, Afrika und Europa, noch verstärken. Die Initiative umfasst 71 Länder,[18] auf die mehr als die Hälfte der Weltbevölkerung und ein Drittel des globalen BIP entfallen. Wenn sich das für Sie so anhört, als würde China dem wirtschaftlichen Einfluss der USA ein Ende bereiten: Trauen Sie Ihrem Instinkt.

68

Anteil der Länder mit größtem Handelspartner: China vs. USA[19]

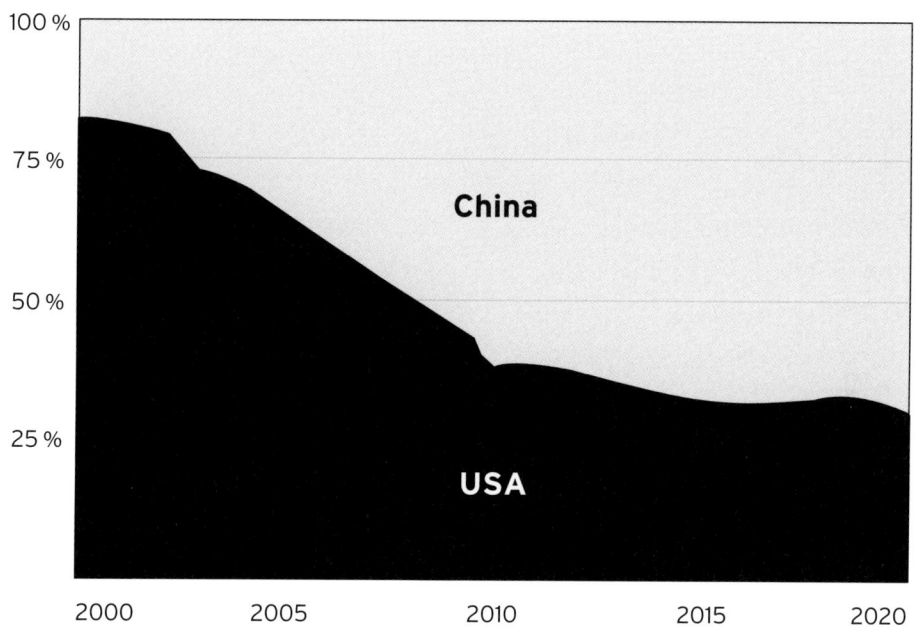

Quellen: *Economist*, IMF.

Die USA bekommen weniger für ihren Militärdollar

In absoluten Zahlen macht der US-Verteidigungshaushalt über ein Drittel[20] der gesamten Verteidigungsausgaben der Welt aus, mehr als die Ausgaben von China, Indien und Russland zusammen. Aber die Vergleichbarkeit der Ausgaben ist nicht wirklich gegeben. Wenn Wirtschaftswissenschaftler das BIP oder den Lebensstandard von Ländern vergleichen, berücksichtigen sie üblicherweise die lokalen Preisunterschiede. Diese Schwankungen gelten auch für die Militärausgaben. So sind beispielsweise die Arbeitskosten für Soldaten in China und Indien viel billiger. Die Nichtberücksichtigung dieser Unterschiede kann zu einem falschen Vertrauen in die amerikanische Macht führen.

Peter Robertson, der Wirtschaftsprofessor und Dekan der University of Western Australia Business School, befasste sich mit[21] den Unterschieden in den Verteidigungshaushalten, indem er eine militärische Kaufkraftparität (Military Purchasing Power Parity, MPPP) auf der Grundlage der relativen Kostenverhältnisse der einzelnen Länder konstruierte.

Die Zahlen des MPPP lassen Amerika weit weniger dominant erscheinen.[22] Auf nominaler Basis belaufen sich Chinas Ausgaben auf etwa 252 Milliarden Dollar, nur ein Drittel der amerikanischen. Auf der Basis des MPPP sind es jedoch zwei Drittel des US-Haushalts.[23] Und dies berücksichtigt nicht die asymmetrische Natur der modernen Kriegsführung, in der Cyber-Fähigkeiten und Spezialoperationen aller Art eine überragende Wirkung haben können. Insgesamt kann man mit Militärdollar dort mehr kaufen, wo Soldaten und Ausrüstung billiger sind.

69

Militärausgaben[24]

■ **USA**   ⊡ **China**   ■ Indien   ■ Russland

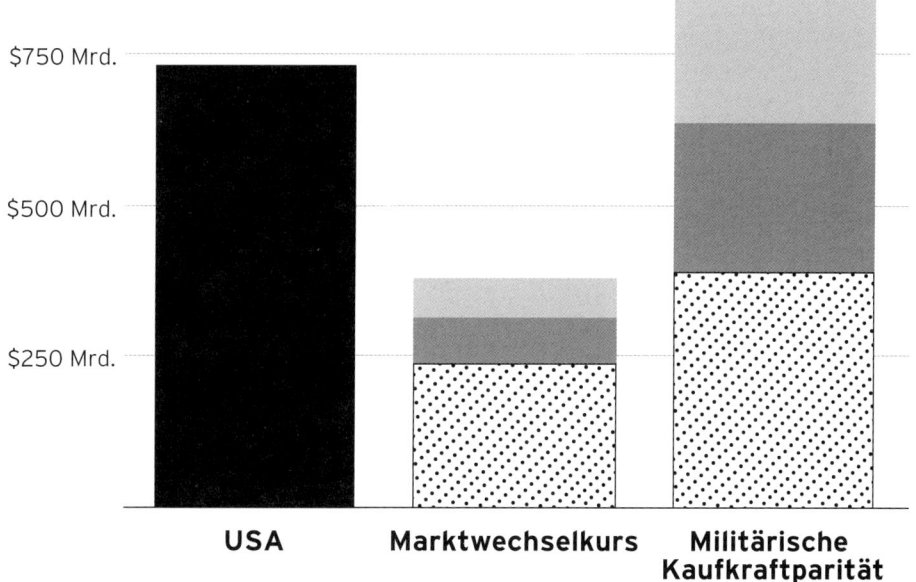

Quelle: Professor Peter Robertson, University of Western Australia.

Militärausgaben sind nicht immer gleichbedeutend mit Effektivität

Nach dem Zusammenbruch der UdSSR konnten die USA dank ihrer konkurrenzlosen Verteidigungsausgaben und ihres wirtschaftlichen Einflusses ihre Macht so effektiv ausüben, dass sie weitgehend kampflos siegten. Die Zeit hat dies jedoch geändert, und Amerika scheint jetzt überall zu kämpfen, ohne zu gewinnen, trotz seines enormen Budgets. Der Abzug aus Afghanistan hat mit erschreckender Deutlichkeit gezeigt, dass ein gut platzierter Bauer einen König schlagen kann. Wäre der US-Verteidigungshaushalt so hoch wie das Empire State Building, wäre[25] das gesamte BIP Afghanistans nur so hoch wie die Laternenpfähle vor dem Gebäude. Das Einkommen der Taliban hätte etwa die Größe eines Hydranten.

70

US-Verteidigungsausgaben vs. BIP
Afghanistans vs. Einkommen der Taliban[26]

2020

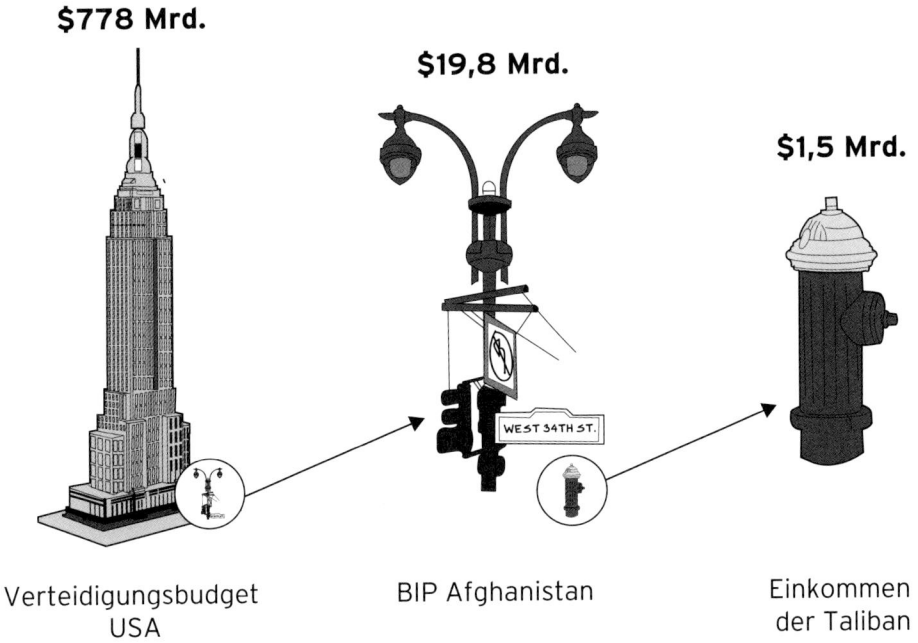

$778 Mrd.

$19,8 Mrd.

$1,5 Mrd.

Verteidigungsbudget
USA

BIP Afghanistan

Einkommen
der Taliban

Quellen: Stockholm International Peace Research Institute, Weltbank, BBC.

Chinesische Führungsrolle bei Militärdrohnen

Abgesehen von ihren Militärausgaben erlangen rivalisierende Nationen Macht, indem sie die Früchte dieser Ausgaben exportieren: Verteidigungstechnologien. In der Verteidigungstechnologie verändern unbemannte Luftfahrzeuge das Schlachtfeld, und China liefert die Munition dafür. In den letzten zehn Jahren hat es 220 Drohnen in 16 Länder geliefert.[27]

Dies hat mehrere Auswirkungen, nicht zuletzt das Wettrüsten, das dadurch ausgelöst werden kann, und das Potenzial für extensive Menschenrechtsverletzungen. Indem China zum Weltmarktführer für Drohnen wird, kann es größere Skalierungseffekte erzielen. Die Preise für seine Drohnen werden auf 1 bis 2 Millionen Dollar geschätzt, während amerikanische Exemplare für bis zu 15 Millionen Dollar verkauft werden.[28] Darüber hinaus werden diese Drohnen häufiger in einer größeren Vielfalt von Situationen getestet, und ihre chinesischen Hersteller werden in der Lage sein, die dabei gewonnenen Erfahrungen in die künftige Produktion einfließen zu lassen, um die Effizienz zu verbessern und die Kosten zu senken.

71

Anzahl der von den USA gelieferten Kampfdrohnen im Vergleich zu den von China gelieferten[29]

■ **Von den USA gelieferte Drohnen**   ■ Von China gelieferte Drohnen

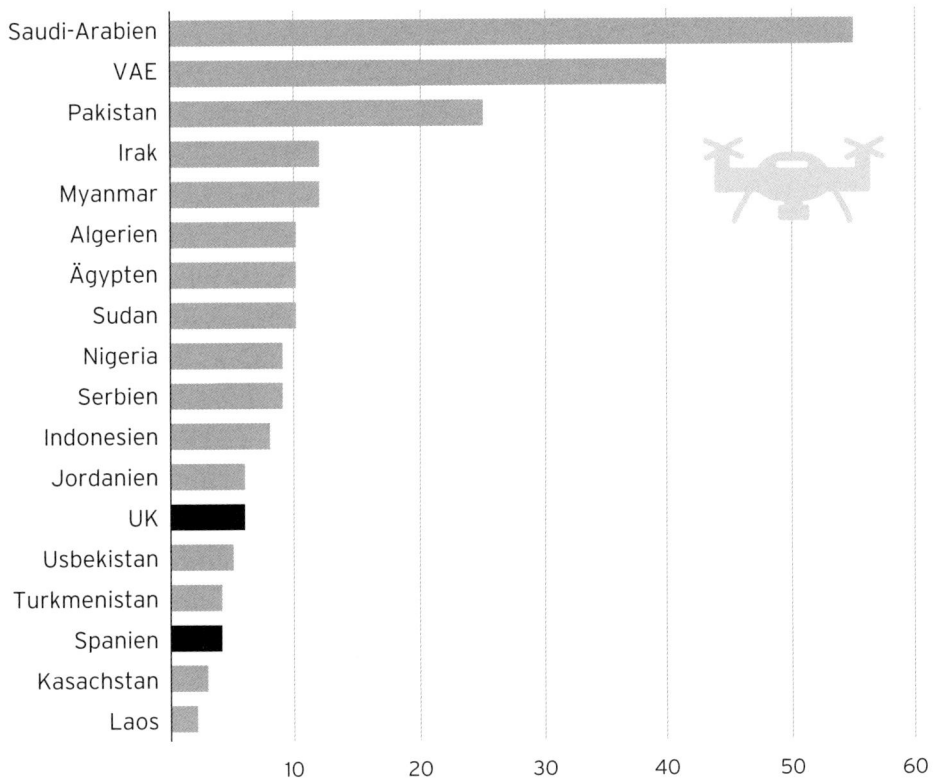

Quelle: Stockholm International Peace Research Institute via Bloomberg.

Geht unser Budget mit unseren Bedrohungen konform?

Amerikas gigantisches Verteidigungsbudget reichte immer noch nicht aus, um sich gegen die größte Bedrohung der jüngeren Geschichte zu schützen – die nicht von Panzern und Bomben ausging, sondern von einem Feind, dessen Größe nur ein Vierhundertstel[30] der Breite eines menschlichen Haares betrug. Die Centers for Disease Control and Prevention verfügten über etwa 1 Prozent des Verteidigungshaushalts, um auf eine Pandemie zu reagieren, die mehr Amerikaner getötet hat als alle Kriege des 20. Jahrhunderts zusammen.[31] Von Warren Buffet bis Jeff Bezos: Die größten Investoren und CEOs sind die, die am besten Kapital verteilen können, die es einsetzen, um Chancen zu nutzen, langfristiges Wachstum zu gewährleisten und Risiken zu minimieren. Das Gleiche gilt für Regierungen. Die US-Regierung ist einer der größten Kapitalverwalter der Welt. Und sie hat zu wenig in die Institutionen investiert, die das Bindegewebe bilden, das die Nation zusammenhält.

72

Budget des US-Verteidigungsministeriums und Budget der Centers for Disease Control[32]

GJ 2021

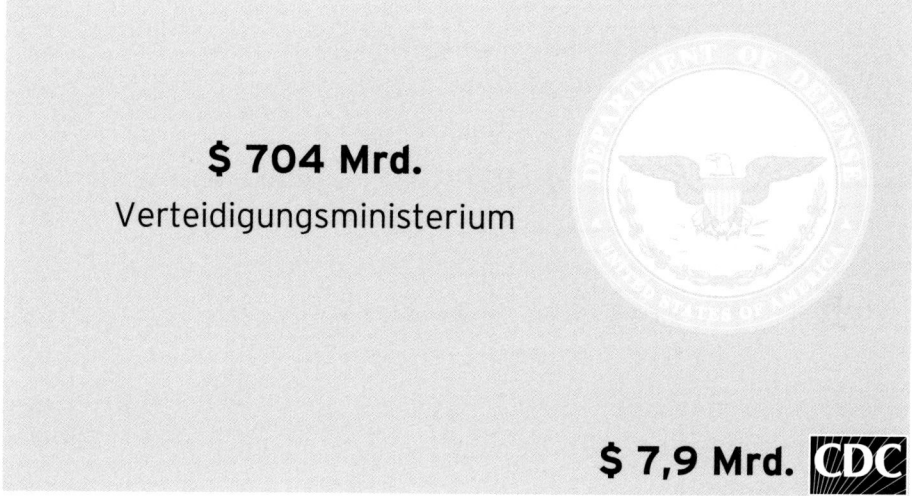

$ 704 Mrd.
Verteidigungsministerium

$ 7,9 Mrd.

Centers for Disease Control

Quellen: CDC, Defense.gov.

Erosion der wichtigsten Marke der Welt

Die USA sind seit Langem ein globales Vorbild. Der Aufbau und die Aufrechterhaltung des Rufes, bei der Förderung von Demokratie und Freiheit eine führende Rolle zu spielen, ist ein Grundpfeiler der amerikanischen Außenpolitik, schon lange bevor Präsident Truman mit dem Marshallplan der Rhetorik Taten folgen ließ. Selbst Ronald Reagan – vor allem Ronald Reagan – verstand, dass die Keule der Macht am effektivsten ist, wenn sie von einem Helden und nicht von einem Bösewicht geschwungen wird. 1985 erklärte er[33] es zur „Mission" Amerikas, „Freiheit und Demokratie zu nähren und zu verteidigen", und er machte die Demokratieförderung zu einem zentralen Element[34] der amerikanischen Diplomatie und der Auslandshilfe – die er mehr als jeder andere republikanische Präsident zuvor aufstockte.

Im Jahr 2000 war die internationale Stimmung stark für die USA. Ungefähr acht von zehn britischen Bürgern hatten eine positive Meinung von den USA. Solche Werte gab es auch in Deutschland, Italien und auf der anderen Seite der Welt in Japan. Doch die Außenpolitik der USA und innenpolitische Unruhen haben diesen Markenwert untergraben. Im Jahr 2020 sahen die Bürger der meisten Länder Amerika in einem dramatisch schlechteren Licht. Viele waren der Meinung, dass die amerikanische Demokratie selbst Probleme hatte: Von etwa zehn Bürgern in den Industrieländern glauben sechs,[35] dass die USA früher ein gutes Beispiel für Demokratie waren, es aber nicht mehr sind.

73

Anteil der Bevölkerung mit positiver Sicht auf die Vereinigten Staaten[36]

■ 2000 ■ 2020

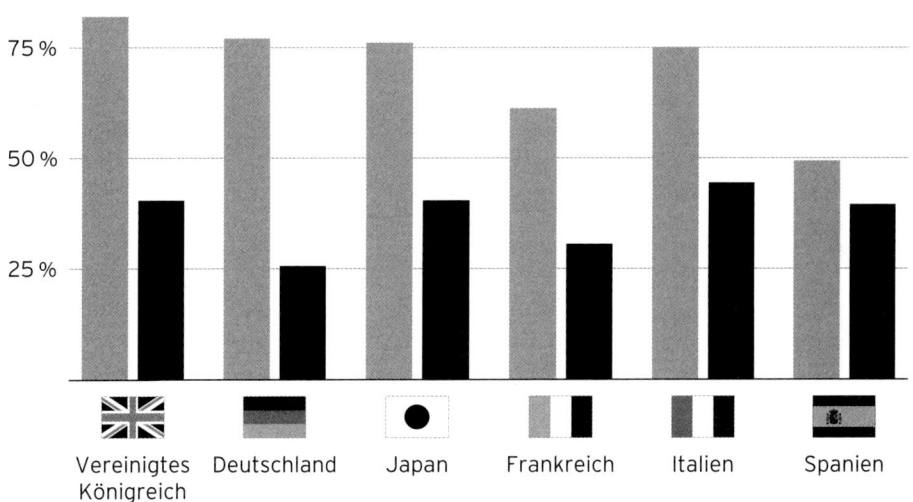

Quelle: Pew Research Center.

Die USA sind nicht mehr das Labor der Welt

Amerikas Superkraft war schon immer sein Optimismus, und eine optimistische Nation investiert in die Zukunft. Im Jahr 1960 waren die USA mit 69 Prozent der weltweiten Ausgaben für Forschung und Entwicklung der größte Geldgeber.[37] Dieses Geld sorgte dafür, dass die USA in Wissenschaft und Technologie weltweit führend waren und die Menschheit mit Wettersatelliten, GPS, dem Internet, Drohnen und seit Kurzem auch mit RNA-Impfstoffen versorgten. Solche Impfstoffe waren ungetestet, bis die US-Regierung Moderna im Jahr 2013 25 Millionen Dollar gewährte.[38] Fast ein Jahrzehnt und eine halbe Milliarde Dosen später[39] kann man mit Sicherheit sagen, dass sich die Investition gelohnt hat. Die USA geben mehr denn je für Forschung und Entwicklung aus, aber jetzt beträgt diese Summe nur noch 30 Prozent der weltweiten Investitionen,[40] da andere Länder die Wettbewerbsvorteile erkennen, die gute Forschung mit sich bringt.

74

US-Anteil an den weltweiten Ausgaben für Forschung und Entwicklung[41]

■ **USA**　■ Rest der Welt

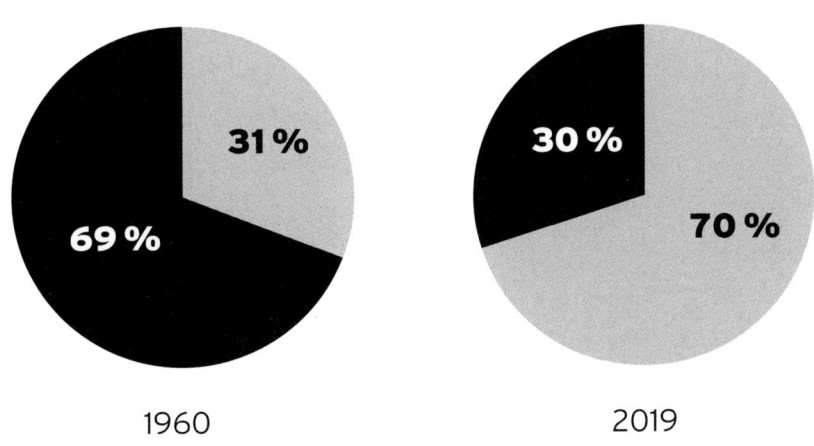

1960　　　　　　　　2019

Quelle: Congressional Research Office.

Anmerkung: Enthält öffentliche und private Ausgaben für Forschung und Entwicklung.

Die Seidenstraße der sauberen Energie verläuft durch China

Viele Unternehmen hängen sich die Fahne des Klimaschutzes um. Vieles davon mag für die Unternehmen leeres Geschwätz sein, aber es hilft ihnen, sich auf dem riesigen Markt für saubere Energie zu positionieren und die Vorteile mitzunehmen. Und es besteht kein Zweifel, dass in den nächsten Jahrzehnten enorme Summen in die Entwicklung sauberer Technologien fließen werden.

Eines der schmutzigen kleinen Geheimnisse der grünen Revolution ist jedoch, dass sie eine sehr schmutzige Mineraliengewinnung erfordert. Seltene Erden, Kobalt, Lithium und andere Mineralien sind für Batterien, Magnete und andere fortschrittliche industrielle Anwendungen unerlässlich. Wenn die Zukunft der Technik grün ist, ist sie auch rot. Nur wenige Mineralien für saubere Energie werden auf amerikanischem Boden produziert oder verarbeitet.[42] Ein anderes Land beherrscht die Gewinnung und Verarbeitung dieser Grundstoffe: China.

Mineralienveredelung und -verarbeitung für saubere Energie nach Ländern[43]

2010-2020

■ USA ⊡ China ■ Indonesien ▨ Chile □ Japan ■ Andere

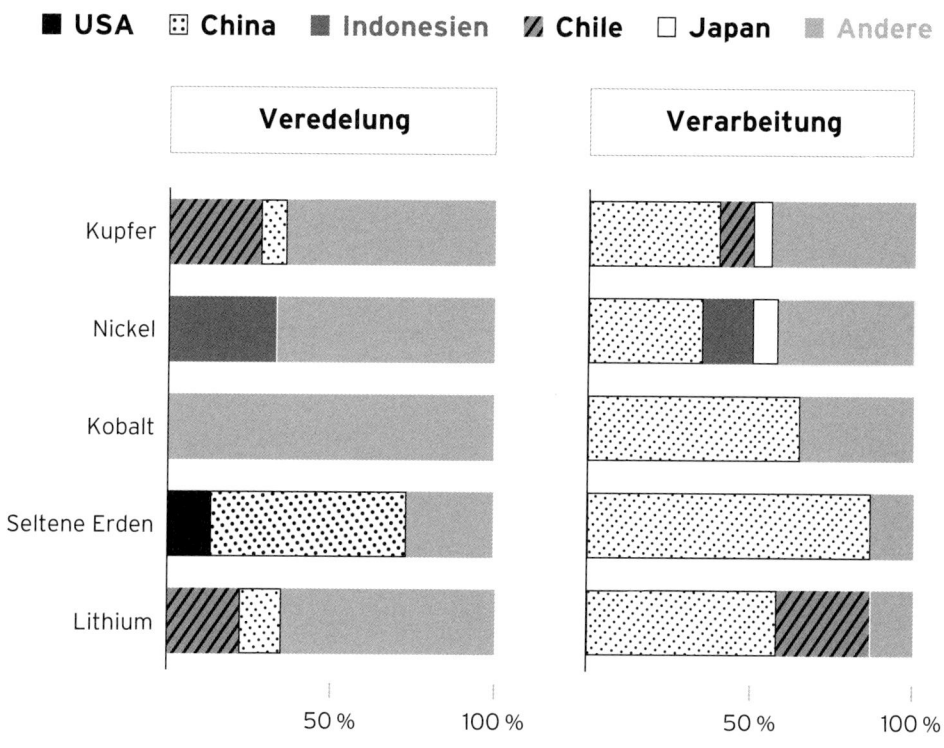

Quelle: IEA.

Die Kinderstube der größten Raubtiere des Kapitalismus

Amerikas Innovationsgeist und seine Begeisterung für das Unternehmertum haben dazu beigetragen, dass das Land seit Langem die Rangliste der 50 größten Unternehmen, gemessen an der Marktkapitalisierung, anführt. Unser Anteil an diesen Unternehmen ist in den letzten[44] drei Jahrzehnten von 30 auf 32 gestiegen. Der beeindruckendste Zuwachs an Vertretern kommt jedoch aus China, wo die Zahl im gleichen Zeitraum von null auf acht gestiegen ist. Dies ging weitgehend auf Kosten Europas, das mehr Vertreter[45] in den Top 50 verlor als jede andere Region. In China hat zudem die Zahl der vermögenden Privatpersonen rapide zugenommen. Im Jahr 2021 zählte das Land 626 Milliardäre, mehr als doppelt so viele wie im Jahr 2020, und fast so viele wie die USA, die 724 verzeichneten.

Top 50 globale Unternehmen
nach Nationalität[46]

Nach Marktwert

■ USA   ⊡ China   ■ Europa-
                       Arabien-
                       Afrika   ▨ Asien-
                                   Pazifik   ▧ Rest von
                                              Amerika

1990   ## 2020

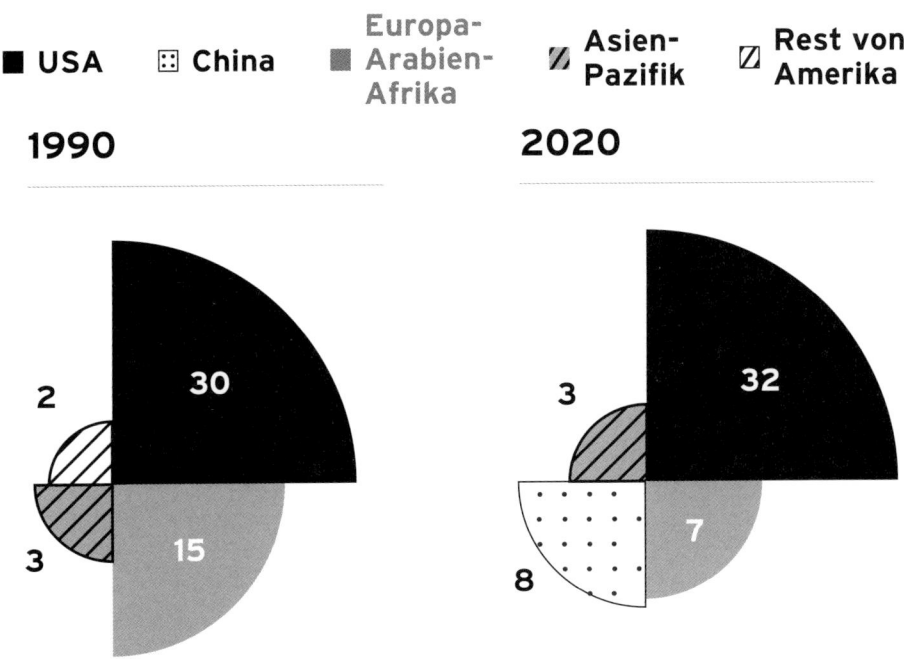

Quelle: Bloomberg.

KAPITEL 8

Die gute Seite der Instabilität

Das Schreckliche an Krisen ist, dass sie immer wieder auftreten.
Das Schöne daran ist, dass sie immer enden.

Leben ist Veränderung. Die Fähigkeit zu wachsen und sich zu entwickeln ist das, was Lebewesen von bloßen Objekten unterscheidet. Stillstand ist der Tod, für einen Organismus und für eine Gesellschaft. Eine gesunde Gesellschaft ist lebendig und dynamisch und bringt Ideen und Innovationen in allen Bereichen hervor.

Der Wandel öffnet jungen Menschen, Einwanderern und anderen Neuankömmlingen in Branchen und Organisationen Türen. In den ersten 40 Jahren meines Lebens gab es keine einzige neue, unabhängige Automarke. Solange Autos mit Benzin betrieben und über Vertragshändler verkauft wurden, würde sich das nicht ändern. Aber dann hat eine Generation von Innovatoren die Technologie entwickelt, die notwendig ist, um ein Elektroauto zu bauen; jetzt fahre ich einen Tesla, habe eine Anzahlung auf einen Rivian geleistet und ein Auge auf einen Lucid geworfen.

Im ersten Kapitel dieses Buches ging es um den Wandel, und während ein Großteil des restlichen Buches der Dokumentation der Schäden gewidmet war, die diese Veränderungen verursacht haben, hatte die in den 1980er-Jahren freigesetzte Dynamik auch eine positive Seite.

So gab es am 31. Dezember 1983 in den USA nur eine einzige ernst zu nehmende Telefongesellschaft, die im Wesentlichen die gesamte elektronische Kommunikation kontrollierte: AT&T. Am 1. Januar 1984 waren es – dank der zehnjährigen Arbeit der Kartellabteilung des Justizministeriums – acht:[1] AT&T bot Ferngespräche an und sieben ehemalige Tochtergesellschaften übernahmen Ortsgespräche in ihren Regionen. Diese neuen unabhängigen Unternehmen begannen sofort, um Aufträge zu konkurrieren. Sprint und MCI,[2] die sich jahrelang an den Rändern der Telekommunikationsbranche herumgetrieben hatten, haben das Ferngesprächsgeschäft zu einem wettbewerbsfähigen, innovativen Bereich umgestaltet. Der Wettbewerb hat AT&T dazu veranlasst, sein Budget für Forschung und Entwicklung in nur fünf Jahren um 30 Prozent aufzustocken,[3] obwohl sich die Einnahmen des Unternehmens durch die Zerschlagung halbiert haben. In den 1990er-Jahren investierten Kabelfernsehgesellschaften und neue Marktteilnehmer Milliarden in die fortschrittlichen Netze, die uns ins Internet-Zeitalter führen sollten.

Der Kapitalismus ist voll von Misserfolgen, und das ist eine seiner besten Eigenschaften. Wenn ein Restaurant den Betrieb einstellt, muss der Schmerz über diesen Verlust gegen die Chance abgewogen werden, die sich einem neuen Koch bietet, der endlich einen Pachtvertrag erhalten kann, um etwas Besseres in der Nachbarschaft zu schaffen. Ein Rückgang der Wohnungsmieten bedeutet, dass junge Menschen in die Stadt ziehen und ihre Energie und ihre Ideen auf einem größeren Markt einbringen können.

Veränderungen sind immer mit Risiken verbunden, denn in einer dynamischen Wirtschaft kann angesammeltes Kapital verloren gehen. Daher ist es nur natürlich, dass die Gewinner das Tempo der Veränderung aufhalten wollen und von der Offensive in die Defensive gehen, sobald der Spielstand zu ihren Gunsten ist. Dies ist jedoch kurzsichtig und schadet der langfristigen Gesundheit der Gesellschaft. Möge der Sturm der schöpferischen Zerstörung wehen.

Krisen lösen Wachstum aus

Die Geschichte der Menschheit ist eine Geschichte der Krisen. Die Herausforderungen, vor denen wir heute stehen, machen deutlich, wie viel wir zu verlieren haben. Es gab schon viel dunklere Zeiten, aber das Licht kehrt immer wieder zurück. Dann werden neue Möglichkeiten und Wege aufgezeigt, die früher durch festgefahrene Interessen oder überholtes Denken blockiert waren.

Das hat sich selbst in den schlimmsten Momenten der Menschheit bewahrheitet. Der Schwarze Tod, eine Beulenpestepidemie im Europa des 14. Jahrhunderts, tötete in nur vier Jahren mehr als 25 Millionen Menschen[4] – mindestens *ein Drittel* der Bevölkerung. Aber selbst die Pest hatte einen Silberstreif am Horizont. Die geringere Bevölkerungszahl führte zu einem höheren Pro-Kopf-Einkommen und einer Verlagerung des Lebensstils in die Städte, was eine übergroße Nachfrage nach städtischen Konsumgütern zur Folge hatte. Dies zwang die Städte, sich zu vergrößern, und brachte schließlich den seit langer Zeit ruhenden Wirtschaftsmotor Europas in Gang, der im Laufe des nächsten Jahrhunderts wieder auf Touren kam. Die Autoren einer Studie über dieses Phänomen nannten Pest, Krieg und Urbanisierung „die drei Reiter des Reichtums", weil sie das Wachstum der Städte und die Wirtschaftstätigkeit langfristig ankurbeln.

Auswirkungen des Schwarzen Todes auf die Urbanisierungsrate in Europa[5]

Bevölkerung indexiert auf das Jahr 1000

— **Bevölkerung**   – – **Urbanisierungsrate**

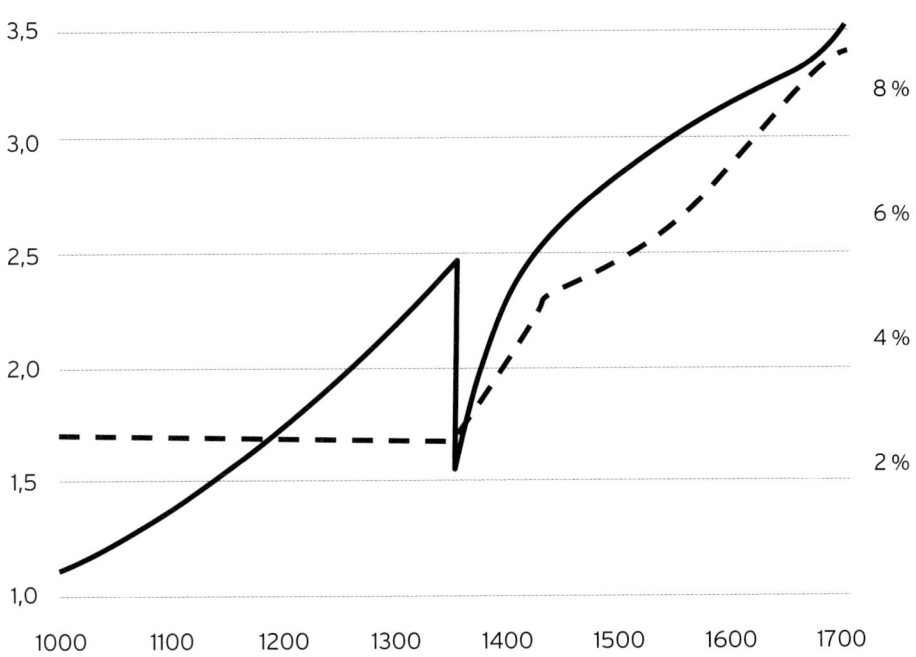

Quelle: „The Three Horsemen of Riches: Plague, War, and Urbanization in Early Modern Europe", Voigtlander und Voth, November 2009.

Anmerkung: Die Bevölkerungs- und Urbanisierungszahlen sind Schätzungen.

Erwartungen zurücksetzen

Es gibt keinen besseren Zeitpunkt für den Einstieg ins Berufsleben als eine Rezession. Wirtschaftliche Instabilität zwingt uns dazu, unsere Erwartungen an die Zukunft neu zu kalibrieren und genauer hinzuschauen, was wirklich etwas bringt. Dies sind hervorragende Aussichten für junge Menschen, was erklärt, warum die Arbeitszufriedenheit unter neuen Arbeitnehmern in einem rezessiven Umfeld generell steigt. Eine Studie von Emily Bianchi von der Goizueta Business School hat gezeigt, dass ein Hochschulabschluss unter durchschnittlichen Bedingungen im Vergleich zu optimalen wirtschaftlichen Bedingungen zu einer 10 Prozent höheren Arbeitszufriedenheit führt. Ein Abschluss unter schlechtestmöglichen Umständen versus einem in einer optimalen Wirtschaftslage korreliert mit einem Anstieg von 25 Prozent. Eine höhere Arbeitszufriedenheit führt zu mehr Motivation am Arbeitsplatz und damit zu höherer Produktivität und besserer Bezahlung.

78

Auswirkung eines Abschlusses unter den schlechtesten bzw. besten wirtschaftlichen Bedingungen[6]

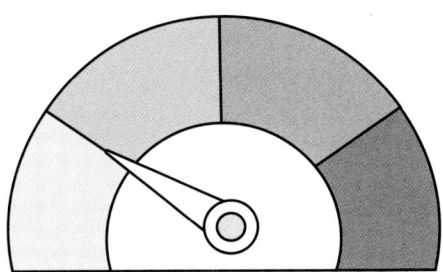

+25 %
höhere Arbeitszufriedenheit

Quelle: „The Bright Side of Bad Times: The Affective Advantages of Entering the Workforce in a Recession", Bianchi, Oktober 2013.

Aufstrebende Start-ups

Im Jahr 2021 wurden in den USA 5,4 Millionen neue Unternehmen angemeldet.[7] Das sind 23 Prozent mehr als die Rekordzahl von 4,4 Millionen im Jahr 2020 und 35 Prozent mehr als im Jahr 2019. Auch wenn die Pandemie nicht zu einer gewöhnlichen Rezession geführt hat – weder in Bezug auf die Dauer (kurz) noch auf die Erholung (k-förmig) – , so gibt es doch Faktoren, die diesen Zeitraum zur besten Zeit für Unternehmensgründungen seit zehn Jahren machen.

Die Kombination aus historischen Ersparnissen, staatlichen Konjunkturprogrammen und einer rekordverdächtigen Wertsteigerung von Vermögenswerten führte zu einer Konsumwelle, wie wir sie seit der Entscheidung der Babyboomer, Konsum als Tugend zu betrachten, nicht mehr erlebt haben. Bei Verbrauchern und Unternehmen wuchs die Bereitschaft, den Status quo zu hinterfragen und offen für neue Produkte und Dienstleistungen zu sein. Und es entstanden innovative Bereiche, die die traditionellen Industrien auf den Kopf stellten, gerade als die meisten Amerikaner virale Immunität erreichten.

Natürlich sind Unternehmensanmeldungen ein zukunftsorientierter Indikator – sie sind nur ein Platzhalter für die tatsächliche Gründung eines Unternehmens – und nicht alle diese Anträge führen zu einem richtigen Unternehmen. Dennoch sind sie ein Zeichen für Optimismus.

79

Anzahl der
Unternehmensanmeldungen[8]

SUBMIT

Quelle: U.S. Census Bureau's Business Formation Statistics.

Immigranten sind die geborenen Unternehmer

Wir befinden uns in einer Boomzeit für Unternehmensgründungen, und viele wären nie entstanden, wenn es nicht 1) eine globale Pandemie und 2) die unglaubliche Arbeit von (Sie haben es erraten) Einwanderern gegeben hätte.

In den letzten 30 Jahren haben Einwanderer in den USA mehr Unternehmen gegründet als in Amerika geborene Bürger.[9] Im Jahr 2020 lag die Rate der neuen Unternehmer unter den Einwanderern[10] bei 0,59 Prozent und war damit fast doppelt so hoch wie unter in den USA Geborenen. Einige der wichtigsten Unternehmen der Technologiebranche wurden von Einwanderern gegründet oder mitgegründet, darunter Google, eBay, PayPal und Tesla.

Das ist nachvollziehbar: Wenn Sie sich als Einwanderer in ein neues Land gewagt haben, sind Sie vielleicht auch eher bereit, etwas zu riskieren. Von der Arbeitskraft bis zum Unternehmertum sind Einwanderer das Lebenselixier unserer Wirtschaft. Wir würden Chancen verpassen, wenn wir es nicht schaffen, sie anzuziehen und zu halten.

80

Anteil Erwachsener, die ihr erstes Unternehmen gegründet haben[11]

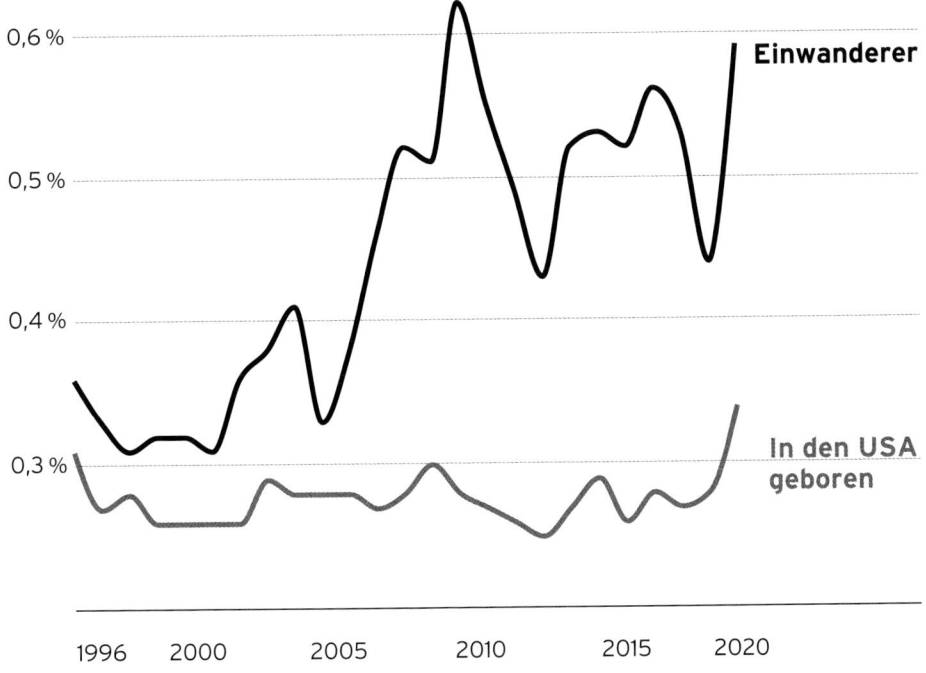

Quelle: Kauffman Foundation.

Auf der Flucht

Es ist toll, frei von Sorgen zu sein. Wir Amerikaner halten diese Art von Freiheit für selbstverständlich. Flüchtlinge fliehen aus ihrer Heimat mit einem Säugling auf dem Rücken und einem Kleinkind an der Hand, um das zu erleben.

Trotz der Herausforderungen, die in den USA auf sie warten, zeigen Flüchtlinge ein erstaunliches Maß an Aufwärtsmobilität. In den ersten fünf Jahren nach Ankunft liegt das durchschnittliche Haushaltseinkommen von Flüchtlingen bei knapp 22.000 Dollar. Aber je länger sie in Amerika leben und je mehr Möglichkeiten sie haben, desto mehr steigt auch ihr Einkommen. Wenn sie mehr als 25 Jahre hier gelebt haben, liegt das durchschnittliche Haushaltseinkommen von Flüchtlingen bei 67.000 Dollar – deutlich höher als das der Gesamtbevölkerung (53.000 Dollar).

81

Wachstum des durchschnittlichen Haushaltseinkommens von Flüchtlingen[12]

Nach Anzahl der Jahre in den USA

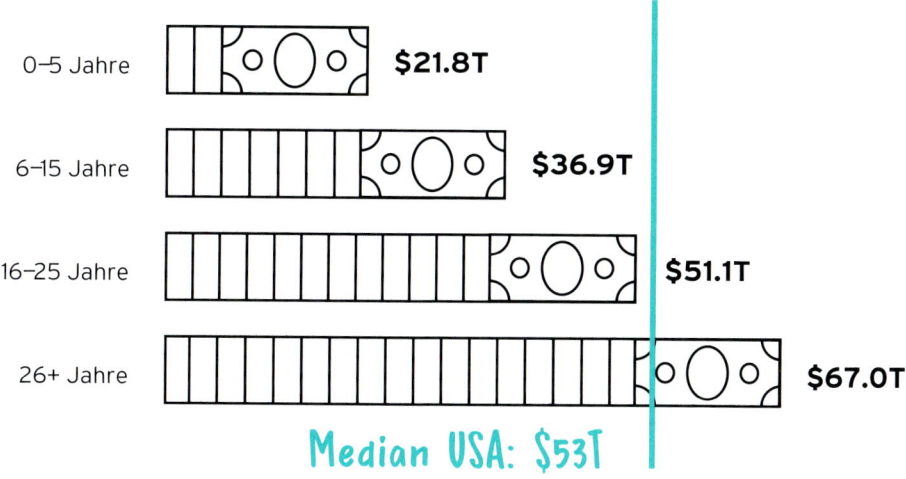

0–5 Jahre $21.8T

6–15 Jahre $36.9T

16–25 Jahre $51.1T

26+ Jahre $67.0T

Median USA: $53T

Quelle: New American Economy; American Community Survey, 2011-2015.

Eine sichere Bank

Ungleicher Zugang zum Bankwesen ist ein globales Problem. Fast ein Drittel der Erwachsenen weltweit,[13, 14] 1,7 Milliarden, haben kein Bankkonto. In Kolumbien, Nigeria, Pakistan und einigen anderen Ländern betrifft das mehr als 50 Prozent der Erwachsenen.[15] In den Vereinigten Staaten sind es 5,4 Prozent bzw. 7,1 Millionen Haushalte. Dies ist mehr als ein wirtschaftliches Problem – es ist ein gesellschaftliches Problem. Wenn Menschen von Finanzinstituten ausgeschlossen werden, werden sie auch aus dem Gefüge der Gemeinschaft ausgeschlossen.

Für Bankinnovatoren ist dies eine Chance. Nehmen Sie das argentinische Fintech-Unternehmen Uala. In nur vier Jahren haben mehr als 4 Millionen Menschen[16] – etwa 9 Prozent des Landes[17] – ein Konto bei dem Unternehmen eröffnet, und mehr als 25 Prozent der 18- bis 25-Jährigen[18] haben jetzt eine tarjeta Uala, eine Online-Geldbörse.

In diesem Bereich gibt es eine immense Wertschöpfung für mehrere Interessengruppen. Die finanzielle Inklusion stärkt die Mittelschicht und bildet eine solide Grundlage für die Demokratie.

Volkswirtschaften mit der Hälfte oder mehr der Erwachsenen ohne Bankkonto[19]

2017

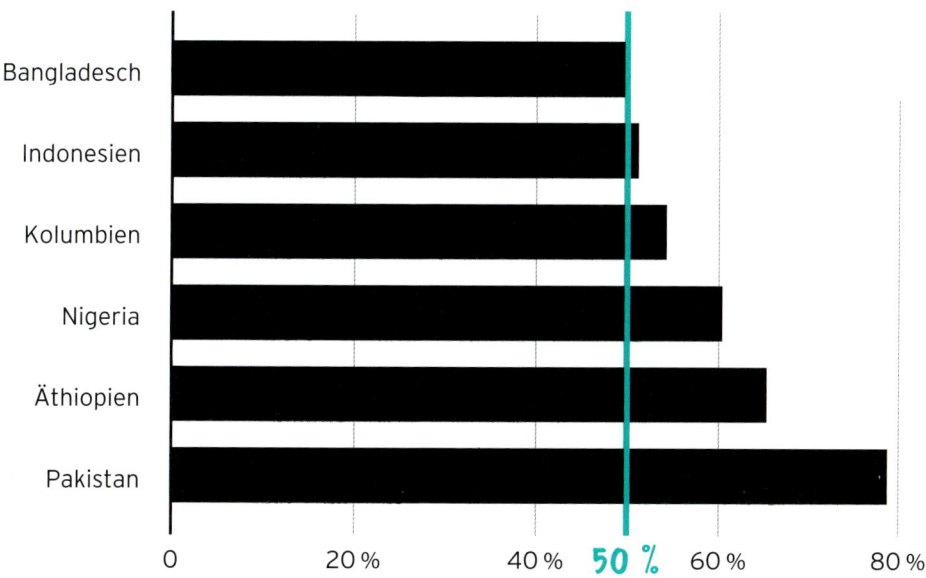

Quelle: Global Findex Database.

KAPITEL 9

Mögliche Zukunfts-szenarien

Der beste Weg, die Zukunft vorherzusagen, ist, sie zu gestalten.

Unser Kurs in die Zukunft hängt nicht von der Leitfähigkeit von Silizium oder der Dicke des arktischen Meereises ab. Es hängt von uns ab, und davon, was wir morgen und übermorgen tun. Das Einzigartige an diesem Moment ist die Bandbreite der Möglichkeiten. Amerika ist bevölkerungsreicher, mächtiger und vernetzter denn je. Das Spektrum der möglichen Folgen unseres Handelns ist heute so breit wie seit mindestens 1980 oder möglicherweise 1945.

Die Veränderungen, die die sozialen Medien mit sich bringen, fühlen sich gewaltig an, aber wir leben erst seit etwas mehr als einem Jahrzehnt online. Die Beschleunigung des Wandels kann sowohl *für* uns als auch gegen uns arbeiten. In den späten 1990er-Jahren war Microsoft ein Koloss,[1] das AT&T seiner Zeit. Und das Unternehmen war berüchtigt dafür, seine Macht zu nutzen, um den Wettbewerb zu unterdrücken und jede Innovation zu beschränken, die es nicht kontrollieren konnte. Ein Technikmagazin veröffentlichte ein Titelbild, auf dem Bill Gates abgebildet war als Mitglied der Borg aus *Star Trek: The Next Generation*[2] – „Widerstand ist zwecklos ... ihr werdet assimiliert" – und das Bild wurde zu einem der ersten Memes des Internets. Sein Unternehmen wehrte eine große Kartellrechtsklage der Regierung ab,[3] aber trotzdem blieb seine Vormachtstellung nicht bestehen. Innerhalb weniger Jahre, nach dem Wiederaufstieg von Apple, dem Aufstieg von Google und dem Auftauchen eines Dutzend anderer neuer Mächte, war klar, dass Microsoft, obwohl immer noch ein Titan, nur einer von vielen sein würde.

Trends können ihre Richtung überraschend schnell ändern, und egal, welchen Kurs eine Wirtschaft oder eine Kultur einzuschlagen scheint, oft landen wir ganz woanders. In diesem Kapitel werden mögliche Zukunftsszenarien aus der Sicht von Technologie, Wirtschaft und Politik vorgestellt. Wie bei jeder guten Vorhersage liegt auch bei unserer der Wert in den Gesprächen, die sie anregen.

Mit Druck zum Wohlstand

Der Staat bezahlt in der Regel mit Geld, das er entweder durch Steuererhebung oder durch Kreditaufnahme erhält. Aber die Regierung hat eine andere, einzigartige Möglichkeit, Geldmittel zu beschaffen: Sie kann mehr Geld drucken. In der Praxis handelt es sich um Anleiheverkäufe und buchhalterische Taschenspielertricks, nicht um eine Druckerpresse, aber das Endergebnis ist dasselbe: Geld für nichts.

Die Befürchtung, dass eine Erhöhung der Geldmenge zu einer Inflation führen könnte, hat die Regierungen bisher davon abgehalten, diesen Ansatz aggressiv zu verfolgen. Einige Wirtschaftswissenschaftler halten diese Angst jedoch für unbegründet und meinen, dass die Regierungen eher bereit sein sollten, Geld zu drucken. Kombiniert mit einer staatlichen Arbeitsplatzgarantie und anderen Maßnahmen wird diese Philosophie als „moderne Geldtheorie" bezeichnet. Im Idealfall kurbelt das neue Geld die produktive Wirtschaftstätigkeit an, die einen ausreichenden Wert schafft, um das zusätzliche Geld zu absorbieren und die Inflation zu verhindern.

Krisen fördern Innovationen, und in den letzten Jahrzehnten hat die US-Regierung zweimal zu einer aggressiven Vergrößerung der Geldmenge gegriffen[4] – nach der Finanzkrise 2008 und der Corona-Pandemie. Kurzfristig scheint es funktioniert zu haben – die Corona-Rezession war kürzer und flacher als allgemein vorhergesagt. Der Aufschwung wurde jedoch auch von einer Inflation begleitet.[5]

Geld zu schaffen ist für eine Regierung eine schwer zu durchbrechende Gewohnheit. Es ist wahrscheinlich, dass dies nicht der letzte Besuch von Uncle Sam beim Geldhändler sein wird. Die Bereitschaft, Geld in die Wirtschaft fließen zu lassen, könnte die steigende Einkommensflut bewirken, die alle unsere Boote vom Grund hebt.

83

Geldmenge[6]

Geldmenge M2

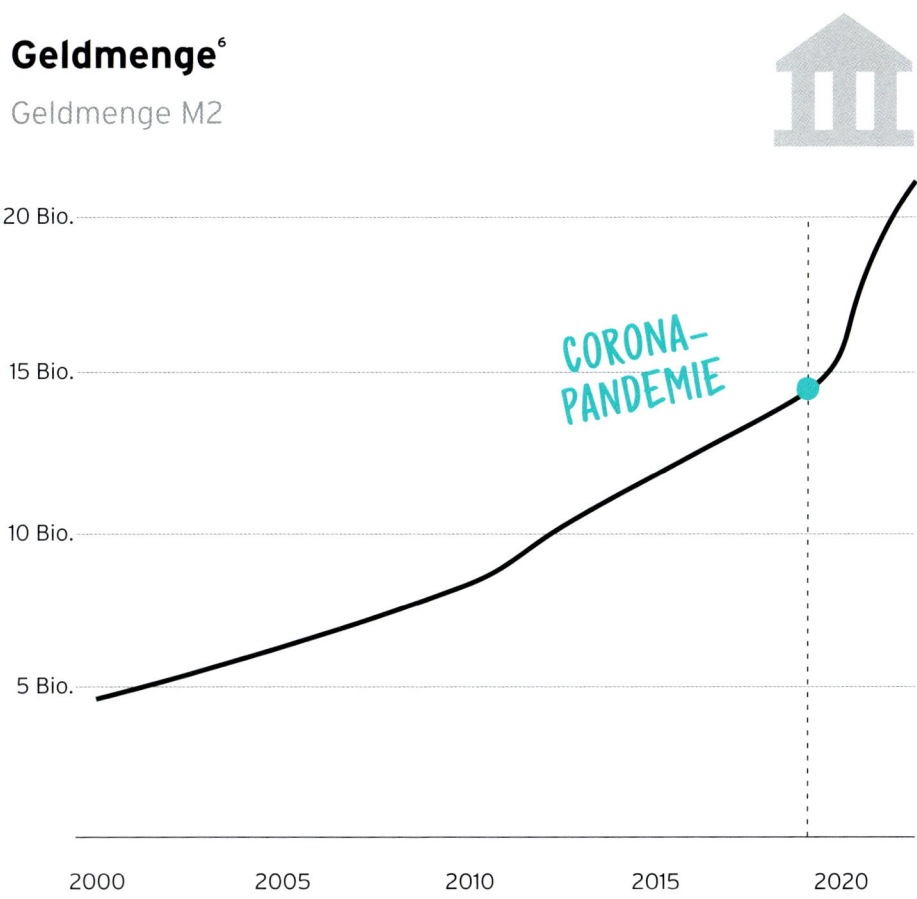

CORONA-
PANDEMIE

Quelle: Federal Reserve Bank of St. Louis.

Anmerkung: M2 ist die wichtigste Messgröße der US-Notenbank für die Geldmenge
in den USA und umfasst liquides Bargeld (M1) sowie Spareinlagen unter
100.000 Dollar und Anteile an Geldmarktfonds für Privatkunden.

Bargeldschwemme

Eines der Gespenster, das die Wirtschaft heimsucht, ist die Hyperinflation. Durch die Albträume der Zentralbanker geistern körnige Schwarz-Weiß-Fotos von Frauen, die Schubkarren voller Bargeld durch die Straßen der Weimarer Republik schieben, um Brot zu kaufen. Eine galoppierende Inflation ist auf ein Zusammenspiel verschiedener Faktoren zurückzuführen, doch der berüchtigtste Schuldige ist eine Regierung, die zu viel Geld druckt. Die Aufblähung der Geldmenge entwertet die Währung, sodass die Regierung noch mehr drucken muss, was die Währung weiter entwertet usw. In Deutschland stiegen die Preise nach dem Ersten Weltkrieg so schnell, dass die Restaurants aufhörten, Speisekarten zu drucken[7] – sie veralteten zwischen der Vorspeise und dem Dessert.

Könnte das auch in Amerika geschehen? Die US-Regierung hat sich aus der Corona-Rezession herausgekauft, indem sie der Wirtschaft eine noch nie da gewesene Geldspritze gab. Es hat funktioniert, aber es ist schwer, sich das Gelddrucken zur Lösung von Problemen abzugewöhnen. Und Ende 2021 war klar, dass die Inflation steigen würde. Ein wenig Inflation ist nicht so schlimm; für Schuldner hat sie eine gute Seite – wenn Geld weniger wert ist, sind es auch die Schulden. Aber eine Hyperinflation zerstört Volkswirtschaften.

Es mag sein, dass moderne Volkswirtschaften diesem Risiko nicht in dem Maße ausgesetzt sind, wie es die frühen Industriegesellschaften waren. Und sicherlich ist das politische Klima in den USA, so schlecht es sich auch anfühlen mag, nicht mit dem in Deutschland der 1920er-Jahre zu vergleichen. Zu dieser Zeit gab es dort Hunderte von politischen Attentaten[8] und eine Besetzung durch das französische Militär, das Reparationszahlungen verlangte.[9] Aber „dieses Mal ist es anders" sind berühmte letzte Worte.

84

Hyperinflation in der Weimarer Republik[10]

Jährliche Inflationsrate,
logarithmische Darstellung

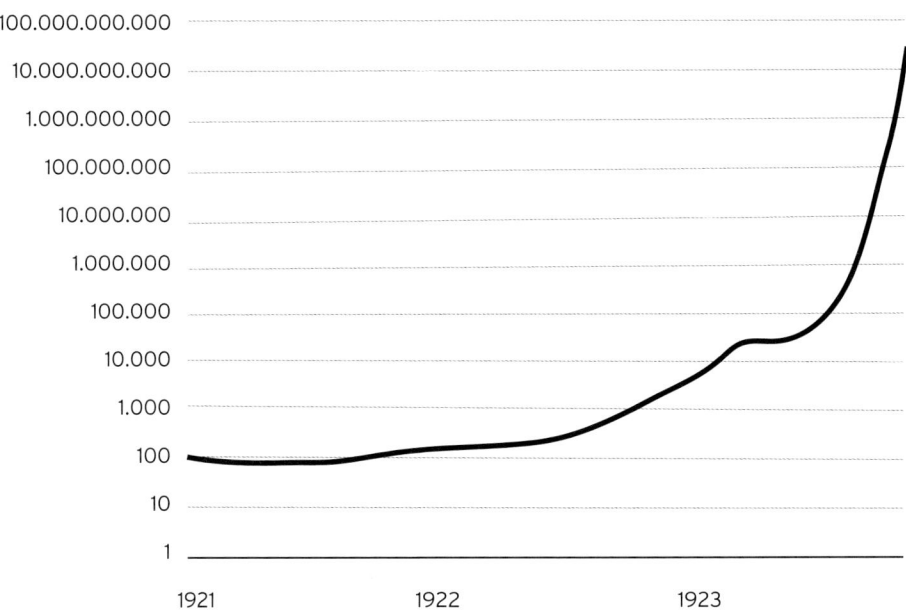

Quelle: *Financial Times*.

Investitionen in das soziale Netz

Die meiste Zeit meines Lebens bildeten staatliche Sozialleistungen eine Trennlinie in der amerikanischen Politik. Die Linke wollte mehr, die Rechte weniger ausgeben. Doch nach der Finanzkrise 2008, wegen des Aufkommens des Rechtspopulismus und jetzt wegen Corona gibt es Anzeichen für eine größere Bereitschaft, in das Gemeinwesen zu investieren.

Natürlich wird dies durch die Parteizugehörigkeit behindert, da keine Partei der anderen einen Sieg gönnen will. Die Demokraten hatten es nicht eilig, die „Infrastrukturwoche" von Präsident Trump jemals Wirklichkeit werden zu lassen. Nach seiner Niederlage im Jahr 2020 erinnerten sich die Republikaner plötzlich an ihr Bekenntnis zur Haushaltsverantwortung und stimmten gegen ein echtes Infrastrukturgesetz.[11] Aber die Stimulus-Schecks waren (wenig überraschend) beliebt, ebenso wie die Ausweitung der Steuererleichterung für Kinder. Trotz des politischen Aufruhrs, den das Gesetz ausgelöst hat, ist Obamacare auch populär, und die eigentlichen Maßnahmen sogar noch mehr, wenn die Meinungsforscher den Markennamen weglassen.[12] Die Sozialausgaben sind in den letzten Jahren gestiegen, doch liegen die USA immer noch weit hinter den westeuropäischen Ländern zurück, die 20 bis 30 Prozent des BIP[13] für ihre Bürger ausgeben.

Zum ersten Mal, seit ich mich erinnern kann, haben wir vielleicht das politische Rohmaterial, das notwendig ist, um unser löcheriges soziales Netz zu reparieren. Investitionen in die frühkindliche Bildung, in den Schutz vor Arbeitslosigkeit und in die Betreuung von Kranken, Behinderten und älteren Menschen können, wenn sie richtig eingesetzt werden, die Wirtschaft ankurbeln. Das Risiko ist das Herzstück des Kapitalismus, und wir sind verständlicherweise risikoscheuer, wenn ein gescheitertes Unternehmen den Verlust unseres Hauses oder der medizinischen Versorgung unserer Familie bedeuten würde.

85

Öffentliche Sozialausgaben als Anteil des BIP[14]

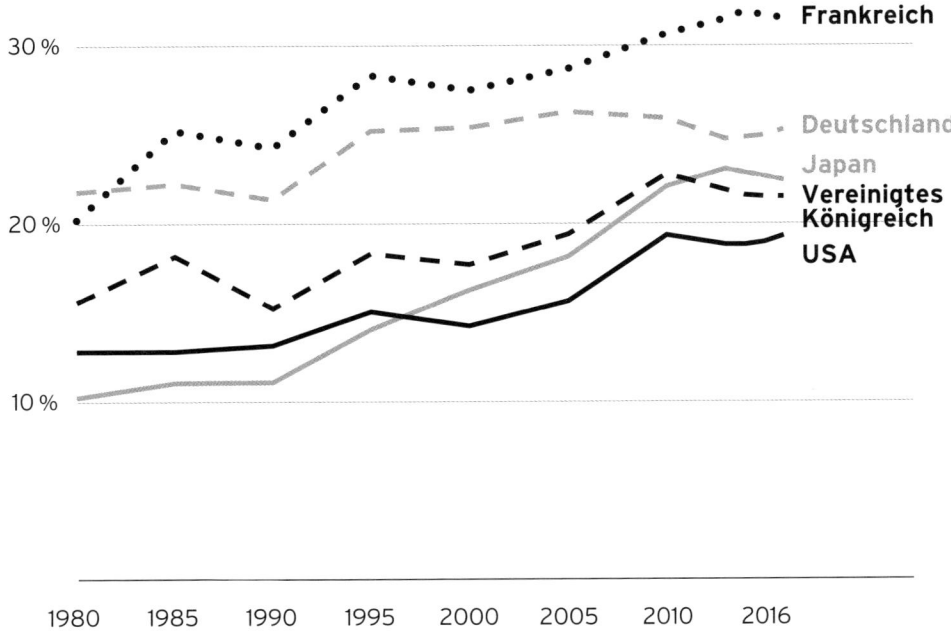

Quelle: OECD via Our World in Data.

Vom Sicherheitsnetz erstickt

Sozialausgaben können die Schwachen vor den Gefahren des Kapitalismus schützen, und sie bringen uns alle voran, indem sie eine gerechtere Gesellschaft schaffen. So wird jedenfalls argumentiert. Die Kehrseite der Medaille ist, dass sie den Staat in Schulden versinken lassen, ineffektive Verwaltungszombies schaffen, die von den Marktkräften abgeschottet sind, und, was das Schlimmste ist, den Funken der Innovation ersticken. Das europäische Engagement für Sozialausgaben kann nicht ignoriert werden, wenn man betrachtet, dass die US-Wirtschaft zwischen 1980 und 2020 in 28 der letzten 41 Jahre schneller gewachsen ist als die europäische.[15]

Um es klar zu sagen: Ich glaube nicht, dass Arbeitnehmer nur dann produktiv sind, wenn sie Angst vor dem Hungertod haben. Das ist unmoralisch und einfach falsch. Geldsorgen sind wie Bluthochdruck: Sie mindern die Energie und die Effektivität der Betroffenen, statt sie anzuspornen. Nur jemand, der noch nie arm war, glaubt, dass arme Menschen härter arbeiten, wenn man ihnen mehr wegnimmt.

Aber wenn die Sozialausgaben funktionieren sollen, müssen sie effektiv eingesetzt und dürfen nicht für Bürokratie verschwendet werden. Sie müssen im Kontext einer Gesellschaft geleistet werden, in der Mobilität weiterhin möglich ist und in der Risiken weiterhin belohnt werden.

86

Differenz der jährlichen BIP-Wachstumsrate[16]

USA minus Europa

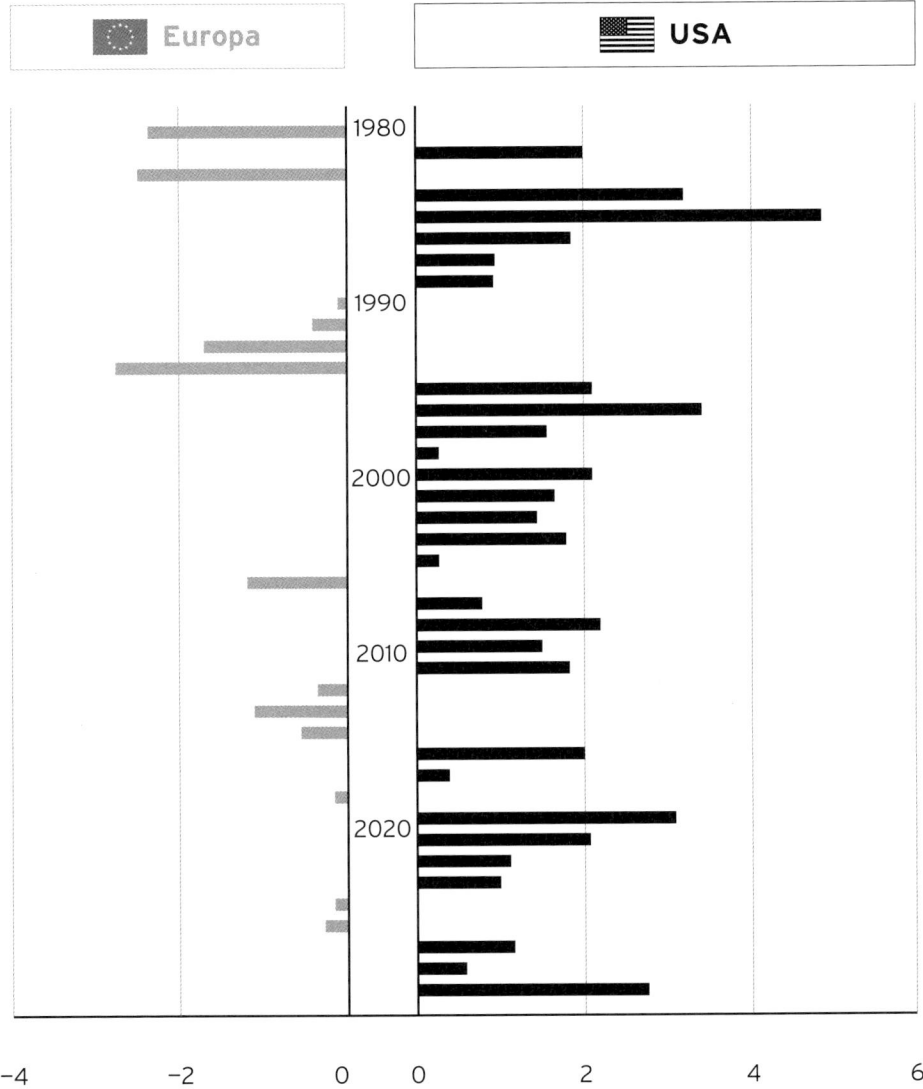

Quelle: Analyse der Daten der World Bank durch Prof G

Metadystopie

Globale Megakonzerne ändern nicht oft ihre Namen. Als Facebook sich in Meta umbenannte, war das ein deutliches Signal, dass die Tech-Community es mit dem Metaverse ernst meint. Sie will eine wirtschaftliche und soziale Welt aufbauen, die ausschließlich aus Bits besteht. Und warum nicht? Die künftigen Gewinne von Big Tech werden nicht dadurch erzielt werden, dass sie die Konkurrenz übertreffen – sie haben keine. Ihre Chance besteht darin, uns die wenigen kostbaren Stunden am Tag zu stehlen, die wir nicht vor dem Bildschirm verbringen. Noch. Sie propagieren also eine Zukunft, in der wir niemals offline sind.

Ich bin ein Skeptiker. Ein großer Teil des Hypes basiert auf der virtuellen Realität, die eine große Fata Morgana ist, eine Technologie, die immer zum Greifen nah ist, aber nie real wird. Abgesehen von den Zugangsproblemen: Hält irgendjemand außer unseren Tech-Overlords ein Leben im Internet in Vollzeit für eine gute Idee? Wut- und angsteinflößende Inhalte, gefälschte Nachrichten, Pyramidensysteme, Phishing-Angriffe und Tracker, die jeden unserer Schritte verfolgen. Zumindest ist diese Welt jetzt von den vier Ecken unserer Geräte beschränkt. Die chinesische Regierung gibt Milliarden aus, um jeden Moment des Tages ihrer Bürger zu überwachen.[17] In einer Metaverse-Zukunft werden wir unsere eigenen Überwachungsgeräte kaufen und 14,99 Dollar pro Monat für das Privileg bezahlen, ausspioniert zu werden.

Es gibt jedoch einen Grund zum Optimismus: Kinder, die heute aufwachsen, sind gebürtige Metaverser. Sie bauen Dinge und finden Freunde auf Minecraft und Roblox und nutzen andere Plattformen, von denen ich noch nicht einmal gehört habe. Vielleicht verschafft ihnen diese Erfahrung das nötige Rüstzeug, um ein Metaversum zu schaffen, das weniger miserabel ist als dieses. Wir werden sehen.

87

Geschätzte aktive monatliche Roblox- und Minecraft-Nutzer[18]

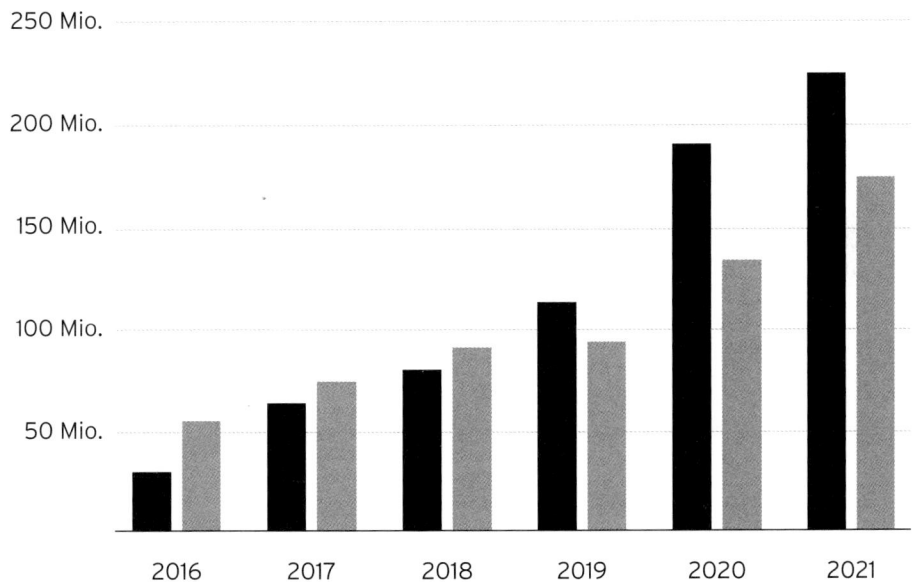

Quellen: Backlinko, Activeplayer.io, Statista.

Schnelle Zukunft

Corona wirkte als Beschleuniger bestehender Trends mit einem gemeinsamen Thema: Vereinzelung. Die verbindende Kraft der Technologie hat den ironischen Effekt, dass wir uns noch weiter voneinander entfernen können. Gut gehandhabt, kann diese große Vereinzelung einen Freisetzungseffekt haben, eine Möglichkeit sein, unsere Ressourcen effizienter zu reorganisieren.

Für Arbeitnehmer in computerbasierten Berufen bedeutet dies den Zugang zu Arbeit weltweit. Die Büroräume werden so umgestaltet, dass sie sinnvolle Interaktionen ermöglichen und den Unternehmen die Flexibilität bieten, Teams ohne Rücksicht auf geografische Gegebenheiten zusammenzustellen. Und mehr Arbeitsplätze werden computerbasiert sein: Die Gesundheitsfürsorge wird sich radikal in Richtung Fernzugriff verlagern, sodass die knappen Fachkräfte effizienter eingesetzt werden und die Versorgung auch in unterversorgten Regionen erfolgen kann. Bildungseinrichtungen, in denen die Zahl der Teilnehmer aufgrund der räumlichen Gegebenheiten begrenzt ist, können die Klassengröße verdoppeln oder verdreifachen, indem sie Studierende abwechselnd auf dem Campus und online unterrichten und Satellitenstandorte eröffnen.

Bits können nicht von Atomen entkoppelt werden, und wir werden das Freisetzungspotenzial durch Investitionen in den Verkehr maximieren: schneller Personentransport in jeder Größenordnung, vom interkontinentalen Überschallverkehr bis zur U-Bahn; schneller Warentransport bis zur Haustür, nicht in die Lagerhäuser.

88

Prozentsatz der US-Arbeitsteams, die im Jahr 2025 remote arbeiten wollen[19]

Im Vergleich zur Zeit vor der Pandemie

■ **Komplett remote**   ■ **Teilweise remote**   ■ Nicht remote

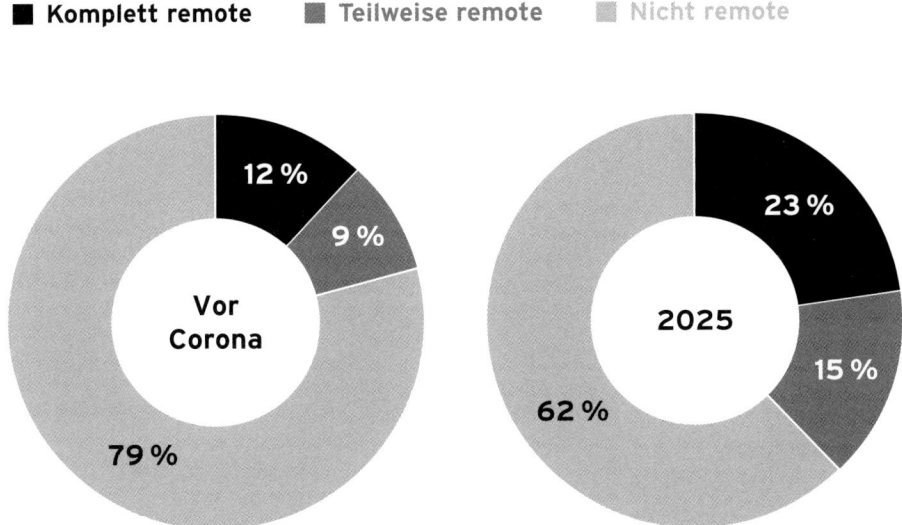

Quelle: Die Umfrage wurde vom 21. Oktober bis 7. November 2020 über Upwork/Statista durchgeführt.

Es ist einsam ohne Freunde

Die von Corona ausgelöste Vereinzelung hat eine dunkle Seite, die ohne die richtigen Investitionen dominieren wird. Wenn wir Menschen von menschlichen Kontakten abschneiden – sei es am Arbeitsplatz, in der Freizeit oder sogar bei einfachen Tätigkeiten wie dem Lebensmitteleinkauf – laufen wir Gefahr, uns immer tiefer in unsere Silos zu verkriechen. Wir lernen Toleranz, indem wir uns anderen aussetzen, nicht, indem wir uns isolieren, und das Bindegewebe des Gemeinwesens wächst nicht gut per WLAN-Verbindung.

Da wir den ganzen Tag an unsere Geräte gefesselt sind, sind wir den Manipulationen derjenigen ausgeliefert, die die Leitungen kontrollieren, und ihre Erfolgsbilanz in Sachen aufgeklärter Despotismus ist nicht gut. Wir sitzen ängstlich und überlastet über unsere Laptops gebeugt. Die Freundschaften nehmen ab – die Menschen geben an, weniger enge Freunde zu haben als noch vor 30 Jahren, und 15 Prozent der Männer und 10 Prozent der Frauen haben überhaupt keine engen Freunde. Die öffentlichen und gemeinschaftlich genutzten Räume in den USA drohen zu verfallen oder privatisiert zu werden als Spielplätze für die reichsten Menschen.

Die Wohlhabendsten, die Klasse der Milliardäre, deren Innovationen uns diese Dystopie von Arbeiten/Leben/Spielen von zu Hause aus bescheren, werden eine Million

n entfernt sein. Wortwörtlich. Sie nehmen ihre unerwarteten Gewinne und investieren in Mondbasen und Marsbesiedelung. Ich glaube nicht, dass ihre Vision jemals verwirklicht werden wird – der Mars ist ein eiskalter, luftleerer, verstrahlter Fels. Aber unsere Milliardärsklasse ist arrogant genug, den Wohlstand unseres Zeitalters in einem vergeblichen Versuch zu verbrennen, das nächste zu erobern.

89

Rückgang der Freundschaften[20]

Prozentsatz der Personen, die angeben, die folgende
Anzahl enger Freunde zu haben, ohne ihre Verwandten

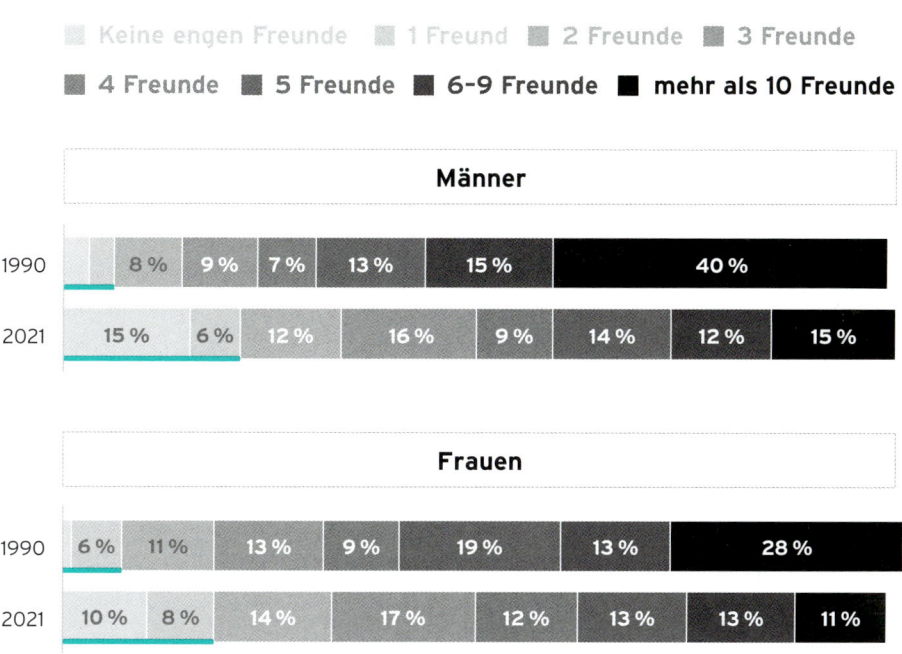

Keine engen Freunde ■ 1 Freund ■ 2 Freunde ■ 3 Freunde
■ 4 Freunde ■ 5 Freunde ■ 6-9 Freunde ■ mehr als 10 Freunde

Männer

1990	8 %	9 %	7 %	13 %	15 %	40 %
2021	15 %	6 %	12 %	16 %	9 %	14 %	12 %	15 %

Frauen

1990	6 %	11 %	13 %	9 %	19 %	13 %	28 %
2021	10 %	8 %	14 %	17 %	12 %	13 %	13 %	11 %

Quellen: American Perspectives Survey, Mai 2021; Gallup 1990.

Anmerkung: Aufgrund von Rundungen kann sich die Summe der Zahlen nicht auf
100 Prozent belaufen.

KAPITEL 10

Was wir tun müssen

Man kann sich nicht mehr wünschen als gleiche Ausgangsbedingungen, einen fairen Start und die nötige Sicherheit, um Risiken einzugehen.

Ich werde manchmal dafür kritisiert, dass ich mich auf die Probleme der Technik, der Wirtschaft oder der Gesellschaft konzentriere und keine Lösungen vorschlage. Nun, schuldig im Sinne der Anklage, nehme ich an. Aber lassen Sie mich zwei Dinge sagen.

Erstens sind diese Probleme zum Teil auf Wahrnehmungs- und Bewusstseinsstörungen zurückzuführen. Meine Kohorte wirtschaftlich erfolgreicher Menschen überschätzt ihren eigenen Beitrag zu ihrem Erfolg bei Weitem. Die Gesellschaft vermittelt uns, dass unsere schönen Häuser und schicken Autos bedeuten müssen, dass wir hart arbeitende Genies sind, und warum sollten wir das bestreiten? Die Kehrseite ist ebenfalls wahr. Die Gesellschaft vermittelt denjenigen, die ein schlechtes Blatt bekommen haben, die nie eine Chance hatten, dass ihr Scheitern auf mangelnden Mut und die Unfähigkeit, große Träume zu verwirklichen, zurückzuführen sein muss. Ich glaube, dass ein Teil der Lösung für diese Ungleichheit darin besteht, den Schleier zu lüften, der über unsere ungleiche Gesellschaft gelegt worden ist. Es gibt zwar auch Ausnahmen, aber meiner Erfahrung nach sind die meisten Menschen gut und wollen für ihre Gesellschaft das Richtige tun. Wir irren uns häufiger, als dass wir absichtlich etwas Schlechtes tun, aber das Ergebnis ist das gleiche. Amerika ist ein Land mit großem Reichtum und großem Erfolg, doch eine chronische Krankheit kann eine Familie in den Ruin treiben. Mein Ziel ist es also, unsere Einschätzung dessen, wie wir zu diesem Punkt gekommen sind, zu revidieren, in der Hoffnung, dass eine klarere Perspektive dazu beitragen kann, den Kurs zu ändern.

Zweitens: Um es ganz offen zu sagen, die Dinge stehen wirklich verdammt schlecht. Die Anzeigetafel der Bedrohungen – von aufgeblähten Vermögenswerten über unumkehrbare Klimaveränderungen bis hin zu bewaffneten Angriffen auf Regierungsabläufe – blinkt rot und es wird immer schlimmer. Wenn ich mein ganzes öffentliches Leben damit verbringen würde, auf die Risiken hinzuweisen, denen wir ausgesetzt sind, würde mir nie das Material ausgehen.

Allerdings gibt es auch vieles, was richtig läuft, und vieles, was vielversprechend ist, und meine Kritiker haben nicht ganz unrecht. In seiner ersten Antrittsrede sagte Präsident Clinton:[1] „Es gibt nichts, was mit Amerika nicht in Ordnung ist, was nicht durch das, was mit Amerika in Ordnung ist, geheilt werden kann." Das sind Worte, die zu Reagans Rede von 1981 über das „Business of

America" gepasst hätten. Im Übrigen hätten sie auch zu Lincoln gepasst, der zu einer zerbrochenen Union sprach, oder zu Franklin D. Roosevelt während der Depression. Das sind Worte, an die ich heute fest glaube.

Außerdem ist es wichtig, dass wir Amerika „heilen". Diese Überzeugung hat sich durch das ganze Buch gezogen, aber ich möchte sie hier deutlich machen. Obwohl es aus der Mode gekommen ist, bleibe ich ein amerikanischer Exzeptionalist. Dieses Land ist wirklich anders, und zwar in einer Weise, die es – um es mit den Worten zahlreicher Präsidenten zu sagen – „zu einer Stadt auf einem Hügel" macht, zu einem Leuchtturm für Optimisten und Innovatoren. Damit will ich nicht sagen, dass ich Amerika für perfekt halte – ich bezweifle, dass irgendjemand dieses Buch so weit gelesen haben und denken kann, das sei meine Meinung –, aber als eine Nation, die nicht aus ethnischer Zugehörigkeit oder dynastischer Eroberung entstanden ist, sondern auf dem Fundament eines Ideals aufgebaut wurde, birgt es ein besonderes Versprechen. Dieses Versprechen bleibt unerfüllt, aber ich glaube, es ist in greifbarer Nähe.

Wir sind der Verwirklichung unserer Ideale am nächsten gekommen, als wir den rücksichtslosen Kapitalismus mit dem Ballast einer starken Mittelschicht ausbalanciert haben. Unser Abdriften von diesem Kurs steht im Mittelpunkt dieses Buches. Das Ziel meiner Empfehlungen ist es, uns wieder auf Kurs zu bringen.

Vereinfachung des Steuerrechts

Die Idee der Vereinfachung des Steuersystems ist vielleicht das einzige politische Vorhaben, das von allen Amerikanern allgemein unterstützt wird. Doch das amerikanische Steuerrecht wird immer komplexer. Im Jahr 1955 umfasste der Internal Revenue Code 409.000 Wörter, heute sind es etwa 4 Millionen.

Die Komplexität der Gesetze ist an und für sich schon eine Steuer für die Armen. Die Wohlhabenden setzen kleine Armeen ein, um das System zu erobern und ihre Steuern zu minimieren. Die Steuervermeidung, die den Reichen zugutekommt, ist den normalen Amerikanern nicht zugänglich, ebenso wenig können sie sich die teure Beratung leisten, die notwendig ist, um sie in Anspruch zu nehmen. Für den Normalbürger bedeutet diese Komplexität einen enormen Zeitverlust. Im Jahr 2012 schätzte der National Taxpayer Advocate der Bundessteuerbehörde IRS, dass alle Steuerzahler insgesamt 6,1 Milliarden Stunden für die Bearbeitung ihrer Steuern benötigten.[2] Vergleichen Sie das mit den Bedingungen für Steuerzahler in 36 Ländern, darunter Deutschland, Japan, Norwegen und Schweden, wo die Regierung die Steuern berechnet[3] und den Steuerzahlern eine vorausgefüllte Steuererklärung gibt.

Wir sollten das Steuergesetzbuch mit einheitlichen Definitionen überarbeiten und Einzelabzüge zugunsten höherer Standardabzüge für Haushalte abschaffen. Steuersparprogramme von Roth IRA-Rentenkonten bis hin zu Coverdell-Bildungssparkonten sollten ebenfalls konsolidiert werden, um ein einfaches Ziel zu erreichen: die Förderung persönlicher Ersparnisse durch die Vermeidung von deren Doppelbesteuerung. Und wir sollten die günstige steuerliche Behandlung von Einkünften aus dem Verkauf von Vermögenswerten beenden. Geld (und das damit verdiente Geld) ist nicht edler als Schweiß.

90

Wörter im Steuergesetzbuch[4]

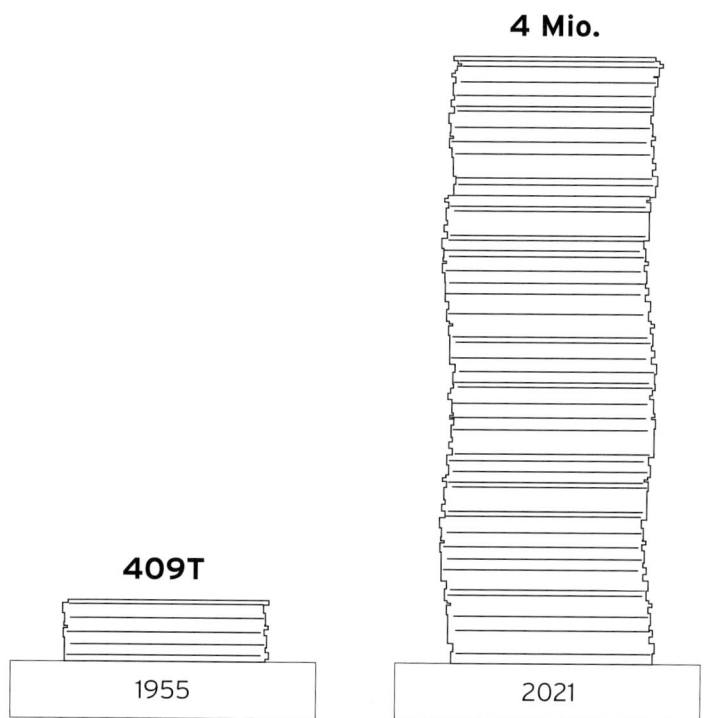

4 Mio.

409T

1955

2021

Quellen: IRS, Tax Foundation, National Taxpayers Union.

Umbau des Regulierungssystems

Die amerikanischen Regulierungssysteme sind unterfinanziert, und die Regulierungsbehörden sehen sich einem übermächtigen Branchenschutz gegenüber, der die Ausgaben und Aktivitäten der Verbraucher im Würgegriff hat. So bleiben uns ineffiziente Systeme zum Schutz von Arbeitnehmern und Familien.

Um dies zu ändern, müssen wir wieder in ein faires, effizientes System investieren, das verhindert, dass Monopole Innovation und Wettbewerb unterdrücken, und stattdessen Sicherheit und Stabilität für Einzelpersonen und kleine Unternehmen bietet.

Amazon und Facebook, zwei Unternehmen, die im Visier des amerikanischen Justizministeriums und der Bundeshandelskommission FTC stehen, gaben im Jahr 2020 rund 18 bzw. 20 Millionen USD[5] für Lobbyarbeit aus. Amazon hat[6] seine Ausgaben in dieser Kategorie in rasantem Tempo erhöht – seit 2012 sind sie um 460 Prozent gestiegen. Amazon hat mehr Vollzeit-Lobbyisten[7] als es amtierende US-Senatoren gibt.

Das gilt nicht nur für Big Tech. Big Oil gibt Millionen von Dollar aus, um die Auswirkungen seiner Praktiken auf das Klima mit grüner Farbe zu übermalen. BP, Chevron, ExxonMobil und Shell haben seit 2011 zusammen 374,7 Millionen Dollar[8] für Lobbyarbeit auf Bundesebene ausgegeben. In der Zwischenzeit sind die Mittel für die Durchsetzung der Vorschriften und die Zahl der Mitarbeiter der Umweltschutzbehörde seit 2006 rückläufig. Wir müssen wieder in Regulierungsbehörden investieren, nicht zuletzt in jene, die unsere gemeinsame Umwelt schützen.

91

Budget und Personalausstattung der amerikanischen Umweltbehörde für die Durchsetzung der Vorschriften[9]

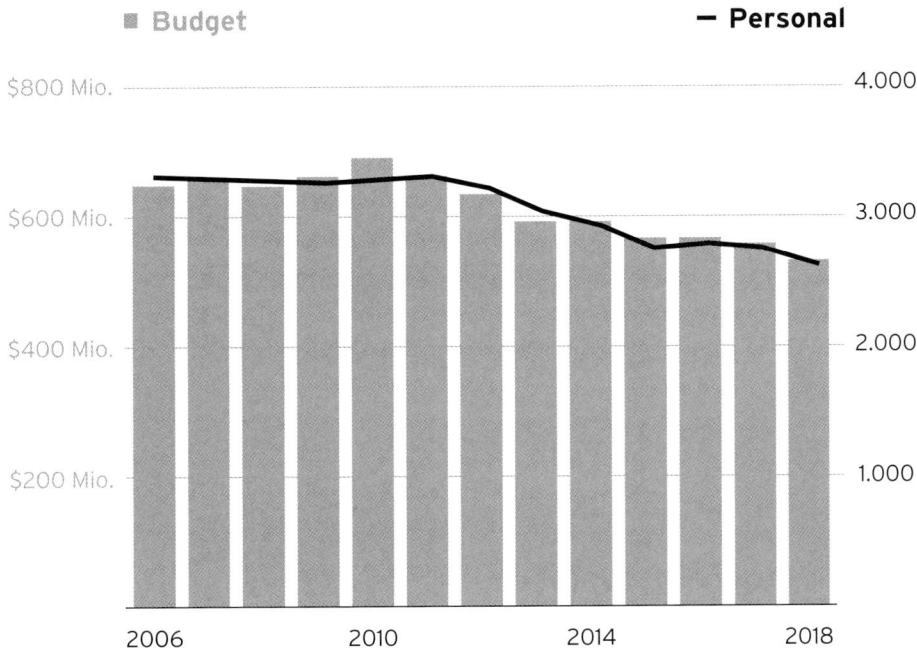

Die Algebra der Abschreckung wiederherstellen

Vorschriften funktionieren nur dann, wenn die Gewinne aus einer unrechtmäßigen Handlung geringer sind als die Strafe mal die Wahrscheinlichkeit, erwischt zu werden. Für Big Tech ist die Rechnung nicht einmal annähernd richtig. Die amerikanische FTC machte Schlagzeilen, als sie Facebook 2019 wegen Verstößen gegen den Datenschutz mit einer Rekordstrafe in Höhe von 5 Milliarden US-Dollar belegte,[10] die jedoch nur 7 Prozent des Jahresumsatzes des Unternehmens ausmachte.[11]

Sicher, das Unternehmen wurde erwischt ... aber das spielt keine Rolle. Rekord-Geldbußen betragen gerade mal die Gewinne von Wochen. Die FTC hat lediglich die Illusion geschaffen, Gesetze würden durchgesetzt. Es wird sich nichts ändern, solange niemand verhaftet und angeklagt wird.

Überlegen Sie es sich: Wäre Michael Milken im Jahr 2021 zu einer zehnjährigen Haftstrafe im Bundesgefängnis verurteilt worden? Wahrscheinlich nicht, wenn wir von dem Regierungsverfahren gegen Mark Zuckerberg ausgehen. Er fährt fort, das Krebsgeschwür Facebook mit Lippenstift schön zu schminken, und solange es keine echten finanziellen Konsequenzen für sein unerbittliches systemisches Fehlverhalten gibt, wird es weiterhin nur Pflaster für die Krisen geben, die sein Unternehmen verursacht.

92

FTC-Geldbuße für Facebook im Verhältnis zu Marktkapitalisierung und Umsatz[12]

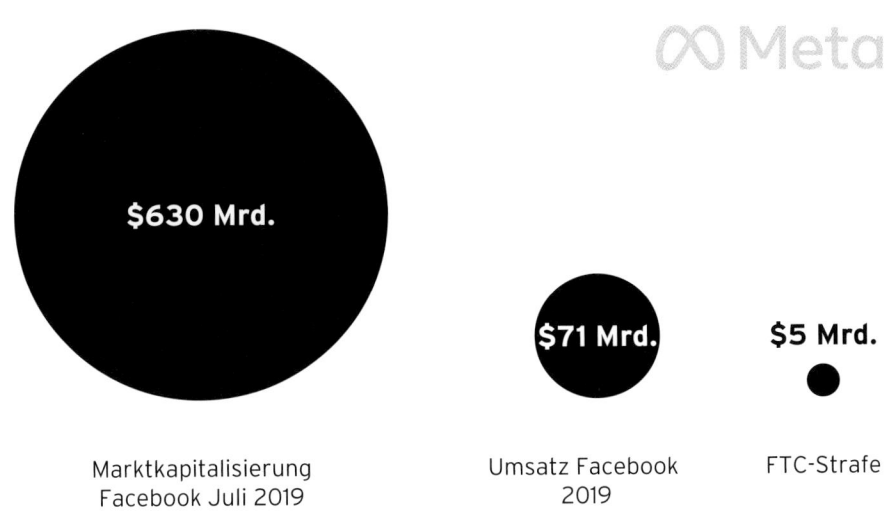

Marktkapitalisierung
Facebook Juli 2019

Umsatz Facebook
2019

FTC-Strafe

Quellen: Seeking Alpha, The Federal Trade Commission und Facebook.

Reform von Abschnitt 230

Social-Media-Unternehmen sind aufgrund eines Gesetzes aus dem Jahr 1996 – als nur 16 Prozent der Amerikaner über einen mit einem Telefonkabel verbundenen Computer Zugang zum Internet hatten[13] – weitgehend von staatlicher Kontrolle verschont geblieben. Facebook, Twitter und YouTube gab es noch nicht, und Amazon war ein Online-Buchhändler.

Heute nutzt mehr als die Hälfte der Weltbevölkerung soziale Medien, und obwohl diese Expansion einen enormen Wert für die Interessengruppen geschaffen hat, sind die externen Effekte schneller gewachsen als die Einnahmen. Die Nutzer sozialer Medien sind Algorithmen der Wut ausgesetzt, die ein Ökosystem der Verachtung, der Parteilichkeit und der Polarisierung begünstigen. Unsere Teenager sind deprimiert und leiden unter der Abhängigkeit von Geräten.

Social-Media-Unternehmen brauchen keine Sonderbehandlung mehr. Sie haben jetzt die Ressourcen und die Reichweite, um nach den gleichen Regeln zu spielen wie jedes andere Medienunternehmen – Regeln, die die Strafe und die Wahrscheinlichkeit, erwischt zu werden, größer machen als die Vorteile des Ausverkaufs der Demokratie. Diese Vorschriften verlagern die Kosten für externe Effekte zu Recht von der Allgemeinheit auf die Unternehmen, die sie verursachen.

93

Eine Zeitleiste der Social-Media-Unternehmen seit der Verabschiedung von Abschnitt 230[14]

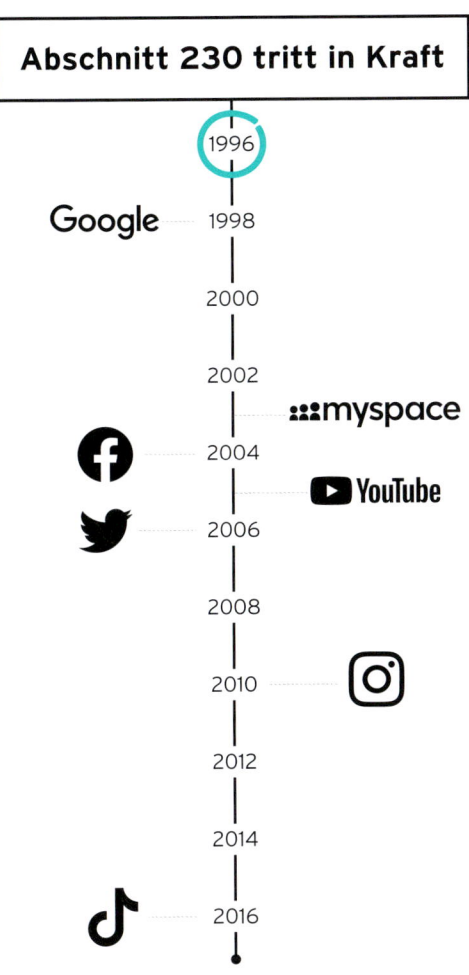

Quelle: Analyse von Prof G.

Weg vom Land der Eingekerkerten und hin zum Land der Freien

Die USA sind weltweit führend in vielen Dingen, auf die man stolz sein kann, aber das Thema Gefängnishaft gehört nicht dazu. Im Jahr 2021 saßen 629 von 100.000 Amerikanern hinter Gittern – die höchste Inhaftierungsrate aller Länder der Welt. In Kuba, einem autoritären Regime, das Menschen wegen „sozialer Gefährlichkeit im Vorfeld einer Straftat" inhaftiert,[15] ist der Anteil der Gefängnisinsassen geringer. Die Inhaftierungsrate in den USA ist doppelt so hoch wie die Russlands, und 17-mal höher als die Japans. Wäre die US-Gefängnispopulation eine Stadt, so wäre sie die fünftgrößte des Landes und hätte mehr Einwohner als Atlanta, Miami, Cincinnati und Memphis zusammen. Schwarze und Hispanoamerikaner machen fast 60 Prozent der Gefängnisinsassen aus, obwohl sie etwa ein Drittel der US-Bevölkerung stellen. Und der Unterhalt all dieser Gefängnisse kostet mehr als 80 Milliarden Dollar pro Jahr.

Wir müssen dies überdenken. Das Strafmaß für gewaltlose Straftaten sollte neu aufgesetzt werden, und Gefangene, die keine Gewalttaten begangen haben, sollten für eine Entlassung in Betracht gezogen werden. Entzug statt Haftstrafe für Drogenstraftäter, vorgerichtliche Interventionsprogramme und andere Alternativen zum Gefängnis sollten ausgebaut werden. Die Entlassung aus der Haft sollte von Wiedereingliederungsprogrammen und Bildungsmaßnahmen begleitet werden. Einen jungen Mann wegen eines Jugendfehlers, der niemandem geschadet hat, wegzusperren und ihn dann Jahre später ohne jegliche Vorbereitung auf die Straße zu setzen, macht das Problem nur noch größer. Wir haben das Strafrecht kaputt gemacht und müssen es wieder in Ordnung bringen.

94

Inhaftierungsraten[16]

Pro 100.000 Einwohner, August 2021

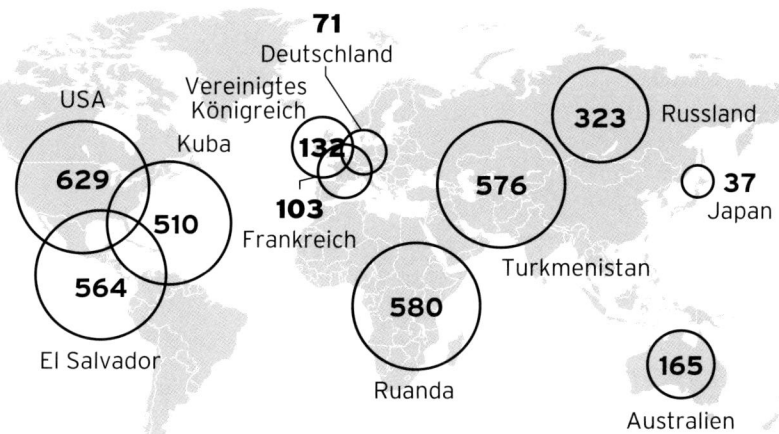

Quelle: World Prison Brief.

Eine einmalige Vermögenssteuer einführen

Einer der größten Vermögenstransfers in der Geschichte der USA von Jung nach Alt erfolgte im Zuge der staatlichen Reaktion auf die Corona-Pandemie. Es gab ein massives Konjunkturprogramm in Höhe von 5 Billionen Dollar, von denen 3 Billionen in den Händen der falschen Leute landeten. Für jeden Amerikaner, der Lohneinbußen durch die Pandemie meldete, hätte dieser Betrag 30.000 Dollar bedeuten können. Große Teile Amerikas litten, während die Reichen noch reicher wurden.

Diese 30.000 Dollar in den Händen derjenigen, die sie am meisten brauchten, hätten viel mehr dazu beigetragen, die Wirtschaft wieder in Gang zu bringen, da mehr Geld in der Wirtschaft und nicht auf den Märkten gelandet wäre. Und wer könnte besser als die Verbraucher entscheiden, welche Unternehmen es verdienen zu überleben und auf eine neue Wirtschaft vorbereitet sind?

Künftig sollten Konjunkturpakete nur noch Menschen unterstützen, die von Nahrungsmittel- und Wohnungsnot betroffen sind – und nicht Delta Air Lines oder Ihren Nachbarn, der sieben Textilreinigungen besitzt.

Aber da die USA bereits drei Billionen Dollar im Minus sind, müssen wir einen Teil dieser Verluste wieder wettmachen. Wir sollten eine einmalige Vermögenssteuer erheben. Eine zweiprozentige Steuer für die reichsten 5 Prozent der Haushalte würde bis zu einer Billion Dollar einbringen. (Der anfängliche Börsenaufschwung, der durch die Verabschiedung des CARES-Gesetzes ausgelöst wurde, verhalf den reichsten amerikanischen Aktienbesitzern zu einem Zuwachs von zwei Billionen Dollar)

Wenn wir finanzielle Belohnungen und Sanktionen nicht mit der Gesundheit unseres Gemeinwesens und seiner Bürger in Einklang bringen, sind wir dazu verdammt, immer wieder erfolglos auf Krisen zu reagieren.

95

Ausgaben Corona-Konjunkturpaket[17]

$3 Billionen	Was wir hätten tun können
• Paycheck Protection Program • Steuererleichterungen • Weitere Zuwendungen an die Reichen	**$ 30.000** an jeden der **100 Mio. Amerikaner**, die 2020 **im Zusammenhang mit Corona Einkommensverluste** hatten

Quellen: appropriations.house.gov, bls.gov.

Imagewandel für Kernenergie

Die Kernenergie leidet unter einem tragischen Rufproblem. Die Technologie ist eine kohlenstofffreie und zuverlässige Energiequelle, die rund um die Uhr zur Verfügung steht. Ein einziger Generator[18] produziert genug Strom, um alle Haushalte in Philadelphia zu versorgen. Und die Kernenergie wird seit Generationen in der ganzen Welt genutzt.

Dennoch sehen nur 29 Prozent der Amerikaner sie positiv und 49 Prozent negativ, womit sie nach der Kohle die unbeliebteste Energiequelle ist.[19] Unsere Antipathie gegenüber dieser mächtigen, sauberen Energiequelle rührt von vereinzelten, sehr seltenen Vorfällen her. In Wirklichkeit ist die Kernenergie eine der sichersten Energiequellen der Welt, denn die Zahl der Todesfälle durch Unfälle und Umweltverschmutzung ist im Verhältnis zur Energieerzeugung etwa 300-mal niedriger als bei Kohle und Öl.

Es ist Zeit für einen Imagewandel.

96

Sterberaten und Emissionen aus der Energieerzeugung[20]

Todesfälle pro Terawattstunde Energieproduktion

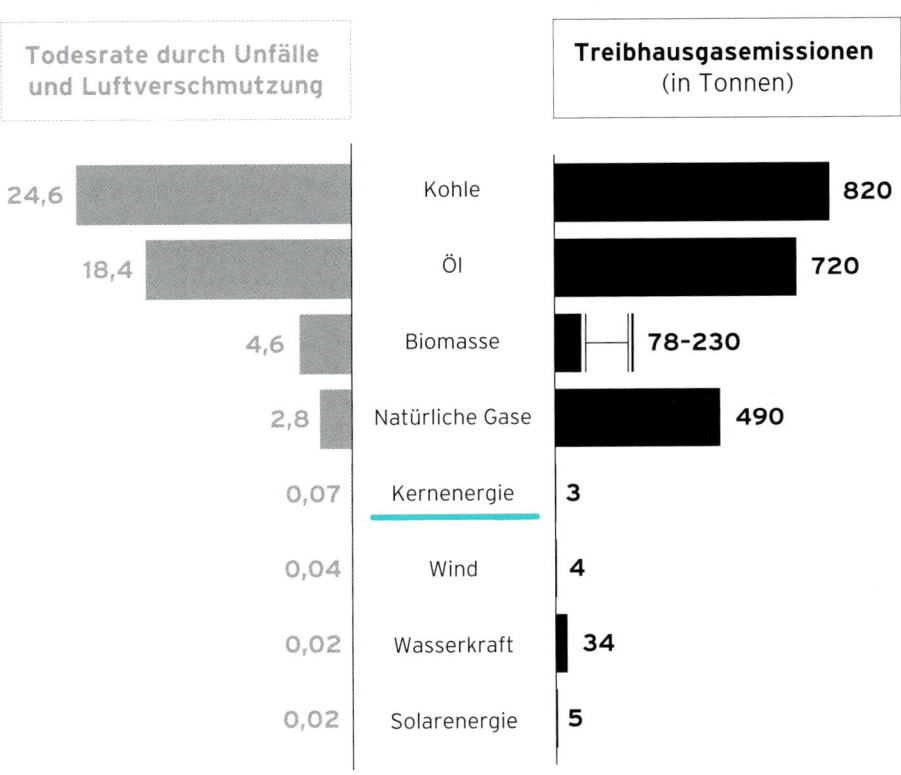

Todesrate durch Unfälle und Luftverschmutzung		Treibhausgasemissionen (in Tonnen)
24,6	Kohle	820
18,4	Öl	720
4,6	Biomasse	78-230
2,8	Natürliche Gase	490
0,07	Kernenergie	3
0,04	Wind	4
0,02	Wasserkraft	34
0,02	Solarenergie	5

Quellen: Markandya & Wilkinson (2007) und Sovacool et al. (2016) via Our World in Data.

Unterstützung von Kindern und Familiengründung

Im Jahr 2019 lebte fast eins von sieben amerikanischen Kindern[21] in Armut. Wir sind die reichste Nation in der Geschichte der Menschheit. Dies weiterhin zuzulassen ist nicht nur inakzeptabel, es ist schlechte Politik. Jedem Kind einen guten Start in die Welt zu ermöglichen – Nahrung, Unterkunft, Bildung und Hoffnung – , ist die beste Investition, die wir in unsere Zukunft tätigen können. Diskutieren Sie mit mir so viel Sie wollen über den Mindestlohn, die Durchsetzung des Kartellrechts oder den Aktienkurs von Tesla. Frühe Bildung und gute Kinderbetreuung führen zu wirtschaftlichen Erfolgen für *alle*. Die Kinder von heute werden die Arbeiter, Denker und Führungskräfte von morgen sein.

Nachdem der District of Columbia im Jahr 2008 eine flächendeckende Vorschule eingeführt hatte, stieg die Erwerbsbeteiligung von Müttern[22] kontinuierlich von 65 Prozent auf 76 Prozent im Jahr 2016. Eine Studie des Harvard-Ökonomen Raj Chetty[23] und seiner Kollegen aus dem Jahr 2011 ergab außerdem, dass Schüler, die nach dem Zufallsprinzip in den Grundschuljahren in bessere Klassen eingeteilt wurden, als Erwachsene mit größerer Wahrscheinlichkeit ein College besuchen, mehr für die Rente sparen, ein höheres Einkommen erzielen und in besseren Wohngegenden leben. Sorgen wir dafür, dass Professor Chetty seine Forschungen nicht fortsetzen kann – machen wir *alle* Klassen gut. Ich bezweifle, dass es ihm etwas ausmacht.

Die einfachste Art, Kindern zu helfen, ist auch eine der wirksamsten: den Eltern Geld zu geben. Die Steuererleichterung für Kinder[24] gewährt Haushalten mit mittlerem Einkommen derzeit bis zu 2.000 Dollar pro Kind. Das ist bei Weitem nicht ausreichend. Ein allgemeiner Zuschuss von 3.000 Dollar pro Kind würde die Kinderarmut und die rassischen Ungleichheiten fast halbieren. Selbst Kritiker, die befürchten, dass dieses Geld einige Empfänger ermutigen würde, nicht zu arbeiten, räumen ein, dass sie mehr als jedes andere derzeitige Programm[25] zur Verringerung der Kinderarmut beitragen würde.

97

Auswirkungen der Steuererleichterung für Kinder auf die Kinderarmutsquote[26]

2019

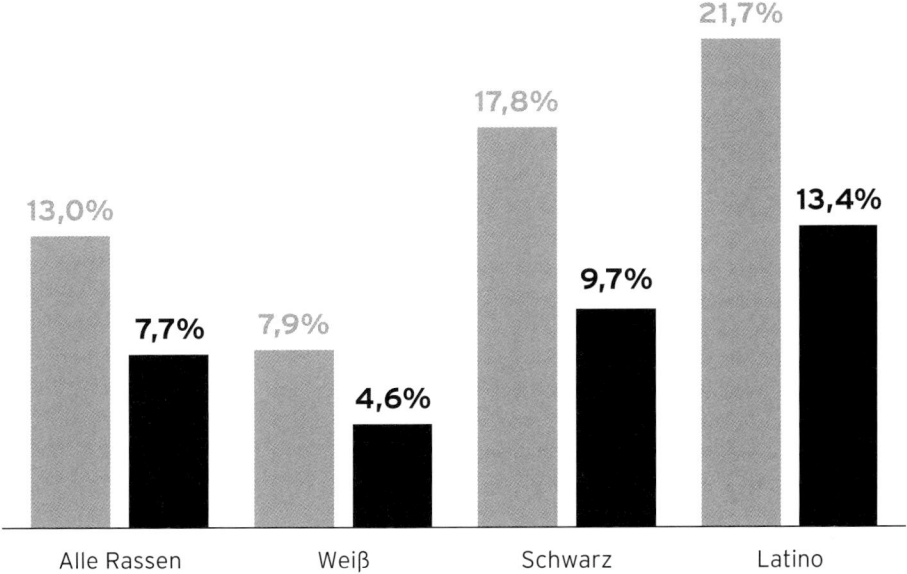

■ Aktuelle Erleichterung ($ 2.000 pro Kind)
■ **Erweiterte Erleichterung ($ 3.000 pro Kind)**

Quelle: Center on Budget and Policy Priorities.

Reform der Hochschulbildung

Das amerikanische Hochschulsystem braucht Anreize, um den Ausbau von Studienplätzen voranzutreiben. Der beste Anreiz? Geld. Eine vorgeschlagene Lösung ist die Streichung von mehr als 1,5 Billionen Dollar an Studentenschulden, aber das würde die ausbeuterischen Kosten der Hochschulbildung nur noch weiter in die Höhe treiben, und das zu enormen Kosten für die Steuerzahler. Stattdessen sollten wir die fast 600 Milliarden Dollar an Stiftungsgeldern[27] ins Visier nehmen, die von US-Hochschulen steuerfrei gehalten werden.

Elitehochschulen haben sich zu Hedgefonds entwickelt, die sich als Bildungseinrichtungen ausgeben, also sollten sie auch als solche besteuert werden. Eine einfache Voraussetzung für die Aufrechterhaltung der Steuerbefreiung einer Schenkung: Die Hochschulen sollten die Zahl der Studienanfänger schneller erhöhen, als die Bevölkerung wächst. Das beträfe die Elite-Hochschulen, die über ein großes Vermögen verfügen. Für die meisten Universitäten, an denen die überwiegende Mehrheit der Studierenden unterrichtet wird, brauchen wir einen großen Wurf. Öffentliche Subventionen und staatliche Mittel sollten erhöht werden, aber direkt an dieselbe Ausbauverpflichtung geknüpft sein.

Wir könnten auch Innovatoren in diesen Bereich locken, indem wir die Wettbewerbsbedingungen angleichen und das Akkreditierungskartell abschaffen. Die Akkreditierung ist eine Voraussetzung für die Gewährung staatlicher Finanzhilfen, aber die Agenturen, die die Akkreditierung vornehmen, sind von der Regierung unabhängig, und ihre Existenz ist darauf ausgerichtet, das derzeitige Modell der Hochschulbildung aufrechtzuerhalten. Diese Gremien sollten auf einer breiteren Basis von Interessenvertretern neu aufgebaut werden. Es spielt keine Rolle, ob das Hochschulwesen sich offen für Veränderungen zeigt, wenn seine Konkurrenten nicht in den Ring gelassen werden.

98

Inflationsbereinigtes Wachstum des Harvard-Stiftungsvermögens im Vergleich zur Zahl der Studienanfänger[28]

■ 2000 ■ 2019

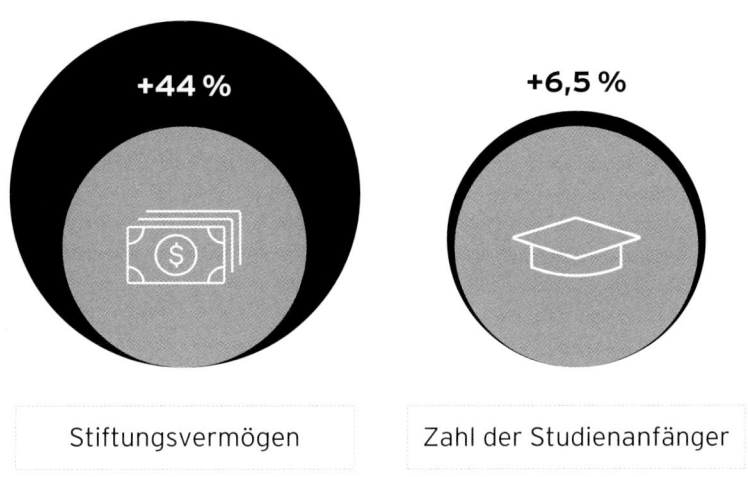

+44 %	+6,5 %
Stiftungsvermögen	Zahl der Studienanfänger

Quelle: Harvard University.

Neue Wege für die Mobilität nach oben erschließen

Die Hochschulbildung hat kein Monopol darauf, junge Menschen auf den Weg zum Wohlstand zu bringen. Ausbildungen, die in kurzer Zeit berufliche Fähigkeiten vermitteln, minimieren die Kosten, die mit dem Eintritt ins Berufsleben verbunden sind. Wir müssen uns auch für die berufliche Bildung einsetzen. Wenn junge Menschen für die Aufgaben ausgebildet werden, die die Gesellschaft braucht, sind sie auf dem Weg zum Erfolg. In Amerika haben 94 Prozent der Auszubildenden[29] nach ihrem Abschluss einen Arbeitsplatz mit einem durchschnittlichen Einstiegsgehalt von über 70.000 Dollar in den Bereichen Bauwesen, Technik, Fertigung, Gesundheitswesen und Informationstechnologie. Aber nur 3 von 1.000 Arbeitnehmern machen eine Ausbildung. Das ist weit weniger als in vergleichbaren Volkswirtschaften.

99

Auszubildende nach Land[30]

Je 1.000 Erwerbspersonen, 2019

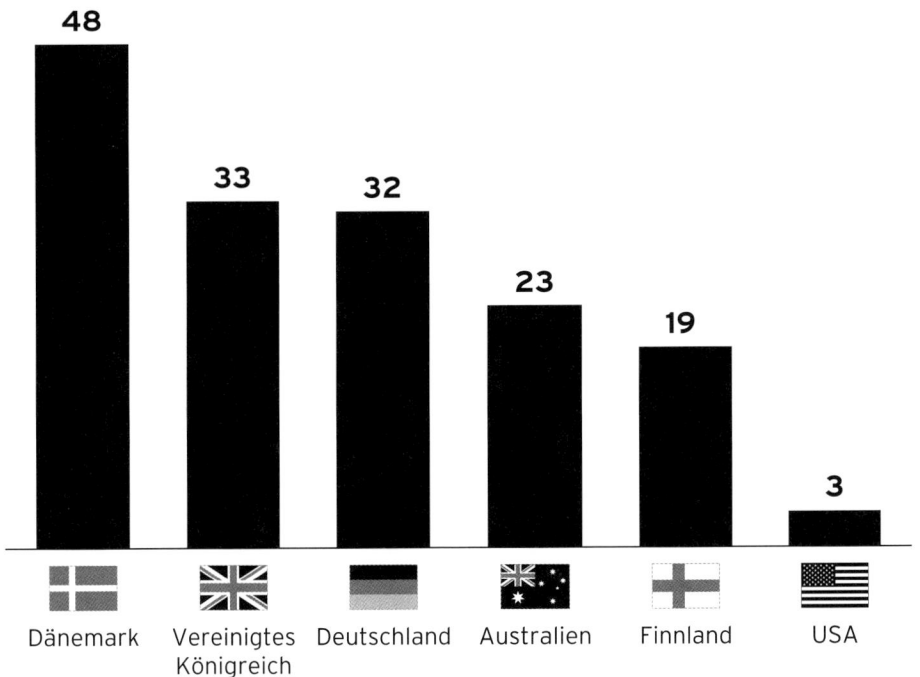

Quellen: University of Oxford, Georgetown University.

Investitionen in den Dienst für das Land

Zwischen 1965 und 1975 hatten mehr als zwei Drittel der Mitglieder des Kongresses ihrem Land in Uniform gedient.[31] Die bedeutenden legislativen Errungenschaften jener Jahre wurden von Führungspersönlichkeiten geprägt, die eine Bindung an die Gesellschaft hatten, die wichtiger war als ihre Verbindung zu Politik oder Partei. Heute haben weniger als 20 Prozent unserer Abgeordneten diese Art von Erfahrung.

Das Militär hat kein Monopol auf Menschen, die Dienst tun wollen. Seit der Gründung des Friedenskorps im Jahr 1961 haben eine Viertelmillion[32] seiner Freiwilligen in 142 Ländern Dienst getan.

Die Vorteile – steuerlicher und sozialer Art – des Dienstes für das Land überwiegen bei Weitem ihre Kosten. Programme wie Teach for America, YouthBuild und die National Guard Youth Challenge geben jungen Erwachsenen die Möglichkeit, ihren amerikanischen Mitbürgern an der Seite von Gleichaltrigen zu dienen. Die beiden letzteren konzentrieren sich vor allem auf das Angebot beruflicher Entwicklungsmöglichkeiten für Jugendliche ohne Schulabschluss, ein Bereich, in dem wir gegenüber anderen Industrieländern weit zurückliegen. Wir sollten in diese Angebote investieren und sie ausbauen und eine obligatorische Dienstpflicht prüfen.

Der Dienst an der Allgemeinheit erzeugt die Empathie, die in unserem überparteilichen Klima so dringend benötigt wird. Und die Nachfrage ist groß – das Friedenskorps erhält dreimal so viele Bewerbungen wie es Plätze hat.

Jährliche Kosten im Vergleich zum Nutzen für den Steuerzahler durch nationale Dienstprogramme für junge Menschen[33]

$1,1 Mrd.

$2,5 Mrd.

Kosten für den Steuerzahler

Nutzen für den Steuerzahler

Quellen: Clive Belfield Center for Benefit-Cost Studies in Education, Teachers College, Columbia University.

Schlusswort

1974, 29 Jahre nach Ende des Zweiten Weltkriegs, tauchte Hiroo Onoda aus dem Dschungel der Insel Lubang bei Luzon auf den Philippinen auf.[1] In diesen 29 Jahren, in denen er sich vollkommen isolierte, weil er glaubte, der Krieg sei noch im Gange, hat er nichts erreicht. Weniger als nichts, er hatte sich mehrere Scharmützel mit den Einheimischen geliefert und damit grundlos für Ärger und Unruhe gesorgt.

Würde sich die menschliche Rasse 29 Jahre lang – ein Wimpernschlag in der Geschichte – stark sozial distanzieren, würde die Art aussterben. Nicht nur Größe liegt im Wirken anderer; alles, was zählt, liegt im Wirken von etwas oder jemand anderem. Ohne Beziehungen, Kommunikation und Institutionen sind wir nicht einmal Säugetiere.

Zwischenmenschliche Beziehungen sind elementar für etwas, das alles andere überflüssig macht – Babys. In Amerika haben junge Menschen viel weniger Sex.[2] Sex ist nicht nur vergnüglich und (unnötig) kontrovers, sondern auch eine Schlüsselhandlung, um die elementaren Grundlagen jeder Gesellschaft zu schaffen: Beziehungen und Familien.

Bevor wir zum Geschlechtsverkehr kommen, brauchen wir einen Diskurs. Und unser Diskurs ist so verroht, dass die am schnellsten wachsenden Kommunikationsmedien im Gegensatz zu früheren Fortschritten in der Kommunikation nicht die Produktivität steigern, sondern die Polarisierung verstärken und aus Verbündeten Feinde machen. Aufgepeitscht durch fabrizierte Kontroversen sieht die Hälfte der Amerikaner die Mitglieder der gegnerischen politischen Partei[3] als Todfeinde an.

Institutionen, ein weiteres wichtiges Merkmal, das uns von weniger erfolgreichen Arten unterscheidet, werden jetzt als schädlich angesehen. Sie sind nicht mehr die Mechanismen, die uns auf den Mond gebracht oder Hitler zurückgeschlagen haben, sondern Einrichtungen, denen man misstraut und die man nicht mehr finanziert, und das Ergebnis ist eine sich selbsterfüllende Prophezeiung, da sie deshalb immer weniger effektiv sind.

Misstrauen und fehlende Beziehungen haben zu Systemausfällen geführt. Insbesondere in Amerika ist der zentrale Vertrag jeder Gesellschaft gebrochen worden. Zum ersten Mal in der Geschichte unseres Landes geht es den 30-Jährigen nicht so gut wie ihren Eltern im gleichen Alter.[4] Die jungen Männer scheitern, während die Alten und Reichen ihre Steuer- und Regulierungspolitik als Waffe einsetzen, um ihren Reichtum zu schützen und den Sturm der schöpferischen Zerstörung zu stoppen.

Wir sind nicht nur einsam – das setzt voraus, dass wir erkennen, dass wir mit anderen zusammen sein müssen. Wir haben keine gemeinsame Vision. Wir können das Land nicht nur nicht sehen, sondern würden es auch nicht erkennen. Wir treiben ziellos auf dem Ozean.

Wir sind nicht schiffbrüchig. Aber wir können den Kurs nicht korrigieren oder uns auf eine Richtung einigen. Wir haben das größte Schiff mit dem besten Antrieb, der je erdacht wurde, und wir haben einen schwindelerregenden Wohlstand zu verzeichnen – aber kaum Fortschritt. Wir sind gespalten, wütend, und immer mehr Amerikaner fühlen sich abgehängt.

Einige der größten Wolken könnten sich jedoch verziehen. In den ersten Wochen brachte der Einmarsch Russlands in die Ukraine dem Westen neue Einigkeit und der NATO neue Ziele. Wir haben gesehen, dass Republikaner und Demokraten nicht nur miteinander reden, sondern sich auch einigen können. Unabhängig davon, ob diese Einigkeit von Dauer ist oder nicht, ist sie ein klares Zeichen dafür, dass es eine gemeinsame Basis gibt. Corona hat mehr Amerikanern das Leben gekostet als alle Kriege in der Geschichte der USA zusammen, aber die wissenschaftliche Dividende könnte eine Welle des Wohlbefindens auslösen. Insbesondere könnten wir ein Zeitalter der Entdeckungen herbeigeführt haben, das das Geschenk der Impfstoffe nutzt, um die Welt immun zu machen und Millionen vermeidbarer Todesfälle zu verhindern. Bildung, Gesundheitsfürsorge und Arbeit könnten sich aus den Universitäten, Krankenhäusern und Büros verlagern und Milliarden von Stunden freisetzen, die besser für die Selbstfürsorge, die Betreuung anderer oder das Geldverdienen genutzt werden können.

Dieses Buch ist meinem Cousin Andy gewidmet, der am 23. Dezember 2021 im Alter von 52 Jahren an den Komplikationen von Covid-19 starb. Hätte ich eine Liste aller Personen erstellt, die ich kenne, die ich für gefährdet hielt, hätte Andy ganz unten gestanden. Andy war ein starker, gut aussehender Mann, der jeden Raum heller machte. Doch aufgrund einer Reihe von unvorstellbaren Fehlern und Missgeschicken, darunter Andys Entscheidung, sich nicht impfen zu lassen, ist ein wundervoller neunjähriger Junge nun vaterlos. Wie die Millionen von Menschen, die einen geliebten Menschen verloren haben, gewinne ich eine neue Perspektive und erkenne die Zerbrechlichkeit und Endlichkeit des Lebens. Aber ... was nun?

Ich hoffe, dass das sichtbare Land des Fortschritts, des staatsbürgerlichen Engagements und der Perspektive Entschlossenheit und Orientierung bietet. Dass wir massiv in jüngere Amerikaner investieren, dass wir unsere Brüder und Schwestern im Ausland wieder ins Herz schließen, dass wir den Unterschied zwischen Konkurrenten und Feinden erkennen und dass wir vor allem erkennen ... dass wir Amerikaner sind. Im Jahr 2021 haben wir die Kinderarmut in Amerika fast halbiert. Im Jahr 2022 buchen Menschen Zimmer in Kiew (auf einer US-amerikanischen Technologieplattform, ohne die Absicht, sie zu nutzen), um Geld an Ukrainer zu überweisen. Wir verbringen mehr Zeit mit unseren Lieben. Wir leisten Widerstand gegen Tyrannen und beginnen, die Polarisierung abzulehnen.

Es ist keine ausgemachte Sache, dass wir Land erreichen werden. Wir werden nicht einfach an einer dieser Küsten angeschwemmt – die Investitionen und die Führung müssen konsequent sein und immens. Das Land ist jedoch da. Wir müssen nur hinfahren.

Danksagungen

Einer der größten Vorteile des Erfolgs besteht darin, dass man auf seinem Weg mit so vielen hervorragenden Menschen zusammenarbeiten kann. Dieses Buch wäre ohne die hier aufgelisteten Personen nicht zustande gekommen. Vieles von dem, was ich tue, wäre ohne sie gar nicht möglich. Und ich würde es nicht anders haben wollen. Meine Errungenschaften sind die der anderen, und ich fühle mich geschmeichelt, dass ich einen kleinen Beitrag zu ihrem eigenen unglaublichen Erfolg geleistet habe. Ich danke allen, die an diesem Buch mitgearbeitet haben, und den Dutzenden von Menschen, deren Beiträge sich in allem, was ich tue, widerspiegeln.

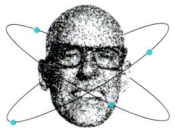

PROF G MEDIA

Presents

A SCOTT GALLOWAY PRODUCTION

Ausführende Produzenten

Jason Stavers

Katherine Dillon

Leiter Forschung

Daniel Attia

Layout und Datenvisualisierung

Olivia Reaney-Hall

Kapitelillustrationen

Luba Lukova

Cover Art

Tyler Comrie

Porträtillustrationen

Raaziq Brown

In Zusammenarbeit mit

Jim Levine von Levine, Greenberg, Rostan

Niki Papadopoulos und Adrian Zackheim von Portfolio

Forschungsteam

Mia Silverio

Caroline Schagrin

Edward Elson

Claire Miller

Redakteure

Mark Leydorf

Maria Petrova

Endnoten

Kapitel 1

1 Ronald Reagan, „Inaugural Address", 20. Januar 1981, https://www.reaganfoundation.org/ronald-reagan/reagan-quotes-speeches/inaugural-address-1.

2 „U.S. Inflation Rate 1960–2022", MacroTrends, abgerufen am 23. Februar 2022, https://www.macrotrends.net/countries/USA/united-states/inflation-rate-cpi.

3 „Dow Jones-DJIA-100 Year Historical Chart", MacroTrends, abgerufen am 23. Februar 2022, https://www.macrotrends.net/1319/dow-jones-100-year-historical-chart.

4 „Historical Highest Marginal Income Tax Rates", Tax Policy Center, abgerufen am 23. Februar 2022, https://www.taxpolicycenter.org/statistics/historical-highest-marginal-income-tax-rates.

5 „Federal Debt: Total Public Debt", Federal Reserve Bank of St. Louis, abgerufen am 10. Februar 2022, https://fred.stlouisfed.org/graph/?g=Lgqj.

6 „Historical U.S. Federal Corporate Income Tax Rates & Brackets, 19092020", Tax Foundation, abgerufen am 23. Februar 2022, https://taxfoundation.org/historical-corporate-tax-rates-brackets/; „Historical Highest Marginal Income Tax Rates", Tax Policy Center, abgerufen am 23. Februar 2022, https://www.taxpolicycenter.org/statistics/historical-highest-marginal-income-tax-rates.

7 Gautam Mukunda, „‚What's Good for GM Is Good for America' – What Should You Do During A National Crisis?" Forbes, 5. Juni 2020, https://www.forbes.com/sites/gautammukunda/2020/06/05/whats-good-for-gm-is-good-for-americawhat-should-you-do-during-a-national-crisis/?sh=c4dfde6d3bda.

8 Theodore Roosevelt, „NY Speech", Asheville, North Carolina, 9. September 1902; Franklin D. Roosevelt, „Address at Marietta, Ohio", 8. Juli 1938; John F. Kennedy, Public Papers of the Presidents of the United States (Washington, D.C.: US Gov. Printing Office, 1964), 326; Ronald Reagan, news conference, 12. August 1986, https://www.reaganfoundation.org/ronald-reagan/reagan-quotes-speeches/news-conference-1; „Clinton: Era of Big Government Is Over", ABC News, abgerufen am 23. Februar 2022, https://abcnews.go.com/Politics/video/clinton-era-big-government-9655598.

9 „Report Card for America's Infrastructure": Roads", ASCE Foundation, abgerufen am 23. Februar 2022, https://infrastructurereportcard.org/cat-item/roads/.

10 „Report Card for America's Infrastructure: Transit", ASCE Foundation, abgerufen am 23. Februar 2022, https://infrastructurereportcard.org/cat-item/transit-infrastructure/.

11 „Report Card for America's Infrastructure: Water", ASCE Foundation, abgerufen am 23. Februar 2022, https://infrastructurereportcard.org/cat-item/drinking-water-infrastructure/.

12 Andrew Keller, „United Way Estimates Cost of Helping Children $100M", WNEM, 2016, https://web.archive.Org/web/20160203004456/http://www.wnem.com/story/30995770/united-way-estimates-cost-of-helping-children-100m; Jennie Doyle, „The Flint Water Crisis – Impact, Solutions, and Repercussions", Voices of Youth, 27. Februar 2019, https://www.voicesofyouth.org/blog/flint-water-crisis-impact-solutions-and-repercussions.

13 Lauren Leatherby et al., „Floor by Floor, the Lost Lives of the Surfside Building Collapse", New York Times vom 27. Juli 2022, https://www.nytimes.com/interactive/2021/06/30/us/miami-building-missing-dead.html.

14 Phelim Kine, „‚Powerful Signal': Biden's Infrastructure Bill Sends Message to China", Politico 7. August 2021, https://www.politico.com/news/2021/08/07/biden-infrastructure-bill-message-china-502739.

15   „Best Places to Visit in China – Book Tours and Travel Packages", China Guide, abgerufen am 23. Februar 2022, https://www.chinatrainguide.com/route/shanghai-to-beijing.

16   „Reservations", Amtrak, abgerufen am 23. Februar 2022, https://www.amtrak.com/tickets/departure.html.

17   Josh Bivens, „The Potential Macroeconomic Benefits from Increasing Infrastructure Investment", Economic Policy Institute, 18. Juli 2017, https://www.epi.org/publication/the-potential-macroeconomic-benefits-from-increasing-infrastructure-investment/.

18   Jessica Placzek, „Did the Emptying of Mental Hospitals Contribute to Homelessness?" KQED, 6. Dezember 2016, https://www.kqed.org/news/11209729/did-the-emptying-of-mental-hospitals-contribute-to-homelessness-here.

19   „HUD 2020 Continuum of Care Homeless Assistance Programs Homeless Populations and Subpopulations", US Department of Housing and Urban Development, abgerufen am 23. Februar 2022, https://files.hudexchange.info/reports/published/CoC_PopSub_Natl-TerrDC_2020.pdf.

20   Dominic Casciani, „Crime Victims with Mental Illness Ignored, Research Suggests", BBC, October 7, 2013, https://www.bbc.com/news/uk-24420430.

21   William Fisher, Ted Lutterman, Ronald Manderscheid, und Robert Shaw, „Trend in Psychiatric Inpatient Capacity, United States and Each State, 1970 to 2014", National Association of State Mental Health Program Directors, August 2017, 41, https://www.nasmhpd.org/sites/default/files/TACPaper.2.Psychiatric-Inpatient-Capacity_508C.pdf.

22   Gerald Mayer, „Union Membership Trends in the United States", Congressional Research Service, 31. August 2004, https://ecommons.cornell.edu/handle/1813/77776.

23   „Work Stoppages Involving 1,000 or More Workers, 1947-2017", U.S. Bureau of Labor Statistics, abgerufen am 23. Februar 2022, https://www.bls.gov/news.release/wkstp.t01.htm; Lawrence Mishel, Lynn Rhinehart und Lane Windham, „Explaining the Erosion of Private-Sector Unions", Economic Policy Institute, 18. November 2020, https://www.epi.org/unequalpower/publications/private-sector-unions-corporate-legal-erosion/.

24   Ann Crittenden, „Reaping Big Profits from a Fat Cat", New York Times vom 7. August 1983, https://www.nytimes.com/1983/08/07/business/reaping-the-big-profits-from-a-fat-cat.html.

25   Crittenden, „Reaping the Big Profits from a Fat Cat."

26   „U.S. Leveraged Buyout Market From 1980-2002", U.S. Bancorp Piper Jaffray Capital Markets Ltd, abgerufen am 23. Februar 2022, http://www.pipersandler.com/piperpublic/MA/pdfs/leveragedbuyout_0503.pdf.

27   Josh Bivens und Lawrence Mishel, „Understanding the Historic Divergence Between Productivity and a Typical Worker's Pay: Why It Matters and Why It's Real", Economic Policy Institute, 2. September 2015, https://www.epi.org/publication/understanding-the-historic-divergence-between-productivity-and-a-typical-workers-pay-why-it-matters-and-why-its-real/#.

28   Catherine Rampell, „The Top 1%: Executives, Doctors and Bankers", New York Times, 17. Oktober 2011, https://economix.blogs.nytimes.com/2011/10/17/the-top-1-executives-doctors-and-bankers/.

29   Bivens und Mishel, „Understanding the Historic Divergence Between Productivity and a Typical Worker's Pay."

30   Natasha Sarin, „The Case for a Robust Attack on the Tax Gap", U.S. Department of Treasury, 7. September 2021, https://home.treasury.gov/news/featured-stories/the-case-for-a-robust-attack-on-the-tax-gap.

31   „SOI Tax Stats Archive-1863 to 1999 Annual Reports and IRS Data Books", Internal Revenue Service, abgerufen am 23. Februar 2022, https://www.irs.gov/statistics/soi-tax-stats-archive-1863-to-1999-annual-reports-and-irs-data-books.

32   Thomas Wright und Gabriel Zucman, „The Exorbitant Tax Privilege", National Bureau of Economic Research, Working Paper 24983, September 2018, https://www.nber.org/papers/w24983.

33　„Distribution of Household Wealth in the U.S. Since 1989", Board of Governors of the Federal Reserve System, abgerufen am 23. Februar 2022, https://www.federalreserve.gov/releases/z1/dataviz/dfa/distribute/chart/.

34　„Survey of Consumer Finances, 1989-2019", Board of Governors of the Federal Reserve System, abgerufen am 23. Februar 2022, https://www.federalreserve.gov/econres/scf/dataviz/scf/chart/#series:Stock_Holdings;demographic:all;population:1;units:have.

Kapitel 2

1　„Population Living in Extreme Poverty, World, 1981 to 2017", Global Change Data Lab, abgerufen am 24. Februar 2022, https://ourworldindata.org/grapher/above-or-below-extreme-poverty-line-world-bank?country=~OWID_WRL.

2　„200 Years Ago, Everyone Lacked Democratic Rights. Now, Billions of People Have Them", Global Change Data Lab, abgerufen am 24. Februar 2022, https://ourworldindata.org/democratic-rights.

3　„Life Expectancy", Global Change Data Lab, abgerufen am 24. Februar 2022, https://ourworldindata.org/grapher/life-expectancy-at-birth-total-years?tab=chart&country=~OWID_WRL.

4　„Share of the World Population Older Than 15 Years with at least Basic Education", Global Change Data Lab, abgerufen am 24. Februar 2022, https://ourworldindata.org/grapher/share-of-the-world-population-with-at-least-basic-education?country=~OWID_WRL.

5　„Share of Population in Extreme Poverty, 1981 to 2019", Global Change Data Lab, abgerufen am 24. Februar 2022, https://ourworldindata.org/grapher/share-of-population-in-extreme-poverty?tab=chart&country=East+Asia +and+Pacific~South+Asia~OWID_WRL.

6　Hans M. Kristensen und Robert S. Norris, „Global Nuclear Weapons Inventories, 1945-2010", Bulletin of Atomic Sciences 66, no. 4 (27. November 2015): 77-83, https://www.tandfonline.com/doi/full/10.2968/066004008.

7　Mark Stenberg, „How the CEO of Pepsi, By Bartering Battleships and Vodka, Negotiated Cold War Diplomacy and Brought His Soda to the Soviet Union", Business Insider, 11. November 2020, https://www.businessinsider.com/ceo-of-pepsi-brought-soda-to-the-soviet-union-2020-11.

8　Max Roser, „The world economy over the last two millennia", Our World in Data, abgerufen am 24. Februar 2022, https://ourworldindata.org/economic-growth#economic-growth-over-the-long-run.

9　Jack Goodman, „Has China Lifted 100 Million People Out of Poverty?", BBC News, 28. Februar 2021, https://www.bbc.com/news/56213271.

10　David Dawkins, „China Overtakes U.S. In Global Household Wealth Rankings ‚Despite' Trade Tensions-Report", Forbes, 21. Oktober 2019, https://www.forbes.com/sites/daviddawkins/2019/10/21/china-overtakes-us-in-global-household-wealth-rankings-despite-trade-tensionsreport/?sh=6f470a3f15ec.

11　„Regional Aggregation Using 2011 PPP and $1.9/Day Poverty Line", The World Bank Group, abgerufen am 24. Februar 2022, http://iresearch.worldbank.org/PovcalNet/povDuplicate-WB.aspx.

12　Bernadeta Dadonaite, Hannah Ritchie und Max Roser, „Child and Infant Mortality", Our World in Data, 2013, https://ourworldindata.org/child-mortality.

13　„Burden of Disease, 1990 to 2019", Global Change Data Lab, abgerufen am 24. Februar 2022, https://ourworldindata.org/grapher/dalys-rate-from-all-causes?tab=chart&country=~OWID_WRL „Rate of Violent Deaths in Conflicts and One-Sided Violence Per 100,000, 1946 to 2016", Global Change Data Lab, abgerufen am 24. Februar 2022, https://ourworldindata.org/grapher/rate-of-violent-deaths-in-conflicts-and-one-sided-violence-per-100000-since-1989.

14 „Life Expectancy at Birth, Total (Years)", World Bank Group, abgerufen am 24. Februar 2022, https://data.worldbank.org/indicator/SP.DYN.LE00.IN.

15 „Share of Democracies", Global Change Data Lab, abgerufen am 24. Februar 2022, https://ourworldindata.org/grapher/share-democracies-bmr?time=earliest.1900&country=~OWID_WRL.

16 Marjolaine Gauthier-Loiselle und Jennifer Hunt, „How Much Does Immigration Boost Innovation?" American Economic Journal: Macroeconomics 2 (April 2010): 31–56, https://pubs.aeaweb.org/doi/pdf/10.1257/mac.2.2.31.

17 Stuart Anderson, „Immigrants and Billion Dollar Companies", National Foundation for American Policy, Oktober 2018, https://nfap.com/wp-content/uploads/2019/01/2018-BILLION-DOLLAR-STARTUPS.NFAP-Policy-Brief.2018-1.pdf.

18 Sameeksha Desai und Robert Fairlie, „National Report on Early Stage Entrepreneurship in the United States: 2020", Kauffman Indicators of Entrepreneurship: Ewing Marion Kauffman Foundation, Februar 2021, https://indicators.kauffman.org/wp-content/uploads/sites/2/2021/03/2020_Early-Stage-Entrepreneurship-National-Report.pdf.

19 „World Migration Report", International Organization for Migration, abgerufen am 24. Februar 2022, https://publications.iom.int/system/files/pdf/wmr_2020.pdf.

20 Martin Placek, „Container Shipping Statistics & Facts", Statista, 23. September 2021, https://www.statista.com/topics/1367/container-shipping/#dossierKeyfigures.

21 „Capacity of Container Ships in Seaborne Trade from 1980 to 2021", Statista, abgerufen am 24. Februar 2022, https://www.statista.com/statistics/267603/capacity-of-container-ships-in-the-global-seaborne-trade/.

22 Aran Ali, „Here's What Happens Every Minute on the Internet in 2020", Visual Capitalist, 15. September 2020, https://www.visualcapitalist.com/every-minute-internet-2020/.

23 „Percentage of Global Population Accessing the Internet from 2005 to 2021, by Market Maturity", Statista, Zugriff im Februar 2022, https://www.statista.com/statistics/209096/share-of-internet-users-in-the-total-world-population-since-2006/.

24 „Number of Internet Users", Global Change Data Lab, abgerufen am 24. Februar 2022, https://ourworldindata.org/grapher/number-of-internet-users-by-country?tab=chart&country=~OWID_WRL.

25 Kevin Nazar und Michele Waslin, „U.S. Risks no Longer Attracting Nobel-Worthy Talent", George Mason University: Institute for Immigration Research, 11. Juni 2019, https://www.ilctr.org/u-s-risks-no-longer-attracting-nobel-worthy-talent/.

26 „Nobel Laureates and Research Affiliations", Nobel Prize Outreach, abgerufen am 24. Februar 2022, https://www.nobelprize.org/prizes/facts/lists/affiliations.php.

27 Joe Myers, „Foreign Aid: These Countries Are the Most Generous", World Economic Forum, 16. August 2016, https://www.weforum.org/agenda/2016/08/foreign-aid-these-countries-are-the-most-generous.

28 Tom Guettler, „Why Ronald Reagan Was a Strong Advocate of Foreign Aid", Global Citizen, 11. August 2016, https://www.globalcitizen.org/de/content/reagans-legacy-on-foreign-aid/.

29 Gary L. Gregg II, „George W. Bush: Foreign Affairs", University of Virginia: Miller Center, 2022, https://millercenter.org/president/gwbush/foreign-affairs.

30 „The Global Food Security Act", The United States Agency for International Development, abgerufen am 24. Februar 2022, https://www.usaid.gov/feed-the-future/vision/global-food-security-act.

31 „51 Billion Total Obligations", The United States Agency for International Development, abgerufen am 24. Februar 2022, https://foreignassistance.gov/aid-trends.

Kapitel 3

1 Jeffrey M. Jones, „U.S. Church Membership Falls Below Majority for First Time", Gallup, 29. März 2021, https://news.gallup.com/poll/341963/church-membership-falls-below-majority-first-time.aspx.

2 „The Birth of the Microchip", Longview Institute, abgerufen am 6. März 2022, http://www.longviewinstitute.org/projects/marketfundamentalism/microchip/; „How the Internet was Invented", The Guardian, abgerufen am 6. März 2022, https://www.theguardian.com/technology/2016/jul/15/how-the-internet-was-invented-1976-arpa-kahn-cerf; „The Invention of the Computer Mouse", DARPA, abgerufen am 6. März 2022, https://www.darpa.mil/about-us/timeline/computer-mouse; „Global Positioning System History", NASA, abgerufen am 6. März 2022, https://www.nasa.gov/directorates/heo/scan/communications/policy/GPS_History.html; „The History of Web Browsers", Mozilla.org, abgerufen am 6. März 2022, https://www.mozilla.org/en-US/firefox/browsers/browser-history/.

3 James Laurence, Katharina Schmid, James R. Rae und Miles Hewstone, „Prejudice, Contact, and Threat at the Diversity-Segregation Nexus: A Cross-Sectional and Longitudinal Analysis of How Ethnic Out-Group Size and Segregation Interrelate for Inter-Group Relations", Social Forces 97, no. 3 (März 2019): 1029–66, https://doi.org/10.1093/sf/soy079.

4 Ben Bromley, „In Depth: Shrinking Service Clubs Try to Reach Millennials", WiscNews, 10. Mai 2019, https://www.wiscnews.com/community/baraboonewsrepublic/news/local/in-depth-shrinking-service-clubs-try-to-reach-millennials/article_99763e68-f425-5253-875c-d6603a0c9dd9.html#tncms-source=login; Brian Cabell, „Are Service Clubs Dying? Word on the Street", 4. Juli 2017, https://wotsmqt.com/service-clubs-dying; Jeffrey M. Jones, „U.S. Church Membership Falls Below Majority for First Time", Gallup, 29. März 2021, https://news.gallup.com/poll/341963/church-membership-falls-below-majority-first-time.aspx; „The Space Between: Renewing the American Tradition of Civil Society", Republicans Joint Economic Committee, Nr. 8-10, Dezember 2019, https://www.jec.senate.gov/public/index.cfm/republicans/2019/12/opportunity-rightly-understood-rebuilding-civil-society-with-the-principle-of-subsidiarity; „443. Boy Scouts and Girl Scouts – Membership and Units", Photius Coutsoukis and Information Technology Associates, abgerufen am 24. Februar 2022, https://allcountries.org/uscensus/443_boy_scouts_and_girl_scouts_membership.html; David Crary, „Boy Scouts, Girl Scouts Suffer Huge Declines in Membership", Associated Press, 30. Juni 2021, https://apnews.com/article/only-on-ap-health-coronavirus-pandemic-7afeb2667df0a391de3be67b38495972.

5 Major Garrett und Kathryn Watson, „Clean Drinking Water a Bigger Global Threat Than Climate Change, EPA's Wheeler Says", CBS News, March 20, 2019, https://www.cbsnews.com/news/epa-administrator-andrew-wheeler-exclusive-interview „Mobile Fact Sheet", Pew Research Center, abgerufen am 24. Februar 2022, https://www.pewresearch.org/internet/fact-sheet/mobile/.

6 History Center Staff, „A Brief History of the U.S. Federal Government and Innovation (Part III: 1945 and Beyond)", IEEE, 1. August 2011, https://insight.ieeeusa.org/articles/a-brief-history-of-the-u-s-federal-government-and-innovation-part-iii-1945-and-beyond/.

7 „U.S. R&D Increased by $51 Billion, to $606 Billion, in 2018; Estimate for 2019 Indicates a Further Rise to $656 Billion", National Center for Science and Engineering Statistics, abgerufen am 24. Februar 2022, https://ncses.nsf.gov/pubs/nsf21324.

8 „U.S. R&D Increased by $51 Billion, to $606 Billion, in 2018."

9 „College Tuition and Fees Increase 63 Percent Since January 2006", Bureau of Labor Statistics, U.S. Department of Labor, abgerufen am 24. Februar 2022, https://www.bls.gov/opub/ted/2016/college-tuition-and-fees-increase-63-percent-since-january-2006.htm.

10 Brandon Griggs und Michelle Lou, „Acceptance Rates at Top Colleges Are Dropping, Raising Pressure on High School Students", CNN, 3. April 2019, https://www.cnn.com/2019/04/03/us/ivy-league-college-admissions-trnd/index.html.

11   „Educational Attainment Tables", United States Census Bureau, abgerufen am 24. Februar 2022, https://www.census.gov/topics/education/educational-attainment/data/tables.2020. List_2016040495.html.

12   Anthony P. Carnevale, Nicole Smith und Jeff Strohl, „Recovery: Job Growth and Education Requirements Through 2020", Georgetown Public Policy Institute: Center on Education and Workforce, 2020, https://cew.georgetown.edu/wp-content/uploads/2014/11/Recovery2020. ES_.Web_.pdf.

13   Rebecca Aydin, „The WeWork Fiasco of 2019, Explained in 30 Seconds", Business Insider, 22. Oktober 2019, https://www.businessinsider.com/wework-ipo-fiasco-adam-neumann-explained-events-timeline-2019-9.

14   Die S-1-Einreichungen dieser Unternehmen.

15   Jay R. Ritter, „Initial Public Offerings: Dual Class Structure of IPOs Through 2021", University of Florida, abgerufen am 16. Februar 2022, https://site.warrington.ufl.edu/ritter/files/IPOs-Dual-Class.pdf.

16   Theo Burke und Steven M. Rosenthal, „Who Owns US Stock? Foreigners and Rich Americans", Urban Institute, The Brookings Institution, und einzelne Autoren, 20. Oktober 2020, https://www.taxpolicycenter.org/taxvox/who-owns-us-stock-foreigners-and-rich-americans.

17   „US Total Market Capitalization as % of GDP", YCharts, abgerufen am 24. Februar 2022, https://ycharts.com/indicators/us_total_market_capitalization.

18   „Share of Corporate Equities and Mutual Fund Shares Held", Federal Reserve Bank of St. Louis, abgerufen am 24. Februar 2022, https://fred.stlouisfed.org/graph/?g=LlPX.

19   „Q3 2021", Federal Reserve Bank of St. Louis, abgerufen am 24. Februar 2022, https://fred.stlouisfed.org/graph/?g=LlPX.

20   Jack Nicas, „Apple Becomes First Company to Hit $3 Trillion Market Value ", New York Times, 3. Januar 2022, https://www.nytimes.com/2022/01/03/technology/apple-3-trillion-market-value.html.

21   Unternehmenspapiere

22   George Maroudas (@ChicagoAdvisor), „Yearly revenue before reaching trillion valuation: Tesla: $32 billion, Facebook: $86 billion, Microsoft: $110 billion, Google: $162 billion, Amazon: $178 billion, Apple: $229 billion ", Twitter, 29. Oktober 2021, https://twitter.com/ChicagoAdvisor/status/1454089969635663874.

23   Andrew J. Hawkins, „Here Are Elon Musk's Wildest Predictions about Tesla's Self-Driving Cars", The Verge, 22. April 2019, https://www.theverge.com/2019/4/22/18510828/tesla-elon-musk-autonomy-day-investor-comments-self-driving-cars-predictions.

24   Unternehmenspapiere.

25   Tony Romm, „Amazon, Facebook, other tech giants spent roughly $65 million to lobby Washington last year", Washington Post, 22. Januar 2021, https://www.washingtonpost.com/technology/2021/01/22/amazon-facebook-google-lobbying-2020/.

26   Johana Bhuiyan, Ryan Menezes und Suhauna Hussain, „How Uber and Lyft Persuaded California to Vote Their Way", Los Angeles Times, 13. November 2020, https://www.latimes.com/business/technology/story/2020-11-13/how-uber-lyft-doordash-won-proposition-22.

27   „Industry Profile: Internet", OpenSecrets, abgerufen am 24. Februar 2022, https://www.opensecrets.org/federal-lobbying/industries/summary?cycle=2021&id=B13; „Industry Profile: Commercial Banks", OpenSecrets, abgerufen am 24. Februar 2022, https://www.opensecrets.org/federal-lobbying/industries/summary?cycle=2021&id=F03; „Sector Profile: Energy & Natural Resources", OpenSecrets, abgerufen am 24. Februar, https://www.opensecrets.org/federal-lobbying/sectors/summary?cycle=2021&id=E.

28   Jackie Wattles, „Jeff Bezos Just Went to Space and Back", CNN, 20. Juli 2021, https://www.cnn.com/2021/07/20/tech/jeff-bezos-blue-origin-launch-scn/index.html.

29   „Climate Change: How Do We Know?“, National Aeronautics and Space Administration, abgerufen am 24. Februar 2022, https://climate.nasa.gov/evidence/.

30   Brian Kahn, „Jeff Bezos Got as Much Morning Show Coverage in a Day as Climate Change Got All Last Year“, Gizmodo, 21. Juli 2021, https://gizmodo.com/jeff-bezos-got-as-much-morning-show-coverage-in-a-day-a-1847334966.

Kapitel 4

1   „The World's Real-Time Billionares“, Forbes, abgerufen am 25. Februar 2022, https://www.forbes.com/real-time-billionaires/#49e88cdb3d78.

2   „The World's Real-Time Billionares.“

3   „Share of Total Net Worth Held by the Top 1% (99th to 100th Wealth Percentiles)“, Federal Reserve Bank of St. Louis, abgerufen am 25. Februar 2022, https://fred.stlouisfed.org/series/WFRBST01134.

4   „Historical Income Tables: Households“, United States Census Bureau, abgerufen am 25. Februar 2022, https://www.census.gov/data/tables/time-series/demo/income-poverty/historical-income-households.html.

5   Elaine Low, „Netflix Reveals $17 Billion in Content Spending in Fiscal 2021“, Variety, 20. April 2021, https://variety.com/2021/tv/news/netflix-2021-content-spend-17-billion-1234955953.

6   Zack Friedman, „Student Loan Debt Statistics In 2021: A Record $1.7 Trillion“, Forbes, 21. Februar 2021,https://www.forbes.com/sites/zackfriedman/2021/02/20/student-loan-debt-statistics-in-2021-a-record-17-trillion/?sh=7f8280051431.

7   Abigail Johnson Hess, „Georgetown Study: ‚To Succeed in America, It's Better to Be Born Rich Than Smart'“, CNBC, 29. Mai 2019, https://www.cnbc.com/2019/05/29/study-to-succeed-in-america-its-better-to-be-born-rich-than-smart.html.

8   Preston Cooper, „College Enrollment Surges Among Low-Income Students“, Forbes, 26. Februar 2018, https://www.forbes.com/sites/prestoncooper2/2018/02/26/college-enrollment-surges-among-low-income-students/?sh=7134b66d293b.

9   „Some Colleges Have More Students from the Top 1 Percent Than the Bottom 60. Find Yours“, New York Times, The Upshot, 18. Januar 2017, https://www.nytimes.com/interactive/2017/01/18/upshot/some-colleges-have-more-students-from-the-top-1-percent-than-the-bottom-60.html.

10   „National Income: Compensation of Employees“, Federal Reserve Bank of St. Louis, abgerufen am 24. Februar 2022, https://fred.stlouisfed.org/series/A033RC1A027NBEA.

11   „U.S. Airline Bankruptcies“, Airlines for America, abgerufen am 24. Februar 2022, https://www.airlines.org/dataset/u-s-bankruptcies-and-services-cessions/.

12   Joseph Zeballos-Roig, „Airlines Are Begging for a Bailout, but They've Used 96% of Their Cash Flow on Buybacks Over the Past 10 Years. It Highlights an Ongoing Controversy Over How Companies Have Been Spending Their Money“, Business Insider, 20. März 2020, https://markets.businessinsider.com/news/stocks/airline-bailout-coronavirus-share-buyback-debate-trump-economy-aoc-2020-3-1029006175.

13   Andrew Ross Sorkin, „Were the Airline Bailouts Really Needed?: Once Again, We Have Socialized an Industry's Losses and Privatized its Profits“, New York Times, 16. März 2021, https://www.nytimes.com/2021/03/16/business/dealbook/airline-bailouts.html.

14   Kelly Yamanouchi, „Delta CEO Bastian Took Pay Cut in 2020, but Still Got Stock Incentives“, The Atlanta Journal-Constitution, 30. April 2021, https://www.ajc.com/news/business/delta-ceo-bastian-took-pay-cut-in-2020-but-still-got-stock-incentives/JZOBBRUFWRG2VNI4YRDR4GMEJ4/.

15   „Corporate Profits After Tax (without IVA and CCAdj)“, Federal Reserve Bank of St. Louis, abgerufen am 24. Februar 2022, https://fred.stlouisfed.org/series/CP/.

16   Lawrence Mishel und Julia Wolfe, „CEO Compensation Has Grown 940% Since 1978“, Economic Policy Institute, 14. August 2019, https://www.epi.org/publication/ceo-compensation-2018/.

17   „Share of Total Net Worth Held by the Bottom 50% (1st to 50th Wealth Percentiles)“, Federal Reserve Bank of St. Louis, abgerufen am 24. Februar 2022, https://fred.stlouisfed.org/series/WFRBSB50215.

18   „Share of Total Net Worth Held by the Bottom 50% (1st to 50th Wealth Percentiles).“

19   „Global Wealth Report“, Credit Suisse Group, abgerufen am 24. Februar 2022, https://www.credit-suisse.com/about-us/en/reports-research/global-wealth-report.html.

20   „Share of Total Net Worth Held by the Top 1% (99th to 100th Wealth Percentiles)“, Federal Reserve Bank of St. Louis, abgerufen am 24. Februar 2022, https://fred.stlouisfed.org/series/WFRBST01134.

21   Nicole Perrin, „Facebook-Google Duopoly Won't Crack This Year“, Insider Intelligence, 4. November 2019, https://www.emarketer.com/content/facebook-google-duopoly-won-t-crack-this-year.

22   Travis Clark, „How Much Money ‚Game of Thrones‘ Episodes Cost to Make in the Final Season, and Throughout the Series“, Business Insider, 15. April 2019, https://www.business-insider.com/how-much-game-of-thrones-episodes-cost-for-production-2019-4.

23   Joe Abbott und Edward Yardeni, „Stock Market Briefing: FAANGMs“, Yardeni Research, Inc. vom 19. Februar 2022, https://www.yardeni.com/pub/faangms.pdf.

24   Dean Baker, „The $23 Per Hour Minimum Wage“, Center for Economic and Policy Research, 16. März 2022, https://cepr.net/the-26-an-hour-minimum-wage.

25   Emmie Martin, „Here's How Much Housing Prices Have Skyrocketed Over the Last 50 Years“, CNBC, 23. Juni 2017, https://www.cnbc.com/2017/06/23/how-much-housing-prices-have-risen-since-1940.html.

26   David Cooper, Zane Mokhiber und Ben Zipperer, „Raising the Federal Minimum Wage to $15 by 2025 Would Lift the Pay of 32 Million Workers“, Economic Policy Institute, 9. März 2021, https://www.epi.org/publication/raising-the-federal-minimum-wage-to-15-by-2025-would-lift-the-pay-of-32-million-workers/.

27   Cooper, Mokhiber und Zipperer, „Raising the Federal Minimum Wage to $15 by 2025 Would Lift the Pay of 32 Million Workers.“

28   Cooper, Mokhiber und Zipperer, „Raising the Federal Minimum Wage to $15 by 2024 Would Lift Pay for Nearly 40 Million Workers.“

29   Bill Gates und Ray Chambers, „From Aspiration to Action: What Will It Take to End Malaria?“ Bill and Melinda Gates Foundation, Büro des Sonderbeauftragten des UN-Generalsekretärs für die Finanzierung der gesundheitlichen Millenniumsentwicklungsziele für Malaria, 2014, http://endmalaria2040.org/.

30   Julia Glum, „The Median Amazon Employee's Salary Is $28,000. Jeff Bezos Makes More Than That in 10 Seconds“, Money, 2. Mai 2018, https://money.com/amazon-employee-median-salary-jeff-bezos/.

31   Cooper, Mokhiber und Zipperer, „Raising the Federal Minimum Wage to $15 by 2025 Would Lift Pay for Nearly 40 million Workers.“

32   „Consumer Price Index for All Urban Consumers: Food and Beverages in U.S. City Average“, Federal Reserve Bank of St. Louis, abgerufen am 24. Februar 2022, https://fred.stlouisfed.org/series/CPIFABSL#0.

33   „Domestic Financial Sectors; Total Financial Assets, Level/(Gross Domestic Product*1000)“, Federal Reserve Bank of St. Louis, abgerufen am 24. Februar 2022, https://fred.stlouisfed.org/graph/?g=smH.

34 „Domestic Financial Sectors; Total Financial Assets, Level/(Gross Domestic Product*1000)", Federal Reserve Bank of St. Louis, abgerufen am 24. Februar 2022, https://fred.stlouisfed .org/graph/?g=smH.

35 „Domestic Financial Sectors; Total Financial Assets, Level/(Gross Domestic Product*1000)", Federal Reserve Bank of St. Louis, abgerufen am 24. Februar 2022, https://fred.stlouisfed .org/graph/?g=smH.

36 „Homeownership Rate in the United States", Federal Reserve Bank of St. Louis, abgerufen am 25. Februar 2022, https://fred.stlouisfed.org/series/RHORUSQ156N.

37 „Housing Data", Federal Reserve Bank of St. Louis, abgerufen am 25. Februar 2022, https:// docs.google.com/spreadsheets/d/16m7gXbUmm9zZHolCeqq_oT01-UwUlgG8Hrs-EWYs-0Qw/edit#gid=0.

38 Kathryn Peltier Campbell, Anthony P. Carnevale und Artem Gulish, „If Not Now, When? The Urgent Need for an All-One-System Approach to Youth Policy", Georgetown University McCourt School of Public Policy: Center on Education and Workforce, 2021, https://1gyhoq479ufd3yna 29x7ubjn-wpengine.netdna-ssl.com/wp-content/uploads/cew-all_one_system-fr.pdf.

39 Campbell, Carnevale und Gulish, „If Not Now, When?"

40 Susan Tompor, „Student Loan Debt Exceeds Credit Card Debt in USA", USA Today, 10. September 2010, http://www.itppv.com/documents/pdf/conversations-about-college-savings/student-loan-debt-exceeds-credit-card-debt-in-usa.pdf.

41 Campbell, Carnevale und Gulish, „If Not Now, When?"

42 Emmaa Dorn, Bryan Hancock, Jimmy Sarakatsannis und Ellen Viruleg, „As US Students Return to Classrooms, Some Are Catching Up on Unfinished Learning, but Others Are Falling Further Behind, Widening Prepandemic Gaps", McKinsey & Company, 14. Dezember 2021, https://www.mckinsey.com/industries/education/our-insights/covid-19-and-education-an-emerging-k-shaped-recovery.

43 „Current Medical Literature", Journal of the American Medical Association 108 (1937): 329–344, doi:10.1001/jama.1937.02780040079042.

44 Will Chase und Michelle McGhee, „How America's Top Hospitals Hound Patients With Predatory Billing", Axios, abgerufen am 26. Februar 2022, https://www.axios.com/ hospital-billing.

45 Will Chase und Michelle McGhee, „How America's Top Hospitals Hound Patients with Predatory Billing", Axios, abgerufen am 26. Februar 2022, https://www.axios.com/ hospital-billing.

46 Terry Campbell, David U. Himmelstein und Steffie Woolhandler, „Health Care Administrati-ve Costs in the United States and Canada, 2017", Annals of Internal Medicine (21. Januar 2020), https://doi.org/10.7326/M19-2818.

47 „GDP by Country", Worldometers, abgerufen am 25. Februar 2022, https://www.worldome-ters.info/gdp/gdp-by-country/.

48 Natasha Parekh, Teresa L. Rogstad und William H. Shrank, „Waste in the US Health Care System: Estimated Costs and Potential for Savings", Journal of the American Medical Association 322 (2019): 501–9, doi:10.1001/jama.2019.13978.

49 „Financial Burden of Cancer Care", National Cancer Institute, abgerufen am 25. Februar 2022, https://www.progressreport.cancer.gov/after/economic_burden.

50 Max Roser, „Link Between Health Spending and Life Expectancy: The US is an Outlier", Global Change Data Lab, 26. Mai 2017, https://ourworldindata.org/the-link-between-life-expectancy-and-health-spending-us-focus.

51 Raj Chetty et al., „The Fading American Dream: Trends in Absolute Income Mobility Since 1940", Science 356, no. 6336 (24. April 2017): 398–406, https://inequality.stanford.edu/sites/ default/files/fading-american-dream.pdf.

52   „Guide to the Markets", J.P. Morgan Asset Management, 31. Dezember 2021, https://am.jpmorgan.com/content/dam/jpm-am-aem/global/en/insights/market-insights/guide-to-the-markets/mi-guide-to-the-markets-us.pdf.

53   Chetty et al., „The Fading American Dream."

Kapitel 5

1   „Steve Jobs Debuts the iPhone", History, abgerufen am 25. Februar 2022, https://www.history.com/this-day-in-history/steve-jobs-debuts-the-iphone.

2   John Schroter, „Steve Jobs Introduces iPhone in 2007", 8. Oktober 2011, YouTube, Video, 0:00 bis 10:19, https://www.youtube.com/watch?v=MnrJzXM7a6o.

3   Saul Hansell, „Yahoo Woos a Social Networking Site", New York Times, 22. September 2006, https://www.nytimes.com/2006/09/22/technology/22facebook.html.

4   MG Siegler, „Twitter And Foursquare Explain Their SXSW Explosions: Hustle, Buzz, And Maybe $11K", TechCrunch, 4. Januar 2011, https://techcrunch.com/2011/01/04/twitter-foursquare-sxsw/.

5   Lisa E. Phillips, „Trends in Consumers' Time Spent with Media", Insider Intelligence, 28. Dezember 2010, https://www.emarketer.com/Article/Trends-Consumers-Time-Spent-with-Media/1008138.

6   Yoram Wurmser, „US Time Spent with Mobile 2021: Pandemic Gains Stick Even as Growth Cools", Insider Intelligence, 2. Juni 2021, https://www.emarketer.com/content/us-time-spent-with-mobile-2021.

7   Daisuke Wakabayashi, „Google's Profit and Revenue Soared in the Third Quarter", New York Times, 26. Oktober 2021, https://www.nytimes.com/2021/10/26/technology/google-profit-third-quarter.html.

8   Rishi Iyengar, „Here's How Big Facebook's Ad Business Really Is", CNN, 1. Juli 2020, https://www.cnn.com/2020/06/30/tech/facebook-ad-business-boycott/index.html.

9   Iyengar, „Here's How Big Facebook's Ad Business Really Is."

10   „Mozilla Investigation: YouTube Algorithm Recommends Videos that Violate the Platform's Very Own Policies", Mozilla, 7. Juli 2021, https://foundation.mozilla.org/en/blog/mozilla-investigation-youtube-algorithm-recommends-videos-that-violate-the-platforms-very-own-policies/.

11   Peter Dizikes, „Study: On Twitter, False News Travels Faster Than True Stories", Massachusets Institute of Technology, 8. März 2018, https://news.mit.edu/2018/study-twitter-false-news-travels-faster-true-stories-0308.

12   Mark Travers, „Facebook Spreads Fake News Faster Than Any Other Social Website, According to New Research", Forbes, 21. März 2020, https://www.forbes.com/sites/traversmark/2020/03/21/facebook-spreads-fake-news-faster-than-any-other-social-website-according-to-new-research/?sh=21332c476e1a.

13   Dora Mekouar, „Can Reforming Social Media Save American Democracy?" VOA, 7. Juni 2022, https://www.voanews.com/a/can-reforming-social-media-save-american-democracy-/6602408.html.

14   „Average Unlocks Per Day Among Smartphone Users in the United States as of August 2018, by Generation", Statista, abgerufen am 25. Februar 2022, https://www.statista.com/statistics/1050339/average-unlocks-per-day-us-smartphone-users/.

15   Aaron Smith, „Nearly Half of American Adults are Smartphone Owners", Pew Research Center, 1. März 2012, https://www.pewresearch.org/internet/2012/03/01/nearly-half-of-american-adults-are-smartphone-owners/.

16 „Smartphones", YouGov, abgerufen am 25. Februar 2022, https://d25d2506sfb94s.cloud-front.net/cumulus_uploads/document/6u8vt576yo/Smartphones%20results,%20 March%201-4,%202019.pdf.

17 „Who Are America's Toilet Texters? Smartphone Bathroom Habits (Texting on the Toilet Study)", Bank My Cell, abgerufen am 20. Februar 2022, https://www.bankmycell.com/blog/ cell-phone-usage-in-toilet-survey#jump2.

18 Wurmser, „US Time Spent with Mobile 2021"

19 Rod A. Martin, „Do Children Laugh Much More Often than Adults Do?" Association for Applied and Theraputic Humor, 2022, https://aath.memberclicks.net/do-children-laugh-much-more-often-than-adults-do.

20 Ryne A. Sherman, Jean M. Twenge und Brooke E. Wells, „Declines in Sexual Frequency among American Adults, 1989–2014", National Library of Medicine 46 (November 2017): 2389–401, doi: 10.1007/s10508-017-0953-1.

21 „Durchschnittliche Entsperrungen pro Tag unter Smartphone-Nutzern in den Vereinigten Staaten im August 2018, nach Generation."

22 Gregory Manley, „How Much Data Is on the Internet?", Section, 27. März 2020, https://www. section.io/engineering-education/how-much-data-online/.

23 Amit Agarwal, „Single Google Query Uses 1000 Machines in 0.2 Seconds", Digital inspiration, 19. Februar 2009, https://www.labnol.org/internet/search/google-query-uses-1000-machines/7433/.

24 „Digital News Fact Sheet", Pew Research Center, 27. Juli 2021, https://www.pewresearch. org/journalism/fact-sheet/digital-news/.

25 „Digital News Fact Sheet", Pew Research Center, 27. Juli 2021, https://www.pewresearch. org/journalism/fact-sheet/digital-news/.

26 Sara Fischer, „Ad Industry Expected to Make a Major COVID Comeback", Axios, 13. April 2021, https://www.axios.com/advertising-industry-covid-pandemic-80c4c676-4ab5-4690-a5a7-0d897df76d49.html.

27 „Digital News Fact Sheet."

28 „Digital News Fact Sheet."

29 Mason Walker, „U.S. Newsroom Employment has Fallen 26% Since 2008", Pew Research Center, 13. Juli 2021, https://www.pewresearch.org/ fact-tank/2021/07/13/u-s-newsroom-employment-has-fallen-26-since-2008/.

30 „Newspapers Fact Sheet", Pew Research Center, 29. Juni 2021, https://www.pewresearch. org/journalism/fact-sheet/newspapers; „Digital News Fact Sheet".

31 Tony Haile, „What You Think You Know About the Web Is Wrong", Time, 9. März 2014, https://time.com/12933/what-you-think-you-know-about-the-web-is-wrong/.

32 Jonah Berger und Katherine L. Milkman, „What Makes Online Content Viral?" Journal of Marketing Research 49, no. 2 (April 2012): 192–205, https://doi.org/10.1509/jmr.10.0353.

33 „Twitter, Inc: Form 10-K", Edgar Online, 2014, https://d1lge852tjjqow.cloudfront.net/CIK-0001418091/2d7fa775-d6f6-4207-a469-59089b099b6b.pdf; „Twitter, Inc.: Form 10-K", United States Securities and Exchange Commission, abgerufen am 25. Februar 2022, https://d1lge 852tjjqow.cloudfront.net/CIK-0001418091/e38633af-2118-4b55-9ea3-97d207937321.pdf.

34 Peter Dizikes, „Study: On Twitter, False News Travels Faster Than True Stories", Massachus-ets Institute of Technology, 8. März 2018, https://news.mit.edu/2018/study-twitter-false-news-travels-faster-true-stories-0308.

35 Amy Mitchell, Elisa Shearer und Galen Stocking, „News on Twitter: Consumed by Most Users and Trusted by Many", Pew Research Center, 15. November 2021, https://www. pewresearch.org/journalism/2021/11/15/news-on-twitter-consumed-by-most-users-and-trusted-by-many/.

36   Ren LaForme, „10 Percent of Twitter Users Create 80 Percent of Tweets, Study Finds", Poynter, 24. April 2019, https://www.poynter.org/tech-tools/2019/10-percent-of-twitter-users-create-80-percent-of-all-tweets-study-finds/.

37   Dizikes, „Study: On Twitter, False News Travels Faster Than True Stories."

38   Monica Anderson, Andrew Perrin und Emily A. Vogels, „Most Americans Think Social Media Sites Censor Political Viewpoints", Pew Research Center, 19. August 2020, https://www.pewresearch.org/internet/2020/08/19/most-americans-think-social-media-sites-censor-political-viewpoints/.

39   Anderson, Perrin und Vogels, „Most Americans Think Social Media Sites Censor Political Viewpoints."

40   Jeff Horwitz und Deepa Seetharaman, „Facebook Executives Shut Down Efforts to Make the Site Less Divisive", Wall Street Journal, 26. Mai 2020, https://www.wsj.com/articles/facebook-knows-it-encourages-division-top-executives-nixed-solutions-11590507499?mod=hp_lead_pos5.

41   „5 Facts About the QAnon Conspiracy Theories", Pew Research Center, 16. November 2020, https://www.pewresearch.org/fact-tank/2020/11/16/5-facts-about-the-qanon-conspiracy-theories/.

42   „Newspapers Fact Sheet."

43   Jeffrey Gottfried und Jacob Liedke, „Partisan Divides in Media Trust Widen, Driven by a Decline Among Republicans", Pew Research Center, 30. August 2021, https://www.pewresearch.org/fact-tank/2021/08/30/partisan-divides-in-media-trust-widen-driven-by-a-decline-among-republicans/.

44   Gottfried und Liedke, „Partisan Divides in Media Trust Widen, Driven by a Decline Among Republicans."

45   Gottfried und Liedke, „Partisan Divides in Media Trust Widen, Driven by a Decline Among Republicans."

46   Megan Brenan, „Americans' Confidence in Major U.S. Institutions Dips", Gallup, 14. Juli 2021, https://news.gallup.com/poll/352316/americans-confidence-major-institutions-dips.aspx.

47   Gottfried und Liedke, „Partisan Divides in Media Trust Widen, Driven by a Decline Among Republicans."

48   „Federal Bureau of Investigation Crime Data Explorer", Federal Bureau of Investigation, abgerufen am 25. Februar 2022, https://crime-data-explorer.fr.cloud.gov/pages/explorer/crime/crime-trend.

49   John Gramlich, „What the Data Says (And Doesn't Say) About Crime in the United States", Pew Research Center, 20. November 2020, https://www.pewresearch.org/fact-tank/2020/11/20/facts-about-crime-in-the-u-s/.

50   Lauren-Brooke Eisen und Oliver Roeder, „America's Faulty Perception of Crime Rates: America's Crime Rates Are at Their Lowest Point in Decades. So Why Do So Many Americans Think Crime Is Going Up?", Brennan Center for Justice at NYU Law, 16. März 2015, https://www.brennancenter.org/our-work/analysis-opinion/americas-faulty-perception-crime-rates.

51   Ames Grawert und Cameron Kimble, „Takeaways from 2019 Crime Data in Major American Cities", Brennan Center for Justice at NYU Law, 18. Dezember 2019, https://www.brennancenter.org/our-work/analysis-opinion/takeaways-2019-crime-data-major-american-cities.

52   „Public Perception of Crime Rate at Odds With Reality", Pew Research Center, 31. Januar 2018, https://www.pewresearch.org/fact-tank/2016/11/16/voters-perceptions-of-crime-continue-to-conflict-with-reality/ft_16-11-16_crime_trend-2/.

53 Sonia Hausen, Michael J. Rosenfeld und Reuben J. Thomas, „Disintermediating Your Friends: How Online Dating in the United States Displaces Other Ways of Meeting", Proceedings of the National Academy of Sciences of the United States of America, 3. September 2019, https://www.pnas.org/content/116/36/17753/tab-figures-data.

Kapitel 6

1 Marianne Bertrand und Jessica Pan, „The Trouble with Boys: Social Influences and the Gender Gap in Disruptive Behavior", National Bureau of Economic Research, Oktober 2011, https://www.nber.org/system/files/working_papers/w17541/w17541.pdf.

2 Laura Camera, „Boys Bear the Brunt of School Discipline", U.S. News and World Report, 22. Juni 2016, https://www.usnews.com/news/articles/2016-06-22/boys-bear-the-brunt-of-school-discipline.

3 Douglas Belkin, „A Generation of American Men Give Up on College: ‚I Just Feel Lost'", Wall Street Journal, 6. September 2021, https://www.wsj.com/articles/college-university-fall-higher-education-men-women-enrollment-admissions-back-to-school-11630948233.

4 „Education and Lifetime Earnings", Social Security Administration, abgerufen am 25. Februar 2022, https://www.ssa.gov/policy/docs/research-summaries/education-earnings.html#:~:text=There%20are%20substantial%20differences%20in%20lifetime%20earnings%20by,graduates.%20Women%20with%20bachelor%27s%20degrees%20earn%20%24630%2C000%20more.

5 D'Vera Cohn, Richard Fry und Jeffrey S. Passel, „A Majority of Young Adults in the U.S. Live With Their Parents for the First Time Since the Great Depression", Pew Research Center, 4. September 2020, https://www.pewresearch.org/fact-tank/2020/09/04/a-majority-of-young-adults-in-the-u-s-live-with-their-parents-for-the-first-time-since-the-great-depression/.

6 Michael Greenstone und Adam Looney, „The Marriage Gap: The Impact of Economic and Technological Change on Marriage Rates", The Hamilton Project, 12. Februar 2012, https://www.hamiltonproject.org/papers/the_marriage_gap_the_impact_of_economic_and_techno-logical_change_on_ma.

7 „Bildung und Lebenseinkommen."

8 Rich Lowry, „Opinion: A Surprising Share of Americans Wants to Break Up the Country. Here's Why They're Wrong", Politico, 6. Oktober 2021, https://www.politico.com/news/magazine/2021/10/06/americans-national-divorse-theyre-wrong-515443.

9 „Provisional Number of Marriages and Marriage Rate: United States, 2000–2020", Centers for Disease Control and Prevention, https://www.cdc.gov/nchs/data/dvs/national-marriage-divorce-rates-00-20.pdf.

10 Michael Greenstone und Adam Looney, „The Marriage Gap: The Impact of Economic and Technological Change on Marriage Rates", The Hamilton Project, 12. Februar 2012, https://www.hamiltonproject.org/papers/the_marriage_gap_the_impact_of_economic_and_techno-logical_change_on_ma.

11 Greenstone und Looney, „The Marriage Gap."

12 Ann Meier und Kelly Musick, „Are Both Parents Always Better Than One? Parental Conflict and Young Adult Well-Being", Social Science Research 39, no. 5 (1. September 2010): 814–30, https://doi.org/10.1016/j.ssresearch.2010.03.002.

13 „Provisional Number of Marriages and Marriage Rate: United States, 2000–2019", Centers for Disease Control and Prevention, abgerufen am 25. Februar 2022, https://www.cdc.gov/nchs/data/dvs/national-marriage-divorce-rates-00-19.pdf.

14   Kim Parker und Renee Stepler, „Americans See Men as the Financial Providers, Even as Women's Contributions Grow", Pew Research Center, 20. September 2017, https://www.pewresearch.org/fact-tank/2017/09/20/americans-see-men-as-the-financial-providers-even-as-womens-contributions-grow/.

15   „CPS Historical Time Series Tables on School Enrollment", United States Census Bureau, 2. Februar 2021, https://www.census.gov/data/tables/time-series/demo/school-enrollment/cps-historical-time-series.html.

16   Richard V. Reeves und Ember Smith, „The Male College Crisis Is Not Just in Enrollment, but Completion", The Brookings Institution, 8. Oktober 2021, https://www.brookings.edu/blog/up-front/2021/10/08/the-male-college-crisis-is-not-just-in-enrollment-but-completion/.

17   Jason Kincaid, „OkCupid Checks Out the Dynamics of Attraction and Your Love Inbox", TechCrunch, 18. November 2009, https://techcrunch.com/2009/11/18/okcupid-inbox-attractive; Worst-Online-Dater, „Tinder Experiments II: Guys, Unless You Are Really Hot You Are Probably Better Off Not Wasting Your Time on Tinder – A Quantitative Socio-Economic Study", Medium, 24. März 2015, https://medium.com/@worstonlinedater/tinder-experiments-ii-guys-unless-you-are-really-hot-you-are-probably-better-off-not-wasting-your-2ddf370a6e9a.

18   Dan Kopf, „These Statistics Show Why It's So Hard to Be an Average Man on Dating Apps", Quartz, 15. August 2017, https://qz.com/1051462/these-statistics-show-why-its-so-hard-to-be-an-average-man-on-dating-apps/.

19   Wendy Wang, „Marriages Between Democrats and Republicans Are Extremely Rare", Institute for Family Studies, 3. November 2020, https://ifstudies.org/blog/marriages-between-democrats-and-republicans-are-extremely-rare.

20   Robert P. Jones und Maxine Najle, „American Democracy in Crisis: The Fate of Pluralism in a Divided Nation", Public Religion Research Institute, 19. Februar 2019, https://www.prri.org/research/american-democracy-in-crisis-the-fate-of-pluralism-in-a-divided-nation/.

21   Cohn, Fry und Passel, „A Majority of Young Adults in the U.S. Live With Their Parents for the First Time Since the Great Depression".

22   „2020 Census Shows U.S. Population Grew at Slowest Pace Since the 1930s", Washington Post, abgerufen am 25. Februar 2022, https://www.washingtonpost.com/dc-md-va/interactive/2021/2020-census-us-population-results/.

23   William H. Frey, „The 2010s Saw the Lowest Population Growth in U.S. History, New Census Estimates Show", The Brookings Institution, 22. Dezember 2020, https://www.brookings.edu/blog/the-avenue/2020/12/22/the-2010s-saw-the-lowest-population-growth-in-u-s-history-new-census-estimates-show/.

24   Amanda Barroso und Anna Brown, „Gender Pay Gap in U.S. Held Steady in 2020", Pew Research Center, 25. Mai 2021, https://www.pewresearch.org/fact-tank/2021/05/25/gender-pay-gap-facts; Tara Haelle, „Girls Three Times More Likely To Self-Harm Than Boys – And Need Help", Forbes, 19. Oktober 2017, https://www.forbes.com/sites/tarahaelle/2017/10/19/girls-three-times-more-likely-to-self-harm-than-boys-and-need-help/?sh=c4175827a0c5; „Preventing Intimate Partner Violence", Centers for Disease Control and Prevention, abgerufen am 25. Februar 2022, https://www.cdc.gov/violenceprevention/intimatepartnerviolence/fastfact.html; Amanda Barroso und Juliana Menasce Horowitz, „The Pandemic Has Highlighted Many Challenges for Mothers, but They Aren't Necessarily New", Pew Research Center, 17. März 2021, https://www.pewresearch.org/fact-tank/2021/03/17/the-pandemic-has-highlighted-many-challenges-for-mothers-but-they-arent-necessarily-new; Richard V. Reeves und Ember Smith, „The Male College Crisis Is Not Just in Enrollment, but Completion", The Brookings Institiution, 8. Oktober 2021, https://www.brookings.edu/blog/up-front/2021/10/08/the-male-college-crisis-is-not-just-in-enrollment-but-completion; John Gramlich, „Recent Surge in U.S. Drug Overdose Deaths Has Hit Black Men the Hardest", Pew Research Center, 19. Januar 2022, https://www.pewresearch.org/fact-tank/2022/01/19/recent-surge-in-u-s-drug-overdose-deaths-has-hit-black-men-the-hardest; „Suicide Statistics", National Foundation for Suicide Prevention, abgerufen am 25. Februar 2022, https://afsp.org/suicide-statistics; „Inmate Gender", Federal Bureau of Prisons, abgerufen am 25. Februar 2022, https://www.bop.gov/about/statistics/statistics_inmate_gender.jsp.

25   „Many Mass Shooters Share a Common Bond: Male Grievance Culture", WAMU, 13. August 2019, https://wamu.org/story/19/08/13/many-mass-shooters-share-a-common-bond-male-grievance-culture/.

26   „Mass Attacks in Public Spaces – 2019", U.S. Department of Homeland Security, abgerufen am 25. Februar 2022, https://www.secretservice.gov/sites/default/files/reports/2020-09/MAPS2019.pdf.

27   Aidan Connaughton, Shannon Schumacher, Laura Silver und Richard Wike, „Many in U.S., Western Europe Say Their Political System Needs Major Reform", Pew Research Center, 31. März 2021, https://www.pewresearch.org/global/2021/03/31/many-in-us-western-europe-say-their-political-system-needs-major-reform/.

28   „Public Trust in Government: 1958–2021", Pew Research Center, 17. Mai 2021, https://www.pewresearch.org/politics/2021/05/17/public-trust-in-government-1958-2021/.

29   Ana Hernandez Kent und Lowell Ricketts, „Wealth Gaps Between White, Black and Hispanic Families in 2019", Federal Reserve Bank of St. Louis, 5. Januar 2021, https://www.stlouisfed.org/on-the-economy/2021/january/wealth-gaps-white-black-hispanic-families-2019.

30   Hernandez Kent und Ricketts, „Wealth Gaps Between White, Black and Hispanic Families in 2019."

31   Patricia Cohen, „Beyond Pandemic's Upheaval, a Racial Wealth Gap Endures", New York Times, 9. April 2021, https://www.nytimes.com/2021/04/09/business/economy/racial-wealth-gap.html.

32   Richard Kerby, „Where Did You Go to School?" Medium, 30. Juli 2018, https://medium.com/@kerby/wo-gehst-du-zur-schule-bde54d846188.

Kapitel 7

1   Avi Flamholz, Yinon M Bar-On, Ron Milo und Rob Phillips, „SARS-CoV-2 (COVID-19) By The Numbers." eLife (April 2020): doi:10.7554/eLife.57309; „Hazard Prevention and Control in the Work Environment: Chapter 1 – Dust: Definitions and Concepts", World Health Organization, 1999, https://www.who.int/occupational_health/publications/en/oehairbornedust3.pdf.

2   Christian Lansang und Darrell M. West, „Global Manufacturing Scorecard: How the US Compares to 18 Other Nations", The Brookings Institution, 10. Juli 2018, https://www.brookings.edu/research/global-manufacturing-scorecard-how-the-us-compares-to-18-other-nations/.

3   Alyssa Leng und Roland Rajah, „The US-China Trade War Who Dominates Global Trade?" Lowy Institute, abgerufen am 25. Februar 2022, https://interactives.lowyinstitute.org/charts/china-us-trade-dominance/us-china-competition/.

4   James T. Areddy, „China Is Working Its Way Up From Sweatshops to Skilled Jobs", Wall Street Journal, 6. Dezember 2019, https://www.wsj.com/articles/china-is-working-its-way-up-from-sweatshops-to-skilled-jobs-11575464404.

5   Matt Hourihan, „A Snapshot of U.S. R&D Competitiveness: 2020 Update", American Association for the Advancement of Science, 2020, https://www.aaas.org/sites/default/files/2020-10/AAAS%20International%20Snapshot.pdf.

6   „The Complete List of Unicorn Companies", CBInsights, abgerufen am 25. Februar 2022, https://www.cbinsights.com/research-unicorn-companies.

7   Giacomo Tognini, „The Countries with the Most Billionaires 2021", Forbes, 6. April 2021, https://www.forbes.com/sites/giacomotognini/2021/04/06/the-countries-with-the-most-billionaires-2021/?sh=35e1e458379b.

8   „Military Expenditure (Current USD)", World Bank Group, abgerufen am 25. Februar 2022, https://data.worldbank.org/indicator/MS.MIL.XPND.CD.

9   „GDP (Current US$)", World Bank Group, abgerufen am 25. Februar 2022, https://data.
     worldbank.org/indicator/NY.GDP.MKTP.CD.

10   „GDP (Current US$)"; Tognini, „The Countries with the Most Billionaires 2021"; Hourihan,
     „A Snapshot of U.S. R&D Competitiveness: 2020 Update"; Bryan Murphy, „Which Countries
     Have Won the Most Olympic Medals?" NBC Sports, 3. Februar 2022, https://www.nbcsports.
     com/bayarea/beijing-2022-winter-olympics/which-countries-have-won-most-olympic-
     medals; „Military Expenditure (Current USD)"; „The Complete List of Unicorn Companies";
     „Global Top 100 Companies By Market Capitalisation", PWC, abgerufen am 25. Februar
     2022, https://www.pwc.com/gx/en/audit-services/publications/assets/pwc-global-top-
     100-companies-2021.pdf; Lyn Alden, „January 2022 Newsletter: The Capital Sponge", Lyn
     Alden Investment Strategy, 16. Januar 2022, https://www.lynalden.com/january-2022-
     newsletter; Xingyang, „The 50 Highest-Grossing Movies of All Time", IMDB, 3. Februar 2011,
     https://www.imdb.com/list/ls000021718; Mike Ozanian, „World's Most Valuable Sports
     Teams 2021", Forbes, 7. Mai 2021, https://www.forbes.com/sites/mikeozanian/2021/05/07/
     worlds-most-valuable-sports-teams-2021/?sh=562694663e9e.

11   Sandra Kollen Ghizoni, „Creation of the Bretton Woods System", Federal Reserve Bank of St.
     Louis, 22. November 2013, https://www.federalreservehistory.org/essays/bretton-woods-
     created.

12   Kollen Ghizoni, „Creation of the Bretton Woods System."

13   Sandra Kollen Ghizon, „Nixon Ends Convertibility of U.S. Dollars to Gold and Announces
     Wage/Price Controls", Federal Reserve Bank of St. Louis, 22. November 2013, https://www.
     federalreservehistory.org/essays/gold-convertibility-ends.

14   „Fiat Money: Money With No Intrinsic Value But Made Legal Tender by a Government
     Order", Corporate Finance Institute, abgerufen am 25. Februar 2022, https://corporatefi-
     nanceinstitute.com/resources/knowledge/economics/fiat-money-currency/.

15   Harold James, „The Dollar Wars Return", Project Syndicate, September 2003, https://web.
     archive.org/web/20060529133021/http7/www.project-syndicate.org/commentary/1334/1.

16   „BIP (aktueller US$)"

17   Serkan Arslanalp und Chima Simpson-Bell, „US Dollar Share of Global Foreign Exchange
     Reserves Drops to 25-Year Low", International Monetary Fund, 5. Mai 2021, https://blogs.
     imf.org/2021/05/05/us-dollar-share-of-global-foreign-exchange-reserves-drops-to-25-year-
     low/; „Gross Domestic Product 2020", World Bank, abgerufen am 25. Februar 2022, https://
     databank.worldbank.org/data/download/GDP.pdf.

18   „Belt and Road Initiative", Belt and Road Initiative, abgerufen am 25. Februar 2022, https://
     www.beltroad-initiative.com/belt-and-road/.

19   „Global Trade: How to Deal with China", Economist, abgerufen am 25. Februar 2022, https://
     www.economist.com/leaders/2021/01/09/how-to-deal-with-china.

20   „World Military Spending Rises to Almost $2 Trillion in 2020", Stockholm International
     Peace Research Institute, 26. April 2021, https://www.sipri.org/media/press-release/2021/
     world-military-spending-rises-almost-2-trillion-2020.

21   Peter E. Robertson, „The Real Military Balance: International Comparisons of Defense
     Spending", Review of Income and Wealth (2021), https://doi.org/10.1111/roiw.12536.

22   Robertson, „The Real Military Balance."

23   „Buck for the Bang: Nominal Spending Figures Understate China's Military Might",
     Economist, 1. Mai 2021, https://www.economist.com/graphic-detail/2021/05/01/nominal-
     spending-figures-understate-chinas-military-might.

24   Robertson, „The Real Military Balance."

25   „Buck for the Bang: Nominal Spending Figures Understate China's Military Might."

26 „World Military Spending Rises to Almost $2 Trillion in 2020“, SIPRI, 26. April 2021, https://sipri.org/media/press-release/2021/world-military-spending-rises-almost-2-trillion-2020; „Gross Domestic Product 2020“; Dawood Azami, „Afghanistan: How Do the Taliban Make Money?“ BBC, 28. August 2021, https://www.bbc.com/news/world-46554097.

27 Bruce Einhorn, Lucille Liu, Colum Murphy und Nick Wadhams, „Combat Drones Made in China Are Coming to a Conflict Near You“, University of Pennsylvania, 18. März 2021, https://global.upenn.edu/perryworldhouse/news/combat-drones-made-china-are-coming-conflict-near-you.

28 Bruce Einhorn, „Combat Drones Made in China Are Coming to a Conflict Near You: Growing Sales of the Aircraft Threaten to Spark a Global Arms Race“, Bloomberg Businessweek, 17. März 2021, https://www.bloomberg.com/news/articles/2021-03-17/china-s-combat-drones-push-could-spark-a-global-arms-race?sref=AhQQoPzF.

29 Einhorn, „Combat Drones Made in China Are Coming to a Conflict Near You.“

30 Carmen Ang, „This Is How Coronavirus Compares to the World's Smallest Particles“, World Economic Forum, 15. Oktober 2020, https://www.weforum.org/agenda/2020/10/covid-19-coronavirus-disease-size-compairson-zika-health-air-pollution/.

31 Associated Press, „US Tops 500,000 Virus Deaths, Matching the Toll of 3 Wars“, U.S. News and World Report, 22. Februar 2021, https://www.usnews.com/news/health-news/articles/2021-02-22/vaccine-efforts-redoubled-as-us-death-toll-draws-near-500k.

32 „Spotlight: FY 2021 Defense Budget“, U.S. Department of Defense, abgerufen am 25. Februar 2022, https://www.defense.gov/Spotlights/FY2021-Defense-Budget; „FY 2021 Operating Plan“, Center for Disease Control and Prevention, abgerufen am 25. Februar 2022, https://www.cdc.gov/budget/documents/fy2021/FY-2021-CDC-Operating-Plan.pdf.

33 „The ‚Reagan Doctrine‘ Is Announced“, History, abgerufen am 25. Februar 2022, https://www.history.com/this-day-in-history/the-reagan-doctrine-is-announced.

34 Evan D. McCormick, Brian K. Muzas, Andrew S. Natsios, Jayita Sarkar und Gail E.S. Yoshitani, „Politischer Rundtisch: Does Reagan's Foreign Policy Legacy Live On?“, Texas National Security Review, 9. Oktober 2018, https://tnsr.org/roundtable/policy-roundtable-does-reagans-foreign-policy-legacy-live-on/.

35 „Most Believe the U.S. Is No Longer a Good Model of Democracy“, Pew Research Center, 29. Oktober 2021, https://www.pewresearch.org/global/2021/11/01/what-people-around-the-world-like-and-dislike-about-american-society-and-politics/pg_2021-11-01_soft-po-wer_0-04/.

36 „Favorability of the U.S. Is Up Sharply Since 2020“, Pew Research Center, 9, Juni 2021, https://www.pewresearch.org/global/2021/06/10/americas-image-abroad-rebounds-with-transition-from-trump-to-biden/pg_2021-06-10_us-image_00-013/.

37 „Global Research and Development Expenditures: Fact Sheet“, Congressional Research Service, abgerufen am 25. Februar 2022, https://sgp.fas.org/crs/misc/R44283.pdf.

38 Emily Mullin, „Moderna Lands $25M Grant to Develop Its RNA Platform Against Infectious Diseases, Bioterror“, FierceBioTech, 2. Oktober 2013, https://www.fiercebiotech.com/r-d/moderna-lands-25m-grant-to-develop-its-rna-platform-against-infectious-diseases-bioterror.

39 Peter Loftus, „Moderna Plans to Expand Production to Make Covid-19 Vaccine Boosters, Supply More Countries“, Wall Street Journal, 21. Juni 2021, https://www.wsj.com/articles/moderna-plans-to-expand-production-to-make-covid-19-vaccine-boosters-supply-more-countries-11624273200.

40 „Global Research and Development Expenditures: Fact Sheet.“

41 „Global Research and Development Expenditures: Fact Sheet.“

42 Mike Baker und Jack Healy, „As Miners Chase Clean-Energy Minerals, Tribes Fear a Repeat of the Past“, New York Times, 27. Dezember 2021, https://www.nytimes.com/2021/12/27/us/mining-clean-energy-antimony-tribes.html.

43   „The Role of Critical Minerals in Clean Energy Transitions", International Energy Agency, abgerufen im Februar 2022, https://www.iea.org/reports/the-role-of-critical-minerals-in-clean-energy-transitions/executive-summary.

44   Justin Jimenez, Tom Orlik und Cedric Sam, „World-Dominating Superstar Firms Get Bigger, Techier, and More Chinese", Bloomberg, 21. Mai 2021, https://www.bloomberg.com/graphics/2021-biggest-global-companies-growth-trends/?sref=AhQQoPzF.

45   Jimenez, Orlik und Sam, „World-Dominating Superstar Firms Get Bigger, Techier, and More Chinese."

46   Jimenez, Orlik und Sam, „World-Dominating Superstar Firms Get Bigger, Techier, and More Chinese."

Kapitel 8

1   Andrew Pollack, „Bell System Breakup Opens Era of Great Expectations and Great Concern", New York Times, 1. Januar 1984, https://www.nytimes.com/1984/01/01/us/bell-system-breakup-opens-era-of-great-expectations-and-great-concern.html.

2   Bret Swanson, „Lessons From The AT&T Break Up, 30 Years Later", American Enterprise Institute, 3. Januar 2014, https://www.aei.org/technology-and-innovation/lessons-att-break-30-years-later/.

3   Kate Ballen und Kenneth Labich, „Was Breaking Up AT&T a Good Idea?", Fortune, 2. Januar 1989, https://money.cnn.com/magazines/fortune/fortune_archive/1989/01/02/71446/.

4   „Black Death: Effects and Significance", Encyclopedia Britannica, abgerufen am 25. Februar 2022, https://www.britannica.com/event/Black-Death/Effects-and-significance.

5   Nico Voigtlander und Hans-Joachim Voth, „The Three Horsemen of Riches: Plague, War, and Urbanization in Early Modern Europe", The Review of Economic Studies 80, no. 2 (April 2013): 774–811, http://www.eief.it/files/2010/04/hans-joachim-voth.pdf.

6   Emily C. Bianchi, „The Bright Side of Bad Times: The Affective Advantages of Entering the Workforce in a Recession", Administrative Science Quarterly 58, no. 4 (Dezember 2013): 587–623, https://doi.org/10.1177/0001839213509590.

7   Andrea Hsu, „New Businesses Soared to Record Highs in 2021. Here's a taste of one of them", NPR, 12. Januar 2022, https://www.npr.org/2022/01/12/1072057249/new-business-applications-record-high-great-resignation-pandemic-entrepreneur.

8   Kenan Fikri, Daniel Newman und Jimmy O'Donnell, „The Startup Surge? Unpacking 2020 Trends in Business Formation", Economic Innovation Group, 8. Februar 2021, https://eig.org/news/the-startup-surge-business-formation-trends-in-2020.

9   Dan Kosten, „Immigrants as Economic Contributors: Immigrant Entrepreneurs", National Immigration Forum, 11. Juli 2018, https://immigrationforum.org/article/immigrants-as-economic-contributors-immigrant-entrepreneurs/.

10   Dan Kosten, „Immigrants as Economic Contributors."

11   „National Report on Early-Stage Entrepreneurship in the United States: 2020", Kaufmann Indicators of Entrepreneurship, abgerufen am 25. Februar 2022, https://indicators.kauffman.org/wp-content/uploads/sites/2/2021/03/2020_Early-Stage-Entrepreneurship-National-Report.pdf.

12   „From Struggle to Resilience: The Economic Impact of Refugees in America", New American Economy, Juni 2017, http://research.newamericaneconomy.org/wp-content/uploads/sites/2/2017/11/NAE_Refugees_V6.pdf.

13   „World Population Prospects 2019", United Nations, abgerufen am 5. Februar 2022, https://population.un.org/wpp/Download/Standard/Interpolated/.

14 „The Global Findex Database 2017: The Unbanked", World Bank Group, abgerufen am 25. Februar 2022, https://globalfindex.worldbank.org/chapters/unbanked.

15 „2017 Findex Full Report: Kapitel 2: Unbanked", World Bank Group, abgerufen am 25. Februar 2022, https://globalfindex.worldbank.org/sites/globalfindex/files/chapters/2017%20Findex%20full%20report_chapter2.pdf.

16 Peter Renton, „Podcast 331: Pierpaolo Barbieri of Uala", LendIt Fintech, 17. Dezember 2021, https://www.lendacademy.com/podcast-331-pierpaolo-barbieri-of-uala/.

17 „Population, Total—Argentina", World Bank Group, abgerufen am 25. Februar 2022, https://data.worldbank.org/indicator/SP.POP.TOTL?locations=AR.

18 Renton, „Podcast 331: Pierpaolo Barbieri of Uala."

19 „The Global Findex Database: About", World Bank Group, abgerufen am 25. Februar 2022, https://globalfindex.worldbank.org/.

Kapitel 9

1 Amrith Ramkumar, „Microsoft's Market Value Hits a Dot-Com Era Milestone: $600 Billion", Wall Street Journal, 19. Oktober 2017, https://www.wsj.com/articles/microsofts-market-value-hits-a-dot-com-era-milestone-600-billion-1508445303.

2 „Boardwatch Magazine: Guide to the Internet, World Wide Web and BBS", Boardwatch Magazine, Mai 1996, https://archive.org/details/boardwatch-1996-05/mode/2up.

3 „U.S. v. Microsoft Court's Findings of Fact", United States Department of Justice, 5. November 1999, https://www.justice.gov/atr/us-v-microsoft-courts-findings-fact.

4 Eric Milstein und David Wessel, „What Did the Fed Do in Response to the COVID-19 Crisis?" The Brookings Institution, 17. Dezember 2021, https://www.brookings.edu/research/fed-response-to-covid19/.

5 Drew Desilver, „Inflation Has Risen Around the World, but the U.S. Has Seen One of the Biggest Increases", Pew Research Center, 24. November 2021, https://www.pewresearch.org/fact-tank/2021/11/24/inflation-has-risen-around-the-world-but-the-u-s-has-seen-one-of-the-biggest-increases/.

6 „Real M2 Money Stock", Federal Reserve Bank of St. Louis, abgerufen am 25. Februar 2022, https://fred.stlouisfed.org/series/M2REAL.

7 „German Hyperinflation 1922/23: A Law and Economics Approach", Germany: Eul Verlag (2010).

8 Erin Blakemore, „After WWI, Hundreds of Politicians Were Murdered in Germany", History, 26. Oktober 2018, https://www.history.com/news/political-assassinations-germany-weimar-republic.

9 „Reparations", Encyclopedia Britannica, abgerufen am 25. February 2022, https://www.britannica.com/topic/reparations.

10 Tracy Alloway, „Some Useful Things I've Learned about Germany's Hyperinflation", Financial Times, 1. März 2010, https://www.ft.com/content/25f43ac1-1159-3723-a90f-94fcfc1b5276.

11 Luke Broadwater und Zach Montague, „In Infrastructure Votes, 19 Members Broke With Their Party", New York Times, 12. November 2021, https://www.nytimes.com/2021/11/06/us/politics/defectors-infrastructure-bill-squad.html.

12 Frank Newport, „What's in a Name? Affordable Care Act vs. Obamacare", Gallup, 20. November 2013, https://news.gallup.com/opinion/polling-matters/169541/name-affordable-care-act-obamacare.aspx.

13 „Public Social Spending as a Share of GDP, 1980 to 2016", World Bank Group, abgerufen am 25. Februar 2022, https://ourworldindata.org/grapher/social-spending-oecd-longrun?time=1980.latest&country=DEU-FRA-JPN-GBR-USA.

14   „Public Social Spending as a Share of GDP, 1980 to 2016.“

15   „GDP Growth (Annual %) – United States, Euro Area“, World Bank Group, abgerufen am 25. Februar 2022, https://data.worldbank.org/indicator/NY.GDP.MKTP.KD.ZG?end=2020&locations=US-XC&start=1980.

16   „GDP Growth (Annual %) – United States, Euro Area“.

17   Josh Chin, „China Spends More on Domestic Security as Xi's Powers Grow“, Wall Street Journal, 6. März 2018, https://www.wsj.com/articles/china-spends-more-on-domestic-security-as-xis-powers-grow-1520358522.

18   „Number of Monthly Active Players of Minecraft Worldwide as of August 2021 (in Millions)“, Statista, abgerufen am 25. Februar 2022, https://www.statista.com/statistics/680139/minecraft-active-players-worldwide; Brian Dean, „Roblox User and Growth Stats 2022“, Backlinko, January 5, 2022, https://backlinko.com/roblox-users.

19   Willem Roper, „Remote Work Could Double Permanently“, Statista, 16. Dezember 2020, https://www.statista.com/chart/23781/remote-work-teams-departments.

20   Daniel A. Cox, „Men's Social Circles are Shrinking“, Survey Center on American Life, 29. Juni 2021, https://americansurveycenter.org/why-mens-social-circles-are-shrinking.

Kapitel 10

1   William J. Clinton, „First Inaugural Address of William J. Clinton“, Lillian Goldman Law Library, 20. Januar 1993, https://avalon.law.yale.edu/20th_century/clinton1.asp.

2   „Most Serious Problems: The Complexity of the Tax Code“, Taxpayer Advocate Service, 2012, https://www.taxpayeradvocate.irs.gov/wp-content/uploads/2020/08/Most-Serious-Problems-Tax-Code-Complexity.pdf.

3   „The Tax Policy Center's Briefing Book“, Tax Policy Center, abgerufen am 25. Februar 2022, https://www.taxpolicycenter.org/briefing-book/what-other-countries-use-return-free-filing.

4   Scott A. Hodge, „The Compliance Costs of IRS Regulations“, Tax Foundation, 15. Juni 2016, https://taxfoundation.org/compliance-costs-irs-regulations/.

5   Tony Romm, „Amazon, Facebook, Other Tech Giants Spent Roughly $65 Million to Lobby Washington Last Year“, Washington Post, 22. Januar 2021, https://www.washingtonpost.com/technology/2021/01/22/amazon-facebook-google-lobbying-2020/

6   Naomi Nix, „Amazon Is Flooding D.C. With Money and Muscle: The Influence Game“, Bloomberg Businessweek, 7. März 2019, https://www.bloomberg.com/graphics/2019-amazon-lobbying/?sref=AhQQoPzF.

7   Jeffrey Dastin, Chris Kirkham und Aditya Kalra, „Amazon Wages Secret War on Americans' Privacy, Documents Show“, Reuters, 19. November 2021, https://www.reuters.com/investigates/special-report/amazon-privacy-lobbying.

8   „Analysis of the Fossil Fuel Industry's Legislative Lobbying and Capital Expenditures Related to Climate Change“, Congress of the United States, 28. Oktober 2021, https://oversight.house.gov/sites/democrats.oversight.house.gov/files/Analysis%20of%20the%20Fossil%20Fuel%20Industrys%20Legislative%20Lobbying%20and%20Capital%20Expenditures%20Related%20to%20Climate%20Change%20-%20Staff%20Memo%20%2810.28.21%29.pdf.

9   Office of the Inspector General, „EPA's Compliance Monitoring Activities, Enforcement Actions, and Enforcement Results Generally Declined from Fiscal Years 2006 Through 2018“, Environmental Protection Agency, 31. März 2020, https://www.epa.gov/sites/default/files/2020-04/documents/_epaoig_20200331_20-p-0131_0.pdf.

10   „FTC Imposes $5 Billion Penalty and Sweeping New Privacy Restrictions on Facebook“, Federal Trade Commission, 24. Juli 2019, https://www.ftc.gov/news-events/press-releases/2019/07/ftc-imposes-5-billion-penalty-sweeping-new-privacy-restrictions.

11   „FBMeta Platforms, Inc.“, Seeking Alpha, abgerufen am 25. Februar 2022, https://seekingalpha.com/symbol/FB/charting?axis=linear&compare=FB,SP500TR&interval=5Y&metric=marketCap.

12   „Facebook Reports Fourth Quarter and Full Year 2019 Results“, Facebook, abgerufen am 25. Februar 2022, https://investor.fb.com/investor-news/press-release-details/2020/Facebook-Reports-Fourth-Quarter-and-Full-Year-2019-Results/default.aspx.

13   Esteban Ortiz-Ospina, Hannah Ritchie und Max Roser, „Internet“, Global Change Data Lab, 2015, https://ourworldindata.org/internet.

14   Prof. G. Analyse.

15   „8,400 Cubans Serve Time for PreCriminal Social Dangerousness“, Civil Rights Defenders, 13. Januar 2020, https://crd.org/2020/01/13/8400-cubans-serve-time-for-pre-criminal-social-dangerousness/.

16   „World Prison Brief Data“, World Prison Brief, abgerufen am 25. Februar 2022, https://www.prisonstudies.org/world-prison-brief-data.

17   „Unemployment Rises in 2020 as the Country Battles the COVID-19 Pandemic“, U.S. Bureau of Labor Statistics, Juni 2021, https://www.bls.gov/opub/mlr/2021/article/unemployment-rises-in-2020-as-the-country-battles-the-covid-19-pandemic.htm; „House Passes The Heroes Act“, House Committee on Appropriations, 15. Mai 2020, https://appropriations.house.gov/news/press-releases/house-passes-heroes-act.

18   „Nuclear Provides Carbon-Free Energy 24/7“, Nuclear Energy Institute, abgerufen am 25. Februar 2022, https://www.nei.org/fundamentals/nuclear-provides-carbon-free-energy.

19   Lisa Martine Jenkins, „Nuclear Energy Among the Least Popular Sources of Power in the U.S., Polling Shows“, Morning Consult, 9. September 2020, https://morningconsult.com/2020/09/09/nuclear-energy-polling/.

20   Hannah Ritchie, „What Are the Safest and Cleanest Sources of Energy?“ Global Change Data Lab, 10. Februar 2020, https://ourworldindata.org/safest-sources-of-energy.

21   „The State of America's Children: 2021“, Children's Defense Fund, abgerufen am 25. Februar 2022, https://www.childrensdefense.org/wp-content/uploads/2021/04/The-State-of-Americas-Children-2021.pdf.

22   Rasheed Malik, „The Effects of Universal Preschool in Washington, D.C.“, Center for American Progress, 26. September 2018, https://www.americanprogress.org/article/effects-universal-preschool-washington-d-c/.

23   Raj Chetty, John N. Friedman, Nathaniel Hilger, Emmanuel Saez, Diane Whitmore Schanzenbach und Danny Yagan, „How Does Your Kindergarten Classroom Affect Your Earnings? Evidence From Project Star“, The Quarterly Journal of Economics 126, no. 4 (März 2011): 1593–1660.

24   „Child Tax Credit Overview“, National Conference of State Legislatures, 1. Februar 2022, https://www.ncsl.org/research/human-services/child-tax-credit-overview.aspx.

25   Kevin Corinth, Bruce Meyer, Matthew Stadnicki und Derek Wu, „The Anti-Poverty, Targeting, and Labor Supply Effects of the Proposed Child Tax Credit Expansion“, University of Chicago, Becker Friedman Institute for Economics, Working Paper No. 2021-115 (7. Oktober 2021), http://dx.doi.org/10.2139/ssrn.3938983.

26   Ife Floyd und Danilo Trisi, „Benefits of Expanding Child Tax Credit Outweigh Small Employment Effects“, Center on Budget and Policy Priorities, 1. März 2021, https://www.cbpp.org/research/federal-tax/benefits-of-expanding-child-tax-credit-outweigh-small-employment-effects.

27   „Fast Facts: Endowments", National Center for Educational Statistics, abgerufen am 25. Februar 2022, https://nces.ed.gov/fastfacts/display.asp?id=73.

28   „Harvard Endowment Beats Benchmarks, Value Declines", Harvard Gazette vom 26. September 2001, https://news.harvard.edu/gazette/story/2001/09/harvard-gazette-harvard-endowment-beats-benchmarks-value-declines; „Harvard University Fact Book", President and Fellows of Harvard College, abgerufen am 25. Februar 2022, https://oir.harvard.edu/files/huoir/files/harvard_fact_book_2003-2004.pdf; „Student Enrollment Data", Harvard University, Office of Institutional Research, abgerufen am 25. Februar 2022, https://oir.harvard.edu/fact-book/enrollment; Cindy H. Zhang, „Harvard Endowment Returns 6.5 Percent for Fiscal Year 2019", The Harvard Crimson, 27. September 2019, https://www.thecrimson.com/article/2019/9/27/harvard-endowment-returns-2019/.

29   „Discover Apprenticeship", U.S. Department of Labor, Employment and Training Administration, September 2020, https://www.apprenticeship.gov/sites/default/files/Apprenticeship_Fact_Sheet.pdf.

30   Maia Chankseliani und Aizuddin Mohamed Anuar, „Cross-Country Comparison of Engagement in Apprenticeships: A Conceptual Analysis of Incentives for Individuals and Firms", International Journal for Research in Vocational Education and Training 6, no. 3 (Dezember 2019): 261–83, doi:10.13152/IJRVET.6.3.4; Colin John Becht, „Apprenticing America: The Effects of Tax Credits for Registered Apprenticeship Programs", Georgetown University, Graduate School of Arts and Sciences, 19. April 2019, https://repository.library.georgetown.edu/bitstream/handle/10822/1055057/Becht_georgetown_0076M_14207.pdf?sequence=1&isAllowed=y.

31   Katherine Schaeffer, „The Changing Face of Congress in 7 Charts", Pew Research Center, 10. März 2021, https://www.pewresearch.org/fact-tank/2021/03/10/the-changing-face-of-congress/.

32   Justin Tabor, „What Does Success Look Like as a Peace Corps Volunteer?" Peace Corps, 23. November 2020, https://www.peacecorps.gov/stories/what-does-success-look-peace-corps-volunteer/.

33   Clive R. Belfield, „The Economic Value of National Service", University of Pennsylvania, Center for Benefit-Cost Studies of Education, 2013, https://repository.upenn.edu/cgi/viewcontent.cgi?article=1021&context=cbcse.

Schlusswort

1   Robert D. McFadden, „Hiroo Onoda, Soldier Who Hid in Jungle for Decades, Dies at 91", New York Times, 17. Januar 2014, https://www.nytimes.com/2014/01/18/world/asia/hiroo-onoda-imperial-japanese-army-officer-dies-at-91.html.

2   Christopher Ingraham, „The Share of Americans Not Having Sex Has Reached a Record High", Washington Post, 29. März 2019, https://www.washingtonpost.com/business/2019/03/29/share-americans-not-having-sex-has-reached-record-high/.

3   Philip Bump, „Most Republicans See Democrats Not as Political Opponents but as Enemies", Washington Post, 10. Februar 2021, https://www.washingtonpost.com/politics/2021/02/10/most-republicans-see-democrats-not-political-opponents-enemies/.

4   Tami Luhby, „Many Millennials Are Worse off Than Their Parents-a First in American History", CNN, 11. Januar 2020, https://www.cnn.com/2020/01/11/politics/millennials-income-stalled-upward-mobility-us/index.html.